中国海洋大学一流大学建设专项经费资助

大 学 学 习 论

刘世玉　编著

中国海洋大学出版社

·青岛·

图书在版编目(CIP)数据

大学学习论 / 刘世玉编著. -- 青岛：中国海洋大学出版社，2024.5. -- ISBN 978-7-5670-3957-5

Ⅰ. G642.46

中国国家版本馆 CIP 数据核字第 2024CQ7461 号

出版发行	中国海洋大学出版社				
社　　址	青岛市香港东路 23 号		邮政编码	266071	
出 版 人	刘文菁				
网　　址	http://pub.ouc.edu.cn				
电子信箱	2586345806@qq.com				
订购电话	0532-82032573(传真)				
责任编辑	矫恒鹏		电　　话	0532-85902349	
印　　制	青岛国彩印刷股份有限公司				
版　　次	2024 年 5 月第 1 版				
印　　次	2024 年 5 月第 1 次印刷				
成品尺寸	170 mm×240 mm				
印　　张	17.75				
字　　数	308 千				
印　　数	1～1000				
定　　价	72.00 元				

发现印装质量问题,请致电 0532-58700166,由印刷厂负责调换。

我从 2010 年开始在美国明尼苏达大学担任本科生课程助教。在三年的时间中,我接触到了很多来自世界各国的本科生,在与他们的深度互动和交流中,深入了解了不同文化背景的学生进入大学后的学习情况、心理状态与各种困惑。之后,我面向明尼苏达大学的本科生开设并讲授名为"Integrated Learning in College"的大学学习类课程,与学生们深入探讨关于大学学习的理念和方法,以及如何应对日常学习和生活中的困惑。我也曾在美国宾夕法尼亚州立大学与来自不同专业的专家学者合作,开发了适合弱势群体学生的大学入学准备系列课程,帮助学生更好地适应大学学习。

回国后,我在中国海洋大学开设了通识课"学会学习",从学生进入大学后最期待了解的、最迫切需要解决的、最希望探索的学习问题切入,与同学们在一次次的课堂学习与研讨中,一起探索如何更好地面对从高中向大学过渡的方方面面。"学会学习"课程的选课学生遍及全校各个学院和专业,一批又一批的"00 后"大学生让我深刻体会到,大学的学习不能固着于已有的学习理念和方法,而是需要在时代变迁的大背景下不断深化与更新。

在多年的教学过程中,我发现很难找到一本关于大学学习的较为全面、新颖的教材甚至相关书籍,而学生们却迫切需要这样一本书来帮助自己快速了解什么是大学学习、大学学习的要求以及如何面对大学学习中的各种挑战。以多年的教学积累为基础,我大量参阅了国内外的经典教材和文献资料,借鉴我国教育领域前辈们关于大学生学业指导的相关著作,编写而成《大学学习论》。本书从学习的不同方面揭示了学习的规律和特征,详细阐明了大学学习的原理和方法,旨在帮助学生更好地了解、掌握和运用学习规律,充分利用新技术支持下的各种学习环境和条件,提高学习质量。本书的主要特点是简明扼要、朴实易懂,既横亘古今,又立足于时代发展的新现象和新需要。

《大学学习论》广泛运用教育学、心理学、脑科学以及其他自然科学、社会科学、思维科学的理论,深刻阐释学习现象,具体解决学习问题。本书不囿于现成的定论,在整体框架、内容设计等方面都具有鲜明的创新性。一方面,本书在编写过程中参阅了国内外经典的大学生学习类书籍、学习科学和学习心理学等研究领域的重要文献,以及关于学习的科普类资料。另一方面,本书结合近年来本科生在大学学习中所面临的新问题、新困惑,从学生的视角切入,深入浅出地论述学习的本质、学习的过程和学习的产出。

全书共十章,由重新认识学习、了解学习理论、升级学习观念、更新学习习惯、优化学习方法、调节学习心理、加深自我认知、拓展综合实力、掌握学术规范和开启职业规划等内容构成。具体而言,全书结构和内容如下。"第一章:重新认识学习"主要从学习的内涵出发,进一步厘清什么是大学学习,以及大学学习的特点;"第二章:了解学习理论"重点阐述经典学习理论及其对于大学学习的指导价值和意义;"第三章:升级学习观念"通过对比中西文化中学习思想的异同,探讨数智化时代所带来的学习观念变革,从而进一步讲解当今大学生所应树立的学习观;"第四章:更新学习习惯"通过介绍习惯的内涵与培养方式,重点探讨如何养成科学的学习习惯;"第五章:优化学习方法"详细阐述如何在大学学习的过程中具体使用各种学习方法,以提高学习效率、强化学习产出;"第六章:调节学习心理"通过介绍心理健康的内涵与标准,讲解大学生常见的心理调适和人际交往问题,探讨如何监测学习情绪,调节学习心理;"第七章:加深自我认知"从学习风格、学习兴趣和专业认知等方面切入,深度剖析如何在大学阶段了解自己的学习特点和学习兴趣;"第八章:拓展综合实力"重点探讨如何全面提升创新能力、批判性思维能力等核心素养;"第九章:掌握学术规范"主要讲解大学阶段需要了解的学术道德以及学术规范问题;"第十章:开启职业规划"重点介绍职业规划的理论和方法,阐明职业规划在大学阶段的重要意义和作用。

　　本书内容全面、丰富，深入浅出，既适合即将进入大学的学生深入了解大学阶段的学习，也适合各类高等院校的学业规划类课程。同时，本书还可以作为面向各类人士的学习科学类科普读物。希望本书提供的学习理论和方法能够帮助读者们深入思考为什么学习、如何学习等重要问题，在学习的道路上不断探索自我、提升自我，通过学会学习成长为真正的终身学习者。

刘世玉

2024 年 2 月 7 日于青岛

前言/Foreword

习近平总书记在党的二十大报告中指出，要"推进教育数字化，建设全民终身学习的学习型社会、学习型大国"。总书记还强调："学习是文明传承之途、人生成长之梯、政党巩固之基、国家兴盛之要。"在知识大爆炸的时代，要想更好地学习，就要研究学习的本质，在把握规律的基础上拓展学习资源、构建学习环境和优化学习机制。

学习伴随每个人的一生。我们从呱呱坠地的那一刻，便开启了学习的序幕。我国著名数学家华罗庚曾经说过："在寻求真理的长征中，唯有学习，不断地学习，勤奋地学习，才能越重山、跨峻岭。"人的一生都在学习之中，任何时刻都离不开学习。人人都在学习，差别就在于谁更善于学习，谁更会学习。当然，更会学习的人，效果也会更好。随着科学技术的迅猛发展，人类社会进入数智化时代，知识和信息的数量呈指数化飞涨，知识更新速度不断加快，知识生产和创新已成为时代的重要主题。同时，终身职业的时代已经结束，经过学校"一次性充电"就能受益终生已成为过去，每个人都面临不确定的劳动力市场，可能需要重新求职和就业。为了适应这种高开放性、变化性和挑战性的时代变革，学会学习比以往任何时期都更为关键，环境不仅要求人们要"学会"知识、"会学"知识，乃至"创造"知识，还要求人们要随时随地学习、积极主动地学习。

大学是一座令人神往的殿堂，是一个装满知识的宝库。学习是开启这个宝库的钥匙，是通往神圣殿堂的桥梁。谁真正掌握了这把钥匙，谁就能最先进入知识的大门，在浩瀚无边的知识海洋里自由地翱翔。大学时代是一个人不断探索、不断尝新的黄金时期。四年的宝贵学习时光,造就了一个人一生的眼界与格局。经过千军万马的高考之后,眺望前方的道路,你不禁会问:大学学习与高中学习有哪些区别? 大学生涯是高中学习的复制、延续抑或是全新的改变? 走进大学,便是进入了重新认识学习、了解学习背后科学的新旅途。认识学习,是每个学生的必修课。只有真正地认识学习,才能真正地学会学习。

目录/Contents

第一章　重新认识学习

> 未来的文盲，不再是不识字的人，而是没有学会学习的人。
>
> ——联合国教科文组织

学习，是人类的本能。随着社会环境的变迁，学习的内涵也在不断变化。数智化时代的到来为学习带来了前所未有的深度变革。"人—机—物"三元融合的技术变革赋予了学习新的特征。以 ChatGPT 为代表的生成式人工智能技术突破了传统工具和环境的局限，为学习打开了更多的可能。日新月异的技术发展促使学习产生了结构性的变革，重新认识学习成为数智化时代下学会学习的重要前提。

第一节　学习的本质

学习，无处不在。从传统意义上来说，学习的本质是获取知识、掌握知识。进入知识经济时代以后，我们的学习并不缺乏资源和内容。尤其是在各类技术如雨后春笋般出现以后，学习的目标、内容、方法和环境等都发生了质的变化。"学习"二字究竟意味着什么，是我们在重新认识学习的过程中需要探索的首要问题。

一、什么是"学习"?

虽然人们对"学习"非常熟悉，但是，为"学习"提出一个严谨的定义却并非易事。德国哲学家黑格尔曾说："熟知的东西之所以不是真正知道了的东西，正因为它是熟知的。"学习在现实生活中是人们再熟悉不过的现象了，然而正是因为熟悉它,人们很少去追问究竟什么是"学习"。因此,对"学习"进行清晰的定义,有助于真正理解学习的本质。

(一)学习的定义

学习是一种极为普遍而且普通的活动。但是,准确界定学习并且阐述其本质并非易事。学习是一个非常复杂的过程:它不是对知识的简单加工,不是单一的知识训练活动,而是复杂的、深层次的、多向度的意义建构活动。在教育学和心理学领域中,关于学习的理解流派纷呈,但总体而言,学习的定义可以分为广义和狭义两种。广义的学习是指个体由于经验而引起的心理和行为的相对持久的变化。这种变化源于练习,并非疲劳、药物、损伤等因素所致。狭义的学习是指人类的学习,是人在与他人交往的基础上,以语言为中介,能动地掌握社会和个体经验的过程。

人类和动物都能够进行学习活动。即使是无生命的计算机模拟系统也能够进行学习,并产生适应性的变化。学习可以表现为多种情形,比如,肌肉运动的熟练化、偏见的产生、概念的获得,甚至某种神经症状的形成,这些都是众多学习现象的不同表现。学习并非仅表现为有机体的外部行为反应,也可以表现为内部的生理反应或神经系统的变化。学习涉及诸多过程,例如,某种反应或知识的最初获得、随后可能发生的消退、有关内容的保持或记忆,对后续新行为的习得可能产生的影响或迁移。学习既有其共性的一般规律,反映着大部分人所具有的特征,也有其个性的特殊规律,反映着不同个体或群体之间的差异性。

(二)与"学习"相关的几个概念

学习是有机体适应环境的手段。有机体为了生存与适应,必须不断地改变自己的行为。经验积累引起的行为倾向变化的过程,也就是学习的过程。然而,我们不能把所有行为变化都看作是学习的结果,要注意处理好下列几对关系:本能与学习、成熟与学习、成绩与学习、行为的暂时变化与相对持久的变化。

1.本能与学习

我们之所以强调学习是由经验所引起的行为变化,是因为许多低等动物也能表现出极为复杂的行为模式,但这些行为模式主要不是源于学习的结果,而是出自它们的本能。作为本能的行为模式,一般要符合两个条件:①这种行为模式是这一物种的所有成员都具备的;②即便在与其他同类成员隔绝的情况下,也会产生这种行为模式。然而,本能与学习之间的区分也并不始终是泾渭分明的。人们偶尔也会看到一些天生的行为模式因经验而发生变化。例如,同一种鸟在不同地区可能会叫得不完全一样,这可能是由于它们受到了当地其他鸟叫的影响。在很多场合,要把行为分成完全先天的或完全习得的是很困难的,而且似乎也没有这个必要。

2.成熟与学习

人的发展在一定程度上是由成熟(生理的发展)与学习(心理的发展)构成的。成熟是指发展上的、解剖学上的、生理学上的变化,这些变化是建立在遗传特征的基础上,随着时间的推移而生长和发展的,就好像是根据遗传事先预定的方案而自然展开的,这些内在的发展顺序和形式是不受外部力量影响的。有机体要做出某些行为,神经系统和肌肉组织必须达到一定的成熟水平。例如,无论我们创造出什么样的教学方法,在儿童神经动作控制发展到一定程度以前,是无法让他们握笔写字的。对于某种学习任务,学习者的成熟水平在达到某一最低限度之前是不可能完成的。但是,事物的发展并不一定都是呈直线式的。例如,在一般情况下,小孩要到一岁左右才会独立行走,在小孩达到一定的成熟水平之前进行步行训练通常是无效的。但婴儿在出生后 2 个月内有一种行走反射,在这期间,如果每天用双手托住婴儿,让婴儿双脚着地练习行走,那么受过这种训练的小孩会比其他小孩行走得早一些。不过,这个提前行走的时间量是有限的。总之,我们不能把因年龄变化引起的机体内部组织变化而导致的行为变化视作学习。

3.成绩与学习

学习是一种在学习者内部发生的过程。也就是说,学习本身是无法直接测量的,我们能够测量的只是学习的结果。打个比方,学习就像风——我们肉眼看不见风,而是根据刮风的结果(如树枝摇动)来判断风的强度。同样,我们也只能通过测量学习的结果来判断学习是否发生以及学习的性质。正因如此,学习与成绩之间有时可能会存在不一致性。需要注意的是,一方面,我们可以通过测量学习者的成绩来判断学习是否发生,因为正确的测试作答无疑反映了学习;但另一方面,没有正确作答有时也并不一定意味着学习没有发生。很多时候,由于考试准备不充分、心理状态欠佳等因素,考试成绩无法真正体现学习效果。所以,教师不仅要指导学生的学习,而且要帮助和鼓励学生在最佳状态下发挥和展示自己的知识和能力。

4.行为的暂时变化与相对持久的变化

强调学习是行为相对持久的变化,是为了区分那些因各种原因而引起的行为的暂时变化。例如,当一个人生病、身体疲劳或心情烦恼时,学习的效果就会受到影响。但这些都是暂时的现象,一旦病愈,疲劳和烦恼消除后,一切又会恢复正常。换言之,暂时性的行为变化不一定是因学习而引起的,学习必须是指有机体比较持久的行为变化。之所以说"比较持久",是因为学习者在习得某种反应倾向后,虽然会形成稳定的习惯和牢固的知识,但随着时间的推移可能会发生遗忘。我们不能因为一个人多年后忘记了如何解一元一次方程式而否认他在中学时的学习。

根据上述分析,可以将"学习"定义为,学习者因经验而引起的行为、能力和心理倾向的比较持久的变化。这些变化不是因成熟、疾病或药物引起的,而且也不一定表现出外显的行为。

二、学习的分类

学习是一种复杂的过程,种类繁多且形式多样。因此,对于学习的分类方式有很多,但目前尚未形成一个统一的分类标准。从不同的学习方式、学习需要等角度入手,可以对学习进行以下几种主要的分类。

(一)根据学习的内容

根据学习的内容,我国学者冯忠良将学习方法分为知识学习、技能学习和社会规范学习。

1.知识学习

知识学习是指通过一系列的心智活动来获得知识,在头脑中构建起相应的认知结构。知识学习包括知识的领会、巩固和应用三个环节,要解决的是认识问题,即知与不知、知之深浅的问题。

2.技能学习

技能学习是通过理解和练习建立合乎法则的活动方式的过程。技能学习又分为心智技能和操作技能两种,主要解决的是"会不会"的问题。技能的学习比知识的学习更为复杂,不仅包括对活动的认识问题,还包括关于活动或动作的实际执行问题;不仅要知道做什么、怎么做,还要付诸实践。技能学习最终要解决的是"会不会做"的问题。

3.社会规范学习

社会规范学习又称"行为规范的学习"或"行为规范的接受"，是把外在于主体的行为要求转化为主体内在的行为需要的内化过程。社会规范的学习既包含规范的认识问题，又涉及执行及情感体验问题，因此比知识和技能的学习更为复杂。

(二)根据学习的意识水平

根据美国心理学家阿瑟·雷伯(Arthur S. Reber)的观点，在意识水平的层面上，可以将学习分为内隐学习和外显学习两大类。

1.内隐学习

内隐学习是指有机体在与环境接触的过程中不知不觉地获得了一些经验并因此改变其事后某些行为的学习。例如，人们能够辨别哪些语句符合语法，却不一定能够说出这些语法规则是什么。内隐学习的现象出现在很多领域，如第二语言的学习、社会行为的习得以及运动技能的提高。学习复杂任务时，人们常常以内隐的直觉方式进行。

2.外显学习

外显学习是指受意识支配、需要付出心理努力并需按照规则做出反应的学习，包括一个试图形成任务的心理表象、搜寻同功能系统的知识的记忆，以及试图建立和检验任务操作的心理模型。例如，学习数学中的代数和几何规则。

(三)根据学习的结果

美国教育心理学家罗伯特·加涅(Robert M. Gagné)认为学习是一个有始有终的过程。他将学习结果分为五个方面，包括言语信息、智慧技能、认知策略、动作技能和态度。

1.言语信息

言语信息指能用语言表达的知识、回答世界是什么的知识，是能够有意识地提取线索并且直接陈述的知识。言语信息不仅涉及对信息的记忆，更涉及对信息的理解，即学生能用自己的话进行阐释，不一定一字不差地复述出来。

2.智慧技能

智慧技能指个体运用符号与其周围环境相互作用的能力，涉及运用概念和规则办事的能力。智慧技能并不是单一形式,它有层次性,由简单到复杂,包括四个层次,分别为辨别、概念、规则和高级规则。

3. 认知策略

认知策略指运用有关人们如何学习、记忆、思维等的规则指导认知行为,从而提高其认知效率的能力。

4. 动作技能

动作技能指通过练习获得的、按一定规则协调自身肌肉运动的能力。动作技能学习的实质是通过练习操作规则提高肌肉协调性,最后达到自动化。

5. 态度

态度指个体后天所习得的对人、对事、对物、对己的反应倾向,包括认知、情感和行为倾向三个成分,其中情感是核心成分。

(四)根据获得经验的途径和方式

美国教育心理学家杰罗姆·布鲁纳(Jerome S. Bruner)认为,依据学习主体获得经验的途径或方式不同,可以将学习分为接受学习与发现学习。

1. 接受学习

接受学习是讲授者将学习内容以定论的形式传授给学习者,这种学习是一种被动地接受知识。当然,并非所有的接受学习都是机械的。低级的接受学习是机械的,表现为"死记硬背""一知半解"。而高级的接受学习则能"举一反三""触类旁通",是一种有意义的接受学习。

2. 发现学习

发现学习是学习者通过独立思考和改组材料,自己去发现知识,掌握原理和原则等。布鲁纳提倡发现学习,认为"发现不限于寻找人类尚未知晓的事物,确切地说,它包括用自己头脑亲自获得知识的一切方法"。他提出,发现学习的目的在于"我们应当尽可能使学生牢固掌握学科内容,我们还应尽可能使学生成为自主而自动的思想家。这样当学生在正规学校学习结束之后,将会独立地向前迈进"。

(五)根据学习者与学习材料之间的关系

由于学习者加工信息的方式不同,美国教育学家奥苏贝尔根据学习者在已有知识和新知识之间建构关系的方式,将学习分为机械学习和意义学习。

1. 机械学习

机械学习是学习者没有理解符号的真实含义,而只是在新知识与已有知识之间建立一种人为的、非本质的联系,死记硬背新知识的符号表征,却并不真正理解其内涵。

2. 意义学习

意义学习是将以符号表征的新知识与学习者原有的知识之间建立非人为的、实质性的联系的过程。其中,"符号"指言语符号,"非人为的联系"是新旧知识间存在的内在的、客观的联系,而不是任意的联系。"实质性的联系"指非字面上的联系,即用不同的言语符号来表达知识,但其代表的意义是相同的。可见,"非人为的"和"实质性的"联系是衡量学习是意义学习还是机械学习的两个关键指标。

第(四)和第(五)两种学习分类方式之间的关系是非常密切的。接受学习既可以是机械的,也可以是有意义的。在理解基础上的接受就是有意义的,反之则是机械的。同样,发现学习中亦存在着意义与机械之分。动物通过盲目尝试获得某种经验属于机械的发现学习,而科学家的发现创造属于有意义的发现学习。接受学习与发现学习是个体获得经验的两条不同途径或两种不同方式,二者并无高低优劣之分。简单地将接受学习等同于机械学习,将发现学习等同于有意义学习,这无助于揭示有效学习的途径与方式。

三、学习的特征

(一)适应性

学习是一种适应性的活动,是人类进化的助推器。学习导致心理变化,而这种心理变化又是有机体适应环境的一种内在机制。学习属于心理适应范畴,是一种以心理变化适应复杂环境的过程。学习可以表现为外显行为或行为潜能的变化。虽然我们无法直接观察到学习所引发的内在心理结构的变化,但由于内在的心理结构是行为的调节机制,我们可以通过行为的变化来了解、界定、推测或评估学习的进程和结果,揭示并外化学习的内在机制,探讨学习活动的基本规律。行为变化可以通过许多指标反映出来,如行为反应的次数、速度、力量、持续时间。行为变化不仅指获得或形成新的行为,也指减少或终止某些已有行为。并非所有的学习结果都直接表现在外部可见的行为上。我们从书本中习得的大量知识经验并非直接转化为外在的行为表现,而是储存于头脑中,留待将来所用。虽然外在行为上没有直接、明显的变化,但行为发生的内在机制和可能性已经产生了变化,即行为的潜能发生了变化。行为潜能的变化可以通过行为的延迟展现而得到证明。

(二)经验性

学习源于经验。学习能够引起行为或行为潜能的变化,但并非所有的行为和潜能的变化都是学习导致的。生理成熟、疲劳、药物等因素亦可引起行为的变化,但这些因素引起的行为变化通常不被视为学习的结果。只有当学习者通过亲身经历等直接方式或通过观察等间接方式来获得某些经验,并表现于具体行为中时,学习才真正发生。遗传、生理成熟、衰老等因素导致的行为变化过程相对缓慢,而药物(如,兴奋剂、镇静剂)引起的行为变化则持续时间较短。相比之下,学习引起的行为变化相对可以保持较长的时间,具有稳定性。

(三)直接性与间接性

学习既可以通过直接经验发生,也可以通过间接经验发生。在漫长的人类发展史中,人们发现并积累了大量的关于物质世界和精神世界的知识经验。学生的学习就是系统地掌握这些经验,并通过掌握这些间接经验来认识世界。这与科学家主要是探索尚未发现的客观真理的认识活动是不同的。学生在掌握这些间接经验时,没有必要也不可能都去亲身实践体验,或重新去探索发现它们,对于社会人文学科及自然学科的学习尤为如此。当然,在学习现有知识经验时,为了更深入地理解它们,可以辅以感性经验的支持,可以让学生通过一定的实践去获得直接经验。但这种实践大多是体验性与验证性的,并且时间较短,不同于发现并总结这些间接经验的漫长实践过程。

四、影响学习的因素

影响学习的因素众多,主要可以从内部因素和外部因素两方面进行论述。

(一)内部因素

1. 个体生理的成熟和心理发展的准备

生理成熟涉及大脑和身体的发育,成熟的大脑更容易接受和处理新知识。

心理发展的准备包括认知、情感和社会方面的成熟,这决定了个体对学习任务的理解和应对能力。成熟的心理状态有助于更好地应对学习挑战、提高学习效果。个体生理的成熟和心理发展的水平,是学习准备的重要内容。个体生理的成熟和心理发展的准备,主要指学生从事新的学习所必须具备的生理成熟度和心理发展水平,它们主要是由身体发育程度、认知发展阶段等因素决定的。

2. 知识经验准备

贮存于个体脑海中已有的知识经验是影响新的学习的重要内部条件。引起学习的内部条件是指学生在开始学习某一任务时已有的知识和能力,包括对目前的学习有利的和不利的因素。学生已有的知识经验是习得新知识的固着点。因此,在给学生呈现新知识之前,假若先采取有效措施激活学生长时记忆中相关的原有知识经验,将大大提高学习效率。具有良好知识经验准备的学习者之所以能够更迅速理解新知识,是因为他们能将新学习的概念与已有知识框架相关联。这种联系有助于深化理解、提高记忆效果,使学习更有意义。另外,丰富的知识经验也使学习者更具创造性和批判性思维,能够更灵活地应对复杂的学科内容。

3. 学习者的智力因素与非智力因素

智力因素反映的主要是人们的认识水平,是遗传素质和后天环境、教育影响的共同结果。运用高效的学习策略有助于提高学习效率,增强学习自信心并继续努力学习。主动学习者倾向于提出问题、寻找关联、将信息与已有知识相连接,从而更好地理解和记忆学习内容。这种深度加工有助于知识的长期保留和应用,提高了学习的效果。学习的注意状态是智力因素的主要指标之一,直接影响学生对学习任务的投入程度和对信息的处理质量。因此在教育过程中,培养和引导学生保持良好的注意状态是提高学习效果的一个重要方面。首先,注意状态影响学生在面对大量信息时的过滤和选择能力,良好的注意状态使学生能够将注意力集中于重要信息,提高信息处理的效率。其次,学习时的注意状态与记忆紧密相关。专注于学习任务的学生更容易将信息转化为长期记忆,并在需要时能够更好地回忆起所学的内容。再次,学习的注意状态对于解决问题和理解复杂概念也至关重要。集中注意力的学生更能深入思考、分析问题,并采用更有效的解决策略。最后,良好的注意状态有助于激发学生的创造性思维,使其能够更加灵活地运用知识,提出新的问题和解决方法。

非智力因素通常指除智力因素以外的各项心理素质,包括需要、动机、兴趣、情绪、情感、意志、自我观念、性格特征等。学习兴趣和学习动机是非智力因素中对学习影响最深远的两个方面。学习兴趣可以激发学生的好奇心,使其更愿意主动探索和学习新知识。兴趣也能够提高学生的投入度,使其更专注、积极地参与学习过程,从而更容易吸收和理解知识。学习动机则是激励学生追求目标,促使其更努力地工作,致力于取得学业上的成功。学习动机有助于维持学生的学习热情,即使面临困难或挑战,仍能保持对学习的积极态度。

(二)外部因素

影响学习的外部因素是独立于学生自身之外存在的,即俗称的学习环境。影响学习的外部因素很多,主要包括文化因素、家庭因素、教师因素、教材因素等,它们都会对学习产生重要的影响。

1.文化因素

文化因素会对人的学习产生深刻影响。首先,文化通过影响人的思维方式进而影响人的学习。不同的文化能够催生不同的思维方式,包括对问题的看法、解决问题的方法以及对信息的处理方式。因此,不同文化通过强调不同的思维模式进而影响学生在学术环境中的表现和学习风格。具体而言,中国人有自己的思维方式,为了提高学习效果,就必须发扬中国人传统思维方式的长处(如辩证思维),同时吸收西方人思维方式的长处(如批判性思维和求异思维),这样方能起到事半功倍的效果。其次,文化通过影响人的学习策略进而影响人的学习,包括记忆、阅读和问题解决等方面的策略选择。学生可能根据其文化背景更倾向于使用特定的学习方法,这可能影响他们对教材的理解和应用。最后,文化通过影响人的行为方式进而影响人的学习。文化会影响人的行为方式,进而影响人对学习的态度以及学习的内容与方式。文化对行为方式的影响主要涉及社会交往和课堂参与。不同文化可能对表达意见、与教师互动以及小组合作等方面有着不同的期望和规范,这影响了学生在学习环境中的参与和互动。

2.家庭因素

家庭因素对人的学习也有影响。首先,家庭经济水平的高低会通过影响学生的心理与行为进而影响学生的学习。家庭经济的好坏都可能对学生产生积极或消极的影响:家庭经济困难,可能会使学生更加努力学习,因为他们往往相信"知识可以改变命运"(没有靠山,只有靠努力读书来争取出人头地);也可能会给学生带来一些负面影响,如贫困大学生中有些人会自卑等。家庭经济较为富裕可能会使学生养成不用功的毛病,也可能有助于学生在良好的经济环境中更有效地学习。其次,家庭教养方式是影响学习的重要因素。大量心理学研究发现,在家庭生活中存在着五种典型的教养方式:专制型、宽容型、威信型、放任型、严慈结合型。一般认为,对于中国学生而言,最有助于学生进行有效学习的家庭教养方式是严慈结合型。第三,亲子关系对学生的学习也有影响。一般来说,在亲子关系不好的家庭中,学生的思维和问题解决能力等方面更容易出现问题。另外,积极的父母态度(如关爱和不提过分要求)有利于孩子学业能力的发展,而消极的父母态度(如拒绝、忽视和惩罚)则会产生负面影响甚至阻碍。

3.教师因素

教师不仅是知识的传授者,还是学生的榜样和启迪者。教师在课堂上的教学方法、知识水平和热情以及对于学生的关心和鼓励,会对学生产生深远的影响。一个充满热情和责任感的教师能够激发学生的学习兴趣,使他们更加主动地参与到学习中。首先,教师的教学风格和方法直接影响学生的理解和吸收知识的方式。一位优秀且富有经验的教师能够提供优质的教学资源和指导,帮助学生理解和掌握知识,提高学习效果。巧妙的教学方法可以激发学生的兴趣,促进深层次的学习。熟练掌握启发式教学的教师能够激发学生对学科的兴趣,使学习更加积极主动。他们的激情和热情可以传递给学生,促使他们更深入地探索知识。其次,教师的鼓励和支持也是学生实现学业成就的关键驱动力,尤其是在面对困难和挫折时。教师如果能够关注学生的个体差异,及时进行反馈,可以有效促进学生的学习。优秀的教师会考虑学生的多样性,善于关注和应对个体差异的教师能够更好地满足学生的学习需求,创造更具包容性的学习环境。同时,给予及时而具体的反馈帮助学生理解和纠正错误,从而更好地进步。优秀的教师善于识别学生的需求并提供有针对性的支持。最后,教师可以为学生提高社交和情感支持,创造积极的学习环境。合格的教师能够建立积极的师生关系,提供社交和情感支持,这对学生的学习动力和情感健康都有积极的影响。教师创造的课堂氛围和环境能够对学生学习体验产生深远的影响。积极的学习环境可以培养学生的好奇心和自主学习的能力。教师对学生的影响并不仅限于学术领域,还包括道德发展和情感成长。教师通过自己的言行举止和教育理念,可以为学生提供一个道德和价值观的框架,这对他们的未来发展至关重要。教师的爱心和责任心可以帮助学生建立起正面的价值观和对社会的责任感。

4.教材因素

高质量的教材对学生学习成果的提升具有重要作用,毕竟教材直接关系着学生学习的内容和方式。首先,教材的内容设计直接决定了学生接触到的知识和信息。清晰、生动、有趣的教材设计能够激发学生的学习兴趣,促使学生进行深入的思考和学习。其次,教材的难度需要适应学生的水平,既不能过于简单而导致学生失去兴趣,也不能过于复杂而使学生难以理解。教材的难度应落在学生的最近发展区,即学生"跳一跳,摸得着"的难度,从而科学挑战学生潜能,有效促进学习进步。再次,教材应具有多样性和包容性。多样性的教材能够考虑到学生的不同学习风格和需求,促使其更广泛地参与到学习活动中。包容性的教材设计可以反映多元文化和背景,使学习环境更具包容性。同时,现代教材往往包含多媒体等技术元素,为学生提供更丰富的学习体验。技术支持的教材有助于激发学生的兴趣,提高信息传递效果。最后,教材设计应注重实用性和应用性,帮助学生将所学知识应用于实际生活,以此强化学生记忆的长期性,提高学习的实践性。因此,教材应该随着相关学科领域的发展,不断保持更新,与时俱进。及时更新教材内容,加入相关领域的最新成果,有助于保持教材的高质量和权威性,激发学生的学习兴趣,提升学习的投入度。

五、学习的意义

学习是人类的生存方式,是人类不断进步的源动力。人类的历史也是一部学习史。社会越发展,人类的学习活动就越重要。学习是我们不断拓展自己视野和认知世界的过程,使我们更加全面地了解人类社会和自然界的本质。人类通过不断的学习能够拥有更加广阔的视野和更为深入的思考方式,获得更多的知识和技能,提升自我素质,发展潜力,拓展人生领域,实现人生价值。

(一)学习是个体生存的基础

学习与生命并存。学习最基本的作用是维持个体的生存。人和动物与周围的环境处于不断地相互作用中,外界环境会不断变化,个体必须通过学习获得丰富的经验去适应变化,才能生存下来。如果没有学习,个体无法获得新的行为,不能与生活环境取得动态平衡,也就不能在多变的环境中生存下来。对于人和动物而言,学习的作用并不相同。相较人类而言,动物行为中先天成分所占较多,而学习的作用相对较小。然而,人类行为中绝大部分是后天习得行为,学习的作用更大。

(二)学习促进个体的发展

个体的发展包括生理的发展和心理的发展。学习对生理发展的促进作用主要体现在激发脑的潜力。在学习过程中,大脑不断接受新刺激,对这些刺激的加工分析会使大脑变得灵活,进而激发出大脑的潜能。如果没有学习,缺乏新的刺激信息,大脑得不到积极的使用,则会影响大脑机能的发展。国外有研究发现,新生婴儿的智力发育状况与所处环境的色彩有密切关系。在色彩丰富的环境中,婴儿的智力发育更好,反应也更灵敏。心理发展涵盖面较广,包括认知发展、个性发展和社会性发展等方面。外界环境对个体的生存和发展提出了各种要求,个体需要通过接受系统的教育或积极主动地进行自学,以达到适应环境甚至改造外界环境的目的。这个学习的过程也是个体的认知、个性、社会性等心理内容不断发展的过程。

(三)学习使人获得快乐

孔子曾说过:"学而时习之,不亦说乎?"根据马斯洛的需要层次理论,个体在成长的过程中都有认知的需要。通过学习,个体的认知需要得到满足,由此而生发出快乐感。有人会认为,学习并不是一件快乐的事情,而是一件辛苦的事情。这可能是由于人们内在天然的好奇心和求知欲被其他的欲望,如玩乐的欲望所干扰,而忽略了学习过程中的快乐。在学习过程中的各种快乐,可能是学习过程中对难题的豁然开朗,带给个体快乐的感觉;可能是教师良好的教学技能和人格魅力使个体感到快乐;也可能是因为通过学习解决了思想、情感、工作和生活等方面的问题,从而使人感到快乐。宋末元初诗人、教育家翁森在《四时读书乐》中说道:春季"读书之乐乐何如?绿满窗前草不除";夏季"读书之乐乐无穷,瑶琴一曲来熏风";秋季"读书之乐乐陶陶,起弄明月霜天高";冬季"读书之乐何处寻,数点梅花天地心"。这四种"读书乐"真实地展现出了学习的快乐。

(四)学习使人实现自我价值

在当前这个知识经济时代,知识就是资本,信息就是财富。随着时代的变迁,学习越来越重要,只有爱学习、会学习、不断学习,才能真正丰富自我,适应新的社会环境和竞争条件,为长远发展打下坚实的基础。学习既是一个探索的过程,也是一个拓展人生视野的旅程。通过学习,人们才能有更多机会了解不同文化,尝试新的事物,探索新的可能,这对于个人的人生历程和职业发展都会产生积极影响。

第二节　学习的生理基础

真正理解学习的本质,不仅要了解"学习是什么",还需要掌握"学习是如何发生的",也就是学习产生的生理机制。神经系统是学习发生的前提,也是学习活动的物理保障。生理结构支撑学习过程,而学习又反过来改变大脑的生理结构。

一、学习的神经机制

在宏观的行为层面上,我们将学习定义为由经验的获得而导致的行为或行为潜能的改变。在微观的神经水平上,学习是指神经元之间新的突触连接的建立或已有突触连接的变化(增强或减弱)。为了更好地理解神经系统复杂的工作情况,我们需要从组成神经系统的基本单位——神经元开始,了解和掌握学习的神经机制。

(一)神经元

神经系统与机体其他结构一样,都是由细胞组成的,其中最主要的细胞是神经元,可分为胞体、突起(树突、轴突)两部分。

树突呈树枝状,能接受从感受器或其他神经元发生的信息,即将外部的物理与化学刺激转化为神经冲动;胞体内含有细胞核和细胞质,具有维持细胞的生命功能,同时也能根据其他神经元传递来的信息决定是否将一个信息传递下去;轴突通常只有一个,其功能是将神经冲动从胞体传递至其他神经元或其他组织结构。一般来说,信息传递由树突向轴突传递。

综合以上各结构的功能,神经元则具有接受、传导和加工信息的功能。所有的神经元目前可以被分为三类:感觉神经元、运动神经元、中间神经元。感觉神经元将信息传向中枢;运动神经元将信息从中枢传向外周器官,如肌肉或腺体；中间神经元则链接前述两种神经元，将信息从感觉神经元传向运动神经元。脑的大部分神经元都是中间神经元，并且构成了一个庞大而复杂的神经网络。

（二）突触

神经元与神经元之间的连接并不是直接接触，而是保持有一定的间隙，这一间隙被称为突触间隙。按照信息传递的方向，构成突触间隙这一狭小空间的神经元的表面分别为突触前膜（发出信息的神经元末梢表面）和突触后膜（接受信息的神经元的胞体或树突的表面）。这三个结构共同构成突触。

突触的信息传递方向为突触前膜、突触间隙、突触后膜。当神经冲动到达神经元轴突末梢时，会使其中的突触囊泡逐渐前移，恰如在池塘中的小气泡，在移到水面的时候就会释放所包裹的沼气，突触囊泡移动到突触前膜后，会向突触间隙内释放其包裹的神经递质。神经递质是能引起其他神经元变化的化学物质。当神经递质被释放后，会很快扩散到突触后膜，使突触后膜产生兴奋或者抑制。一种神经递质产生何种效应，取决于突触后膜上分布着哪种受体。某些在一种突触中产生兴奋的递质，很可能在另外的突触中产生抑制效应。通过这种突触的结构，每个神经元会整合来自其他数百个甚至上千个神经元所产生的兴奋或抑制的效应，最终才会产生不同频率的神经冲动。正是因为突触有这一传递形式的复杂性，才使得神经系统的功能如此完善和精巧。在我们出生时，大部分的突触尚未形成，随后突触会在婴幼儿期间逐渐得到完善。新环境和新经验会促进个体产生更多的、有功能连接的突触，从而使神经元之间形成错综复杂的联结关系，使我们能更好地适应不同的环境。

（三）神经系统

人体的神经系统由几十亿个神经细胞组成，并形成了脑和分布于全身的神经纤维。这一复杂的网络可以分为两个部分：中枢神经系统和周围神经系统。

1. 中枢神经系统

中枢神经系统由脑和脊髓内的全部神经元组成，主要功能是接受、处理、解释和储存来自外界的感受信息。脑是中枢神经系统最重要的结构。它位于颅骨内，向下同脊髓联接。人脑结构大致可分为脑干、间脑、小脑、大脑。脑干位于脑最下方，依次由延髓、脑桥、中脑组成。脑干主要维持个体的最基本的生命活动。例如，脑干中有许多生命活动中枢，调节机体的呼吸、消化、血液循环等活动。这些中枢如果受到损害,将会危及生命,所以也把脑干叫作"生命中枢"。脑干上端为网状系统,这一结构同大脑各个区域有着广泛的联系,具有唤醒大脑的功能。如果其受到损害,大脑将不能保持警觉,甚至会进入昏迷状态。间脑位于脑干与大脑之间,包括丘脑和下丘脑。丘脑是神经通路的中转站,从身体到大脑和大脑到身体的信息都要经过此处;下丘脑则是情绪的发源地,快乐、悲伤、愤怒、恐惧等情绪都是由此处发出的。此外,下丘脑还对摄食行为、体温、内分泌等生理活动进行控制。小脑位于大脑下方和脑干后方,主要是对运动进行控制,起着维持姿势平衡,协调肌肉活动的作用。如果小脑受损,人的步态会呈现醉酒时的表现,同时其他的一些精细动作(如穿针引线)会受到极大的影响。此外,小脑还参与动作技能的学习,甚至也参与更复杂的智力活动,如理解词语。大脑位于最顶端,分为左右大脑半球,两个大脑半球的结构大致相似,两者中间由胼胝体相连接。一般来说,右半球负责左侧身体的功能,左半球负责右侧身体的功能。大脑是高级心理过程产生的部位,包括注意、感知、学习、记忆、思维等活动。大脑的表面包裹着若干细胞薄层,如大脑皮层。大脑皮层的神经元胞体因色泽呈灰色,故称为灰质;神经元从胞体发出较长并有髓鞘覆盖的轴突汇集成脑的白质。由于需要在表面容纳下大约几十亿个神经元,并且这些占全脑 75% 的神经元分布在不到 3 毫米皮层内,所以表面形成了能极大增加其面积的沟裂和褶皱,外形酷似核桃仁。其他哺乳动物由于所形成的神经元很少,所以其大脑皮层的褶皱也较少。

脊髓是中枢神经系统的低级部分,可认为是脑的延伸,并由脊柱保护,是将脑和周围神经系统联系起来的神经元干线,向上连接脑的延髓,向下则变细为丝,从而外连周围神经系统。脊髓的 31 对脊神经从两侧发生,穿过脊柱的每对椎骨之间的椎间孔,将全身的各种感受器、肌肉和腺体同中枢神经系统联系起来。脊髓的活动受脑的控制,其主要作用有两个:一是传递信息的作用,来自躯干、四肢的各种感受信息是通过脊髓向上传送到脑,脑的活动也是通过脊髓向外传至效应器;二是脊髓本身可以完成不需要脑参与的部分躯体运动调节,负责一些简单的反射活动,并不需要意识的控制。

2. 周围神经系统

周围神经系统包括躯体神经和自主神经两部分,主要功能是中枢神经系统的信息输入和输出,即将外界的信息提供给脑和脊髓,同时也将中枢发出的信息向全身各处器官进行传递。躯体神经系统包括脑神经和脊神经,它由连接感受器和骨骼肌的神经组成,传递感受器转换的信息,支配随意运动、调节骨骼肌的动作。自主神经系统则更为广泛地分布于内脏器官、血管、腺体以及平滑肌,主要维持机体的基本生命过程。这一系统调节着呼吸、血压、消化和分泌的功能,一般不能由意识控制。自主神经系统主要处理两类生存问题:紧急情况下的机体活动和一般情况下的常规机体活动。为了能够处理好这些问题,自主神经系统进一步分为交感和副交感神经系统,分别形成相反的作用:交感神经会在应付紧急情况时产生更多的兴奋以便战斗或逃避危险,例如,它会支配血流从内脏向肌肉流动,供养增加,心率加快;副交感神经则是在安静时调节生理平衡,例如它可恢复消化活动,心率减慢,呼吸放松。

二、学习的神经生化机制

学习的神经生化机制主要阐述神经递质、生物大分子等在学习中的作用机制。神经递质等是学习得以发生的最基本的物质基础,而学习又导致了大脑内部一系列的生物化学变化。学习的神经生化机制主要包括神经递质、蛋白质及其合成、激素、脑区域能量代谢等。

(一)神经递质

神经递质是神经元间的传递物质,其作用是传递神经元间的信息。科学家发现,神经元在兴奋时所释放的递质并非少量的几种,而是由将近50种不同的递质构成。由此也有人认为,聪明与否、灵活与否可能与不同递质的释放有关。比如,对白鼠的研究表明,脑内乙酰胆碱和乙酰胆碱酯酶含量较高者,其学习能力较强。而生活在丰富环境中的白鼠,其大脑皮层部位乙酰胆碱和乙酰胆碱酯酶的含量比生活在贫乏环境中的要高。研究还发现,老年人记忆力下降可能与乙酰胆碱递质系统功能减退有关。脑内氨基酸作为神经递质参与记忆调节过程,以 r-氨基丁酸(GABA)为例,在动物脑室中注入适量的 GABA,可易化、改善记忆,加速学习进程。此外,谷氨酸也被认为是影响学习的重要递质;单胺类(去甲肾上腺素和多巴胺)可能以情绪、觉醒为中介而影响学习的进程。

(二)蛋白质及其合成

蛋白质被认为是与学习关系最为密切的细胞物质。早在 20 世纪 60 年代,神经生理学家安德列·海登(Endre Hydén)和霍尔格·艾吉哈自(Holger

Egyházi)就对记忆与核糖核酸(RNA)间的关系进行了开创性的研究。在训练大白鼠学习走钢丝后,他们发现其脑中某些部位的神经元内的 RNA 含量增加,RNA 碱基比发生变化。由于 RNA 的主要功能是合成蛋白质,而蛋白质与学习、记忆又有着密切的联系,因此 RNA 与学习和记忆的关系也是非常密切的。有关研究指出,在长时记忆中有新蛋白质的合成,而在短时记忆中,多数知识对已存在的蛋白质进行修饰,并不出现新蛋白质的合成。研究证明,信使核糖核酸(mRNA)通过对酶的控制作用,决定着突触部位神经递质的释放,并控制相应蛋白质的合成,进而影响着学习过程。如果阻止这种蛋白质的合成,则学习进程将变得迟缓。许多研究者探讨了蛋白质合成抑制剂对学习和记忆的影响,发现早期学习及短时记忆不依赖蛋白质的合成,而长时记忆依赖蛋白质的合成。例如,一些分子量较小的糖蛋白或酸性蛋白质,如 S100 和 14-3-2 等代谢快、更新快的蛋白质,在记忆痕迹形成中作用最明显。研究还发现,通过学习可以使得神经元内部 mRNA 的量增多。

(三)激素

有关激素与学习之间关系的研究发现,将加压素注入动物的海马处,可巩固记忆,并促进回忆;注入催产素时,则使记忆效能减退;注入一定量的脑啡肽,能够干扰或延缓学习进程。促肾上腺皮质激素则可提高机体的应激水平,进而提高注意力,改善学习过程。

(四)脑区域能量代谢

一般而言,脑重约占全身体重的 2%,但其耗氧量与耗能量却占全身的 20%,其中 99% 是利用葡萄糖为能源代谢底物,而大脑中的葡萄糖主要是通过血液流动来输送的。因此,脑对氧的缺乏和血流量的不足是十分敏感的。由于学习时大脑需要更多的氧气,这就需要大脑皮层相应部位的脑血流速度加快,以满足其正常的学习活动。通过利用正电子发射层描技术和放射性 F-脱氧葡萄糖方法,可以对正常人类被试学习活动中脑区域葡萄糖吸收率进行无损伤性连续测定。脑区域性代谢率是学习活动时脑功能变化的灵敏指标。研究证明,当人们观看简单的黑白图形时,初级视皮层的葡萄糖吸收率最高,二级视皮层的吸收率次之;而观察复杂的彩色风景图片时,二级视皮层的葡萄糖吸收率高于一级视皮层。研究者对不同学习活动时大脑皮层不同部位的脑血流速度的变化进行测定时发现,进行词语性作业时,大脑左半球的脑血流速度加快;而进行空间想象性作业时,大脑右半球的脑血流速度加快。

三、大脑与学习

大脑与学习之间存在着密切的关系。大脑是学习的物质基础,而学习为大脑形成适应性的行为创造了条件。关于学习与复杂环境经验对脑结构与功能影响的研究以及其他相关研究为我们了解学习与环境经验对神经结构与功能的影响积累了大量科学事实。

(一)大脑的分区与功能

在每个大脑半球中,一些较深的沟裂将大脑皮层分为不同的区域,称为脑叶。从前至后可将脑叶分为额叶、顶叶、颞叶和枕叶。枕叶位于大脑正后方,主要包含视觉皮层,处理从双眼传递过来的视觉信息。视觉皮层受损,即使双眼功能完好,视觉也会削弱,严重则会致盲。顶叶位于大脑顶部,主要包含躯体感觉皮层,处理身体表面的触觉、痛觉、温觉等信息,同时也参与注意、知觉等心理过程。颞叶位于大脑两侧,负责听觉过程,同时也与记忆、知觉、情绪、言语理解等有关。额叶位于脑的前部,其功能可能最为广泛,对躯体运动控制和认知过程均有广泛的参与,甚至还与人格有很大的关联。目前大多数科学家认为额叶与运动、注意、决策、计划及执行、记忆、创造等活动有密切的联系。以上所论述的各个部位的功能并不是独占式的,即对于某一部分所决定的心理过程,其他部位并非绝对不会参与。需要指出的是,目前所总结出来的脑各个部位的功能区,其含义是指该部位对完成某一特殊过程是不可缺少的。

(二)大脑发育的关键期

大脑的发展是具有一定的关键期的。在此期间,脑对某种类型的信息输入产出反应,以创造和巩固神经网络。奥地利动物学家康拉德·劳伦兹(Konrad Lorenz)于 1937 年首先发现关键期现象。他发现,小鸭在孵出后 9 小时内将第一眼看到的对象当作自己的母亲,并对其产生一种偏爱和追随反应,于是将这种现象称为"印刻"。他认为小鸭呈现印刻现象的时间在其生命中是很短暂的,一旦这个与生俱来的生理关键期过去,其相应行为就不会再出现。大脑发展的关键期概念是英国学者戴维·休伯尔(David H. Hubel)等人在 20 世纪 60 年代提出来的。他们发现,将出生后的小猫或小猴子用外科手术缝上眼皮,数月后打开,这些动物就无法获得视觉信息,尽管它们的眼生理机制是正常的。而且,这些早期被剥夺了视觉经验的动物在视皮层上的结构也有异于正常的动物。后来,很多学者认为,人的发展也存在着关键期,并将关键期定义为"人的行为发展具有明显的阶段性,当行为发展到某阶段时,只有在适当的环境刺激下该行为才会出现,若此时缺少适当的环境刺激,则这种行为就很难再出现"。这种现象的脑机制表现为大脑的快速发育。如果对一个月大的婴儿进行三到四天的光线剥夺,其大脑的对应区域就会退化;如果将该婴儿置于黑暗中长达两个月之久的话,这种损伤就可能会是永久性的。多种刺激的剥夺会影响整个大脑的生长发育。例如,人类口头语言发展的关键期在1~3岁,此时如果婴幼儿不在有人的环境,无人教导其单词的发音、句子组成、语言表达,那么经过这一时期之后,其语言能力发展会明显受阻,且很难补救。4~5岁是走路行为的关键期,3~5岁是性身份心理识别的关键期,1~7岁是人格发展的关键期,7岁前是智力发展的关键。因此,了解儿童行为发展的关键期对儿童教育极为重要,在关键期阶段尤其要注意让个体处于必要的生长环境中。

(三)大脑的可塑性

"可塑性(plasticity)"一词源于医学,从字面意思上来说,"可塑性"用来比喻器官或组织具有修复或改变的能力,就像塑料在高温环境中被重新塑造成不同的形状。脑的可塑性是指大脑可以被环境或经验所修饰,具有在外界环境和经验的作用下不断塑造其结构和功能的能力。大脑的生理变化是经验的结果,而大脑功能的水平在很大程度上取决于其工作时所处的环境状态,服从"用进废退"的规则。脑内相关区域的神经回路或神经网络的可塑性变化是学习得以发生的直接基础,而持续的学习也将导致大脑神经机制的持久变化。脑的可塑性分为结构可塑和功能可塑。脑的结构可塑包括突触可塑和神经元可塑,即大脑内部的突触和突触之间、神经元和神经元之间可以由于学习和经验而建立新的连接,进而影响个体的行为。功能的可塑性是指通过学习和训练,大脑某一代表区的功能发生变化或由邻近的脑区代替,一般表现为特定区域激活降低、非特定区域激活加强,或是神经网络改变,也表现为脑损伤患者在经过学习和训练后脑功能在一定程度上的恢复。

从脑的发育过程可以看到,人脑具有很强的可塑性。童年时期人类大脑具有很强的可塑性,成年之前脑及其他神经系统结构可以改变神经元的数量、类型、位置以及相互之间连接的方式,以此来适应身体内、外环境的变化。但正因为在发育期间所表现出来的脑的可塑性太强,导致我们将成年后的大脑不能出现太大的改变看作一个常识。但随着科学研究的不断发展,人们对这一问题有了新的认识,即在整个生命过程中,大脑或其中部分皮质会表现出来不可忽视的可塑性。目前认为,脑的可塑性并不仅仅局限于幼年、童年和青少年阶段,而是持续终身的过程。人的大脑终生都具有可塑性,但儿童的大脑可塑性会比成人的更强,主要原因在于大脑此时正处于发展变化比较大的阶段。对脑的可塑性研究已经成为神经科学的研究热点,成年人大脑的可塑性远远超过我们过去的认识。同时,这一观点也对我们的学习观产生很重大的影响。因此,如果掌握了正确的方法,你也能像儿童一样学习,从而产生更多的变化。这从神经科学的角度凸显了终身学习的可行性和重要性。当然,大脑不是无限可塑的,如果关键区域受到损坏,其他区域则基本无法完全"接管"对应的功能。

(四)大脑半球的单侧化

大脑会呈现两半球在功能上的分化,并且各自承担某些不同的任务,这种现象就是大脑半球的"单侧化"。具体来说,左半球在处理一些数学问题和逻辑问题时,其活动会更加活跃;与左半球善于理性推理的特点相比,右半球有出色的空间视觉能力,并且在识别人脸和理解情绪的能力上也优于左半球,在处理一些创造性问题、欣赏艺术和音乐时会更加活跃。左、右半球在处理同样信息时也具有不同的风格。左半球倾向于分析式风格,针对细节进行线性、序列方式的处理;右半球倾向于全息式风格,从整体模式上进行非线性的、并行方式的处理。人在认知过程中会表现出的大脑半球相关特质的模式,这一现象被称为半球认知风格,即在信息处理过程中所表现出的对半球认知功能上的偏好或习惯。当然,脑的单侧化功能不是独立的。两个大脑半球在执行某些功能时是在共同活动的,只不过某一侧的活动要更加活跃些。

在理解男女之间的性别差异时,如果单纯地认为男女之间有明显不同而更为发达的半球,这是无法正确解释男女在行为上的差异的。例如,通常男性在空间能力上表现更为出色(右半球优势功能),但同时也表现出更好的数学逻辑能力(左半球优势功能);女性在情绪能力上表现出色(右半球优势功能),同时也具有较高的语言天分(左半球优势功能),这些现象是不能简单地用"男性右半球占优势而女性左半球占优势"这样的观点来解释的。现在更为普遍的认识是：男女在功能完成的方式上存在差异。在完成一些特定任务时，女性似乎更倾向于使用双侧大脑，例如，在处理听觉信息时，女性除了和男性一样表现出左侧颞叶的激活外，还表现右侧颞叶的激活。另外，男女之间在一些特殊脑区可能会有结构和功能上的不同。例如，在加工听觉信息相关的皮层内，女性的神经元数量明显多于男性。目前，脑功能的性别差异仍然属于大脑研究中的难题，还没有统一的结论。因此，在教育实践中，要谨慎地对待男女差异。学习中所出现的性别差异并不能完全地用生理上的差异来解释，后天教育也会起到非常大的作用。

第三节　学习的认知过程

学习的认知过程大体可分为四个阶段：信息选择阶段、信息转换阶段、信息贮存阶段和信息反馈输出阶段。在信息选择阶段，学生获取知识主要是通过口头语言和书面语言信息，如借助教师课堂授课、听学术报告等口头语言信息，看教材、书籍资料等书面语言信息。所有这些信息作用于感官，并通过引起注意而有意识地进行信息加工。在信息转换阶段，通过对已获取的信息进行加工，理解和领会其本质，进行概括、综合使其系统化、规范化，成为规律性的知识，并将其纳入自身的知识体系。在信息贮存阶段，通过编码对获得的信息进行贮存，使其进入记忆系统，便于日后提取。在信息反馈输出阶段，是将大脑贮存的信息进行检索和提取的过程，也是学习过程的巩固阶段，通过提取信息解决实际问题。从认知心理学的角度分析，在这四个阶段的学习过程中，涉及了感知觉、注意、记忆、思维等多方面的认知过程。在本节中，我们将具体阐述这些认识过程及其与学习的关系。

一、感知觉

（一）感知觉的定义

感知觉是认知的初级阶段，为后续认知过程提供重要信息。感知觉的产生是多种器官协同活动的结果。感觉（sensation）是我们识别环境中的物理能量，并将它编码为神经信号的过程。感觉是人脑对直接作用于感觉器官的客观事物个别属性的反映。它为人们提供了内外环境的信息，是人认识事物的开端和知识的源泉，一切较高级、较复杂的心理现象（如知觉、思维、情感）均以感觉为基础而产生，它也是维持正常心理活动，保证集体与环境平衡的重要条件。感觉的产生包括三个主要环节：刺激感受器、将刺激传入大脑皮层和神经系统、感觉产生。知觉（perception）是人脑对直接作用于感觉器官的客观刺激物的整体属性的反映。感觉是个体对事物个别属性的反应，而知觉是对事物整体的认识。知觉是我们对由环境刺激所产生的感觉进行再认、组织和解释的一系列过程。知觉并不是感觉的简单相加，而是对感觉信息的组织和解释。外部世界的大量刺激冲击我们的感官，我们有选择地输入信息，把感觉信息整合、组织起来，形成稳定、清晰的完整印象。

（二）感知觉的特征

刺激是进入感觉器官并使其产生反应的物理能量。刺激的类型和强度各不相同。不同类型的刺激激活不同的感觉器官，但并不是任何强度的刺激都能引起我们的感觉。我们的感觉器官只能对一定范围内的刺激做出反应，超出该范围的刺激我们便无法觉察，这就是所谓的感觉阈限。感觉适应（sensory adaptation）是指强度不变的刺激持续作用于感受器官而使其感受性发生变化的现象。也就是说，当人们习惯于一种刺激，并因此改变了自己感觉的参考体系时，适应就产生了。此时大脑在心理上降低了刺激体验的强度。虽然感受器细胞对刺激的变化很敏感，但不能对恒定的刺激产生持续的反应。所以，神经感受器不能持续地把相同的信息传送到大脑，就产生了感受性的下降。"入芝兰之室，久而不闻其香；入鲍鱼之肆，久而不闻其臭"便是感觉适应的体现。

知觉具有选择性、整体性、理解性和恒常性等基本特征。知觉的选择性是指当面对纷繁复杂的客观事物时，我们的感觉器官会从众多的刺激物中优先选择少数事物作为知觉对象，而把其他事物作为知觉的背景，以便产生清晰的知觉。对象和背景是相互依存、相互转化的。知觉的对象由不同的部分、不同的属性组成，但我们并不把它感知为个别孤立的部分，而总是把它知觉为一个有组织的整体，这种特性叫作知觉的整体性或组织性。知觉的理解性是指人在知觉时依据过去的知识经验对知觉对象做出某种解释，使其具有一定意义的特性。知觉的理解性主要受个人的知识经验、言语指导、实践活动以及个人兴趣爱好等多种因素的影响。当知觉的客观条件在一定范围内改变时,知觉的印象仍然相对地保持不变,知觉的这种特性称为知觉的恒常性。知觉的恒常性主要包括大小恒常性、形状恒常性、明度恒常性、颜色恒常性等。大小恒常性是指在一定的范围内不论间隔的距离如何,我们仍然将事物看成特定的大小。形状恒常性是指尽管我们观察事物的角度不同,我们仍倾向于将其感知为它的标准形状。明度恒常性或亮度恒常性是指在不同照明情况下,我们倾向于将事物的表面亮度感知为相同。颜色恒常性是指尽管物体的颜色发生变化,但我们仍将其感知为物体本身的颜色。

(三)感知觉与学习

感觉统合(sensory integration)是指人脑将各种感觉器官传来的感觉信息进行多次分析、综合处理,并作出正确的应答,使个体在外界环境的刺激中和谐有效地运作。感觉统合最早是由美国南加州大学临床心理学家简·爱尔丝博士(Dr. Jean Ayres)在1969年提出的,其目的是了解孩子在学习、行为等方面存在障碍的原因,并提出事前预防和矫治的方法。感觉统合主要分为平衡统合、触觉统合、本体感觉统合、视觉统合和听觉统合五大方面。爱尔丝博士认为,只有经过感觉统合,神经系统的不同部分才能协调整体运作,使个体与环境相适应。当感觉统合过程无法正常运转时,就会引起感觉统合失调。

我们本身的反应,有时作为一个新的回馈刺激,提供大脑有关行为的信息,帮助我们发展更有效的行为反应。借着这种持续不断的感觉统合过程,大脑的分工越来越精细、功能越来越好,个人的学习能力和使用能力也就越来越强。感觉统合就是有机体在环境内有效利用自己的感官,从环境中获得不同感觉通路的信息(视觉、听觉、味觉、嗅觉、触觉、前庭觉、本体觉等)输入大脑,大脑对输入信息进行加工处理(解释、比较、增强、抑制、联系、统一等),并作出适应性反应的能力。

二、注意

(一)注意的定义

注意是人的心理活动或意识对一定对象的指向和集中。心理活动既包括感知觉、记忆、思维等认识活动,也包括情感过程和意志过程。每种心理活动都有一定的针对性和实质内容,以及个体需要表达的对象,或者有目的地从事某种活动的过程。心理活动的对象同时也是注意的对象。注意不是一个独立的心理过程,不能离开其他心理过程而单独起作用。它表现在感觉、知觉、记忆、思维、想象等一系列心理过程当中,成为这些心理过程的一种共同的特性,并且与这些心理过程有着密切的联系。注意也是情绪过程和意志过程的共同特性。所以,注意表现在人的全部心理活动之中,是心理活动的共同特性。

(二)注意的种类

根据注意有无目的性以及意志努力程度,可以把注意分为无意注意、有意注意及有意后注意三种。

1.无意注意

无意注意又称为不随意注意,是事先没有预定目的、也不需要作意志努力的注意,是一种自然而然的注意。例如,当学生正在认真听老师讲课,这时突然有个人走进来,学生会下意识地看这个人,注意力不自觉得便被他吸引过去。这并不是预定的,也不需要认知努力。

2.有意注意

有意注意又称为非随意注意,它是一种有预定目的、需要经过意志努力的注意。有意注意的指向和集中不是取决于刺激物的特点,而是服从于一定的目的和任务,是积极、主动地经过意志努力,并受人意识自觉调节和支配的。有意注意的基本特点是注意过程完全是在高度自觉意识的状态下进行,在主体对于需要注意的活动任务和效果具有较强的认知,在注意活动中需要排除各种无关刺激的干扰,以达到认知的目的,完成认知的任务。例如,学生在教室上自习课时,认真专注于阅读和习题而不被他人打扰,这便是有意注意。

引起和保持有意注意的条件主要有以下四个方面:

①有意注意是服从于活动目的和任务的注意。注意过程完全是在高度自觉意识的状态下进行的。在注意进行过程中,主体需要加强对活动任务的目的性和任务意义的理解,明确把注意维持在所要完成的活动上。完成任务的动机和愿望越强烈,与任务有关的事物就越能引起人的有意注意。

②有意注意是积极、主动的,经过意志努力,受人的意识自觉调节和支配的注意。因此,在活动过程中可以运用自我暗示和自我命令,提醒自己应保持有意注意。人类的许多生产和生活活动本身是枯燥单调、缺乏趣味的,当活动时

间过长时容易使人产生疲劳以致注意力减退。但通过意志的努力把注意集中于工作上,可以使活动本身成为有意注意的对象而促进相关工作较高质量地完成。

③在进行智力活动时把智力活动和外部的实际结合起来,正确合理地组织活动,有益于有意注意的引起和维持。学生将学习时间安排得井井有条,学习过程也组织得很好,就是为引起有意注意创设了良好的环境。

④有意注意在进行过程中需要主体对于活动任务和效果具有较强的认识,要排除各种无关刺激的干扰,才能达到认识的目的。这些干扰可以是外界环境的各种无关刺激物,也可以是人体内部的需要、情绪、经验、兴趣等状态。只要付出意志努力,排除这些干扰,保持良好的心境,就能将注意力维持在进行的活动上。

3.有意后注意

有意后注意是产生在有意注意之后的一种与自觉的目的和需要完成的任务联系在一起,但不需要做意志努力的注意,也被称为随意后注意。有意后注意具备了无意注意和有意注意两者的优点,它既服从于当前的活动目的与任务,具有潜在的目的性,又能节省意志的持续性努力,使个体不容易疲劳,因而对完成长期、持续性的任务有利。

有意后注意是一种特殊形式的注意,由于它与需要进行的任务和完成的任务相联系,并由预定要完成的任务所引起,因而它与无意注意不同。又由于有意后注意的保持不需要积极、主动地经过意志努力,是不需要受人意识自觉调节和支配的注意,所以它也不同于有意注意。有意后注意在有意注意和无意注意的相互交替或转化过程中,有时是自然完成的,有时则需要外力的帮助。

有意后注意是一种高级类型的注意,任何工作和学习都需要我们应用有意后注意。这是因为只靠有意注意而没有直接兴趣的工作和学习是很吃力的,难以持久。同时,任何工作和学习都有它比较枯燥和单调的一面,而且常常有别的事物来干扰我们的注意,所以只靠无意注意也是难以持久的。有意后注意如同"熟能生巧",在操作过程中因为熟练能够给我们提供愉悦的正向反馈,降低认知努力所带来的枯燥感,因而有意后注意是我们从事创造性劳动的必要条件。

(三)注意的功能

注意是有意识的活动的先导和保证,具有选择、放大、指引和分派等功能。

注意的功能并不是独立起作用的,而是相互依存、相互补充的。

1. 注意是选择者

个体需要通过注意机制筛选进入认知加工系统的信息。这时,个体通常处于一种警醒状态或搜索活动中,主动进行着信号检测,并且不断地区分哪些信息是值得注意的、哪些信息是可以忽略的。

2. 注意是放大器

个体对于未被选中的信息进行弱化,使被选中进入认知加工系统的信息显著化。

3. 注意是指南针

人类的认知并不完全是由外界信息决定的。认知活动既包括自下而上的加工,也包括自上而下的加工。认知过程的每一个环节集中处理的信息可能是不同的,而注意正是引导认知过程发展方向的核心机制。

4. 注意是分派者

个体常常会同时执行多项任务,而认知资源是有限的,注意机制可以分派认知资源,对认知活动的主要方面维持较长时间的指向,并有序地变换认知活动的指向,从而使多项任务同时获得足够的资源,顺利进行平行处理。通过资源分派,甚至还可以达到任务之间相互配合的效果。

(四)注意的特点

1. 指向性

注意的指向性是指人在某些心理活动时或清醒意识状态下选择某个特定对象,而忽略其余对象。注意的指向性显示出人们在认识事物的过程中,并不是把当时所有起作用的刺激物都作为自己认识的对象,而是有选择地从这些刺激物中选出那些有意义的事物作为自己认识过程的指向对象,从而保证心理活动清晰而准确地把握某些事物。

2. 集中性

当心理活动或意识指向某个对象后,会在这个对象上集中起来。这时,心理活动不仅选择、指向一定的刺激而且还集中于这个刺激。个体通常只会关注所指向的事物,抑制了对与当前注意对象无关活动的关注。集中性使心理活动停留在某个特定对象上进行深入加工,在这一过程中虽然有别的刺激产生,但不成为注意的对象。比如,当我们集中注意去读一本书的时候,对旁边的其他声音就无暇顾及,或者有意不去关注它们。

(五)注意与学习

注意力是学习力的关键指标和前提保证。一个学习上的优等生,一定是一个具备良好注意力品质的人。注意的集中与持续对学习至关重要。

1. 应用无意注意

避免无意注意的消极作用,应尽量预防和减少突发事件在教学环境附近的出现。教师尽量不制造无关的新异刺激,衣着、装饰简单朴素,避免不恰当的习惯动作、手势等。同时,利用无意注意的积极作用,教师在教学中不断变化或提供一些新异的或突然变化的刺激,有助于将教学内容与学生的兴趣爱好相结合,提高学习效率和效果。

2. 应用有意注意

①加深或加强对从事某项活动的目的和意义的理解。

对活动任务意义理解得越清楚、越深刻,完成任务的愿望越强烈,开展这项任务相关活动时就越能引起有意注意。因此需要培养正确的学习动机,明确学习目的,从而有效维持学习中的有意注意。

②教师应当合理组织教学活动。

指导学生调节好自己的有意注意,使学生清楚地了解学习的任务,从而不断组织自己的行为,把注意维持在所要完成的活动上。明确指出课程中的重点或难点,以引起学生持续的有意注意。

③学会自我调节与控制。

个体坚强的意志和毅力能保证有意注意的持续。因此,运用自我提醒和自我命令等自我控制措施可以有效提高有意注意。很多时候,我们会因为事情复杂而缺乏动力,最终造成拖延。学会自我控制,就是不再顾虑任务有多复杂,重要的是开始、再开始。每天为自己分派为数不多的任务,评估这些任务的优先级,确保一直在做最重要的事情。

④关注兴趣爱好,动手动脑结合。

由于兴趣和爱好能激发有意注意,因此教师在进行教学活动时,要把理论知识与实践结合起来,尽量采取学生感兴趣的教学方法,克服教学方法的单一、枯燥,从而加强学生的有意注意。在教学中应当要求学生听练结合,让学生适当做笔记或者动手做实验,教师提问不只是简单地问"是不是""对不对"而要问"为什么""怎么样"等问题,使问题具有启发性和趣味性,也促使学生通过手、脑结合而维持较好的注意力。

⑤排除外界的干扰。

"断舍离"是当下一个非常热门的词语。它既是一种杂物管理的理念,也是一种工作与学习的方式与策略。"断舍离"是断绝不需要的东西,舍弃多余的东西,脱离对物品的执念。"断舍离"可以帮助我们更好地专注于最重要的人和事,而这种专注会让认知资源更有指向性,尽量避免外界不必要的干扰(详见第六章)。

3. 交替使用两种注意

一般来说,7～10 岁的儿童能够连续注意约 20 分钟,10～12 岁儿童连续注意约 25 分钟,初中、高中学生以及大学生的连续注意力更长一点,但不可能在45 分钟课堂时间中保持连续注意。因此,可以交替使用无意注意和有意注意的规律,以维持长时间的注意。

三、记忆

(一)记忆的定义

记忆是原先的刺激消失后所保持的关于刺激、事件、意象、观念等信息的心理机能,是个体对其经验的识记、保持、回忆或再认。现代信息加工理论把记忆看作对信息进行编码、存储和提取的过程。

(二)记忆的分类

1. 根据记忆内容

可以将记忆划分为形象记忆、动作记忆、情绪记忆和语言逻辑记忆。形象记忆是对感知过的事物具体形象的记忆;动作记忆是对身体的运动状态和动作技能的记忆;情绪记忆是对自己体验过的情绪和情感的记忆;语言逻辑记忆是以概念、语词、公式、定理或原理为内容的记忆,具有高度概括性、深刻理解性和严密逻辑性。

2. 根据记忆内容的性质

可以将记忆分为陈述性记忆和程序性记忆。陈述性记忆涉及具体的事实和事件;程序性记忆涉及关于做事方法的记忆。

3.根据提取记忆信息时有无意识

可以将记忆分为外显记忆和内隐记忆。外显记忆是个体需要有意识或主动地收集某些经验用以完成当前任务时所表现出来的记忆,强调信息提取过程的有意性;内隐记忆是指在不需要意识或并非有意回忆的情况下,个体的经验自动对当前任务产生影响而表现出来的记忆,它强调个体经验在具体的操作过程中发挥作用,即个体并没有意识到它的存在,也不会有意识地去提取。

(三)记忆的过程

记忆系统由感觉记忆、短时记忆和长时记忆构成。三种记忆在信息保持时间和保持量上不同,处于记忆信息加工的不同阶段,在记忆系统中有不同的结构和功能。感觉记忆是保持感觉刺激(光、声、气味、触压觉等)的瞬时印象,保持时间很短,故又称之为瞬时记忆。感觉记忆是记忆信息加工的第一个阶段,所有刺激各种感觉器官的信息,首先被登记在感觉记忆中。短时记忆是指信息呈现后,保持的时间约为20秒、一般不超过1分钟的记忆。如果不积极地进行复述,短时记忆的信息很快会被遗忘。长时记忆是指信息在头脑中储存超过1分钟以上并且保持终生的记忆。长时记忆的信息主要来自通过复述的短时记忆信息,它是个体经验的积累和心理发展的前提。

(四)遗忘

所谓遗忘,是指识记过的材料不能被回忆或再认,或者是被错误地回忆或再认。遗忘在各个年龄阶段都会发生,尤其是对3岁前所经历的经验更容易发生遗忘。这是因为3岁前的记忆主要是以非言语编码形式储存,成人后对记忆的提取或者回忆主要是以言语编码的形式,二者的不一致是导致遗忘的主要原因。从遗忘的时间来看,有假性遗忘和真性遗忘两种:前者是对识记过的材料暂时不能再认或回忆,但在适当的条件下可以恢复;而后者是不经过重复学习,记忆过的材料就不能恢复。从遗忘的内容来看,有部分遗忘和整体遗忘两种:前者是对识记的材料的部分内容遗忘,而后者是对识记的材料全部遗忘。

(五)记忆与学习

记忆与学习是紧密相关、相辅相成的:学习是一个不断积累、更新和重构记忆的过程,而记忆是学习的基础和重要组成部分。通过优化和完善记忆方法,我们可以更好地发挥自身的学习潜力,提高自己的认知水平和综合实力。

1. 记忆为学习提供了基础和条件

我们通过记忆将所学知识进行储存和保持,以便在需要时能够重新提取和应用。记忆使得我们能够不断地积累知识和经验,从而不断地完善自己的认知结构和知识体系。同时,记忆也能够帮助我们更好地理解和吸收新知识,因为我们可以将新知识与已有知识和经验进行联系和比较,从而更好地掌握其本质和意义。

2. 学习是一个不断更新和重构记忆的过程

在学习过程中,我们不断地接触新的知识和经验,这些新的信息会与已有的记忆进行相互作用和整合,从而更新和重构我们的认知结构和知识体系。这种更新和重构可以使我们的记忆更加准确、完整和有意义,也可以使我们更好地适应环境和应对挑战。

3. 记忆和学习都需要讲究方法

记忆要使用策略,例如,采用复述、联想、分类等方法来提高记忆效果。学习也需要讲究方法,例如,采用主动学习、分散学习、深度学习等方法来提高学习效果。通过优化、完善记忆和学习方法,我们可以更好地发挥记忆和学习的潜力,从而更好地提高自己的认知水平和综合素质。

四、思维

(一)思维的定义

思维是借助语言、表象或动作实现的、对客观事物概括和间接的认识,是认识的高级形式。它能揭示事物的本质特征和内部联系,并主要表现在概念形成和问题解决的活动中。换言之,思维通过对输入刺激进行更深层次的加工,揭示事物之间的关系,形成概念,并利用概念进行判断、推理,解决人们面临的各种问题。

思维是一个复杂的、多侧面的过程。在每一个思维过程中,从问题的提出到问题的解决之间包括刺激类化、假设形成、决策等一系列活动。思维往往是运用不直接存在的事件或物体的符号进行表征的。利用记忆,思维可以预测尚未发生的事件,可以想象各种从未发生过的事件。个体内在的认知活动包括对动作表象、知觉表象和言语表象的表征和操作。这些表象都不是直接存在的事件或物体,而是它们的表征(其中符号表征是最高级的)。思维是行为的一个决定因素。行为只是内在过程的产物:作为一种内在过程,思维的功能之一就是产生和控制外显行为。但思维离不开感觉、知觉、记忆等活动所提供的信息,人们只有在大量感性信息的基础上,在记忆的帮助下,才能进行推理,从而作出假设并验证这些假设,进而揭示出感觉、知觉、记忆等所不能揭示的事物的内在联系和规律。

(二)思维的特征

1. 概括性

思维的概括性是指在大量感性材料的基础上,把一类事物的共同特征和规律抽取出来加以概括。概括使人们的认识活动摆脱了具体事物的局限性和对事物的直接依赖关系,这不仅扩大了人们的认识范围,也加深了人们对事物的了解。所以,概括的水平在一定程度上表现了思维的水平。另外,概括是人们形成概念的前提,也是思维活动能迅速进行迁移的基础。概括是随着人们认识水平的提高而不断发展的。人们的认识水平越高,对事物的概括水平也就越高。

2. 间接性

人们借助一定的媒介和知识经验对客观事物进行间接的认识。正是由于思维具有间接性,人们才能超越感知觉提供的信息,认识那些没有直接作用于人的感官的事物和属性,从而揭示事物的本质和规律。

3. 对经验的改组

思维是一种探索和发现新事物的心理过程,它常常指向事物的新特征和新关系。这就需要人们对头脑中已有的知识经验不断地进行更新和改组。思维活动常常是由一定的问题情景引起的,并试图解决这些问题。在从事科学研究、探索世界的奥秘时,人们需要对已有的知识经验进行重建、改组和更新。

(三)思维的种类

1. 根据任务的性质、内容和解决问题的方法

①直观动作思维。

直观动作思维又称实践思维,其面临的任务具有直观的形式,解决问题的

方式依赖于实际的动作。三岁前的幼儿只能在动作中思考,他们的思维基本上属于直观动作思维。

②形象思维。

形象思维是指人们利用头脑中的具体形象(表象)来解决问题。例如,艺术家、作家、导演等更擅长使用形象思维。

③逻辑思维。

当人们面对理论性的任务时,运用概念、理论知识解决问题的思维称为逻辑思维。例如,学生学习各种科学知识、科学工作者进行某种推理和判断都要运用这种思维。它是人类思维的典型的高级形式。

2. 根据思维探索的方向

①辐合思维。

辐合思维是指人们根据已知的信息,利用熟悉的规则解决问题,也就是从给予的信息中,产生逻辑结论。它是一种有方向、有条理、有范围的思维方式。

②发散思维。

发散思维是指人们沿着不同的方向思考,重新组织当前的信息和记忆系统中存储的信息,产生大量的、独特的新思想。

3. 根据思维的独创性

①常规思维。

常规思维是指运用已获得的知识经验,按现成的方案和程序直接解决问题。如学生运用已学会的数学知识解决同一类型题目的思维。这种思维缺乏独创性,是运用已获得的知识的过程,不会产生新的思维成果。

②创造性思维。

创造性思维是产生新的并有社会价值成果的思维,具有独创性,如从事文艺创作、科学发现、技术发明等创造性活动时,创造性思维的表现特别典型。

(四)思维与学习

思维与学习是紧密相关、相互促进的。思维是人类认知活动的核心,它涉及对信息的处理、分析和推理等过程,而学习则是通过不断地接触和获取新知识、新经验来丰富和拓展自己的认知结构和知识体系。学习是人类思维的源泉,它为思维提供了丰富的素材和知识基础。通过学习,个体可以不断积累各种学科和领域的知识,拓宽自己的思维边界。此外,学习还可以激发个体对问题的思考和解决能力。通过学习,个体能够接触到各种问题和挑战,从中寻找解决问题的方法和思路。思维方式决定了个体对学习内容的理解和把握。个体的思维方式直接影响着对学习材料的解读和理解,不同的思维方式可能导致不同的理解结果。思维与学习的关系可以总结如下。

1. 思维是学习的基础和前提

在学习过程中,我们需要运用各种思维技能来对所学知识进行分析、归纳、推理和应用。只有通过深入思考和理性探究,我们才能更好地理解和掌握所学知识的本质和意义,从而更好地将其应用于实际生活中。

2. 学习也能够促进思维的发展和提高

通过学习,我们可以接触到各种各样的知识和经验,这些新的信息会激发我们的好奇心和探究欲望,促使我们不断地思考和探索。同时,学习也能够为我们提供更多的思维工具和方法,帮助我们更好地分析和解决问题,从而提高我们的思维能力和水平。

3. 思维和学习都需要注重方法和策略

思维需要注重逻辑性和创造性,需要善于运用各种思维技巧和方法来解决问题。学习也需要注重方法和策略,需要选择适合自己的学习方式和方法来提高学习的效率和效果。

第四节 大学生的学习

与普通的日常学习相比,大学生的学习具有鲜明的特殊性,是一种颇具自身特点的认识过程。大学的学习与高中的学习既有千丝万缕的联系,又有鲜明的区别。与高中时以知识记忆和题海战术为主的学习相比,大学的学习应该是一种把逻辑与直觉、理智与情感、概念与经验、观念与意义等结合起来的有意义的、完整的学习,而不应该再局限于对前人知识和经验的汲取和复制。大学生应当为了提高自己的能力和修养而学习。大学的学习不应当只是为了获得知识而进行的一种脑力劳动,而是为了获得学习的能力,通过学会学习而成长为终身学习者。因此,了解大学的学习特点,理解学习的意义,有助于促进大学阶段的学习。

一、大学学习的特点

(一)学习的主动性

主动性是指大学生在学习过程中能充分发挥主观能动作用。自觉、积极、主动地学习是大学学习活动的核心。随着社会的不断进步和发展,高等教育体制改革的不断深化和完善,各行各业对未来人才素质的要求越来越高。这就需要大学生在德、智、体、美、劳等各方面全面发展,积极主动地安排好自己各方面的学习和生活。如果还采用机械、被动的学习方法,显然不适合大学的学习要求。因此,培养和提高主动学习的能力,是大学生必须完成的一项重要任务。在大学里,教师不会规定学生该用什么方法去学习,而往往是直接提出学习的目标和要求,至于用什么方法,则由学生自主选择。所以,大学的学习已不再是靠"死记"的功夫去背诵教师整理过的学习材料,而是靠自己去梳理、消化和吸收课内外的知识。这个消化的过程就是学习主动性的体现。

(二)学习的专业性

专业性是大学学习的一个特别属性。大学学习实际上就是一种专业性的学习,学习的内容是围绕专业方向和需要而展开的。大学期间通常只是确定一个大致的专业方向,重要的是在专业基础上广泛地拓展自己的知识面。同时,大学生应当及时跟进所在领域的发展和演变,从而不断调整自己的学习内容,形成科学、系统的知识结构。因此,大学生的学习主要还是掌握间接经验。大学生在掌握这些间接经验时,可以通过一定的实践去进行直接体验和验证。

(三)学习的广泛性

广泛性反映了大学学习多层面、多角度的特点。大学生在学习过程中可以通过各种不同的途径和渠道吸收知识,也可以靠广泛的学习兴趣去探求、获得课程之外的知识。大学学习活动的安排能够反映出这种广泛性的特点。上课时间之外,学生有较多的时间可以自由支配,可以充分利用学校为其提供的各种条件和资源进行广泛的学习,如图书馆的各种文献资料、各类学术报告和讲座、社会调查和实践活动。另外,大学学习的广泛性还表现为大学生在学习活动中探索和发展自己的兴趣,充分挖掘自己在不同领域的潜力。

(四)学习的创造性

创造性是指表现在学习过程中的创新意识和初步的创造性活动。爱因斯坦说:"高校教育必须重视培养学生具备会思考、探索问题的本领。"大学学习具有研究和探索的性质,这不仅表现在大学生要完成学年论文和毕业设计(毕业论文)等方面,而且也表现在所学的课程内容上。大学生的学习不单是掌握知识,而且要掌握科学知识的形成过程和科学的研究方法,了解各学科存在的问题及其解决的可能性。随着抽象思维能力的发展,大学生在大学这种充满学术研究气氛的特殊环境影响下,渐渐萌生一种重新组合已学知识、以新的角度解释已学知识的创新冲动。在当前提倡大学生创新创业的大背景下,大学生的学习应当是凸显创新思维与创新能力的学习。只有突破常规、打破思维定势,才能真正实现大学学习的自主创新。

(五)学习的终身性

大学为学生深入学习各种学科提供了丰富的资源和宝贵的机会。学生可以根据他们感兴趣的专业领域,获得广泛的知识和技能。这种学术发展不仅为未来的职业规划奠定基础,还培养了批判性思维、问题解决能力和创新能力等核心素养。这些能力对于个人的长远发展具有至关重要的影响。

二、大学学习的内容

大学的学习内容主要包括基础知识、应用知识、思维和能力训练、人文素养以及专业技能和职业规划等。这些方面并不是孤立的,而是相互映衬、相互促进、相互关联和相辅相成的。

(一)基础知识

基础知识包括各个学科领域的原理知识,这些知识构成了学科的基础理论框架,涵盖了自然科学、社会科学、人文科学等诸多领域,是开启智慧之门的关键。在大学里基础课程为学生提供了必要的理论知识,专业课程则注重具体专业的深度,使学生能够深入学习所学专业的知识和技能。通过系统地学习和掌握这些基础知识,学生能够更好地适应大学学习的要求,为未来的学术和职业发展打下坚实的基础。

(二)应用知识

这部分知识是在基础知识之上,通过实验、实习和社会实践等方式产生的,是一种结合实际情境的实践与创新,使所学理论能够运用到现实情况或情境中。大学生需要掌握相关学科的基本概念、原理和方法,理解其在实际问题中的应用和价值。大学之使命,在于培养具有创新精神与实践能力的人才。因此,学习应用知识,不仅可以增强实践能力,还可以培养解决实际问题的务实精神。

(三)思维和能力训练

这包括了批判性思维、创新能力、问题解决能力、沟通技巧、团队合作等能力的培养。大学给予了学生更加自由、开放和包容的学习环境,因此也注重对学生自主学习能力的培养。大学课程中的学习活动,不仅可以帮助学生掌握基础的知识,更应使学生在学习互动的过程中产生系统性思考与独立思考的能力,能够在了解某一知识点、某一学科或某一领域时具备逻辑性与整体性的学习方式。在学习过程中,能够将新知识与个体已有的知识谱系结合,不断优化和完善自身的认知框架,以实现整体综合能力与思维的提高。

(四)人文素养

人文素养涵盖道德、艺术、文学、哲学、历史等诸多领域,旨在提升学生的道德修养和综合素质。人文素养关注的是人类文化、价值观、艺术和社会组织等方面的知识,帮助学生树立正确的世界观、人生观和价值观,提升其综合素质和社会适应能力。学生可以了解不同文化、历史背景下的社会组织和人类文明的发展历程,掌握人文领域的基本知识和研究方法。在人文素养教育中,学生不仅需要学习理论知识,还需要通过实践和体验来加深对人文精神的理解。例如,参加文化交流活动、艺术展览、音乐会等,通过亲身感受来培养审美情趣和人文情怀。同时,人文素养也有助于推动文化交流和理解,促进人类文明的进步和发展。

(五)专业技能和职业规划

对于大学生而言,应学习并掌握专业相关的技能,并对自身未来的职业发展有科学合理的规划。大学生需要了解不同职业领域的要求和趋势,了解市场和行业的需求,同时结合自己的兴趣和能力进行职业定位。可以通过参加职业规划课程、实习和志愿服务等活动,与业内人士交流,了解实际工作情况,为自己的职业规划打下坚实的基础。"学有所用"是大学教育回应时代需求的体现。大学教育应紧跟现实发展趋势,培养具备竞争力的专业能力与职业素养。专业技能与职业规划直接关系学生未来的就业能力和职业发展,使学生明确职业方向,能够为个人的未来职业生涯描绘蓝图。

三、大学学习的意义

大学学习对大学生的长远发展具有举足轻重的意义和价值。有人说,大学就像是一座熔炉,四年的时间在本质上是对大学生的锻造。大学的经历带来的不仅是专业知识,更是帮助我们达到平常人难以企及的思想境界。与其说大学教给莘莘学子的是具体专业的学科知识,不如说是使人受益终生的一般技能。美国社会学家安德鲁·阿伯特(Andrew Abbott)教授在芝加哥大学上的致辞〔后被整理并命名为《大学教育之禅》(*The Zen of Education*)〕中提到,一个人在大学毕业后,其所学的专业知识常常在现实生活和工作中能用到的地方微乎其微,甚至所学专业与从事的工作毫无联系。所以,大学期间所学的那些书本上的知识在毕业五至十年后几乎被遗忘殆尽,真正成功的关键并不是所学知识的多少。大学教育应是完善生命的土壤、空气和水分,而不是为了拿到学位而必经的"高四"。

(一)培养社交能力与拓展人际关系

与中学时期相比,大学是一个更大更广的舞台,学生可以借助多种途径来培养自己的社交技能和建立人际关系。例如,社团和组织可以提供更多机会让学生结识志同道合的人,共同追求兴趣和目标。通过与不同背景的人合作和交流,学生可以提高自己的社交技巧,拓展人际关系网络。学生可以积极参与课外活动,通过各种社交场合接触不同专业领域的人士,了解不同的文化和生活方式。这些社交场合也可以为学生提供展示自己才华和能力的机会,有助于提升自信心和拓展人际关系。

(二)提高自身的思维和格局

大学可以增加我们的见识,丰富我们的知识面,让我们获得更多的知识。

除此之外,还能拓展我们的人生视野。视野变广,会导致思维发生转变,从单方面思考变为多方面思考,让思考的方式和看待问题的角度更加丰富。读大学能够提升格局,让我们在更高的视角看到更宽广的风景。

大学学习提供了系统的学科知识体系,通过深入学习和理解这些知识,学生可以提高自己的思维能力和认知水平。大学课程要求学生对所学知识进行深入思考、分析、归纳和演绎,这种训练有助于培养批判性思维和逻辑思维能力。通过不断的学习和思考,学生可以逐渐形成自己的观点和见解,锻炼独立思考的能力。大学学习提供了多元的文化和学科背景,有助于学生拓宽视野、提高格局。学生可以接触到不同领域的知识和文化,理解不同学科的思维方式和方法论,跨学科的学习有助于培养学生的综合素质和创新能力。通过了解不同文化和观念,学生可以增强文化敏感性和跨文化交流能力,更好地适应全球化时代的挑战。

(三)加强对社会生活的适应性

大学是一个小型的社会,为莘莘学子提供了一个为正式进入社会做准备的过渡期。社会是复杂的,需要学会做人,学会做事。大学提供了社会适应性的理论教育和实践教育。例如,通过学习社会学、心理学、经济学等学科知识,学生可以了解社会运行的规律和人际关系的处理方式,培养自己的社会意识和适应能力。同时,学生还可以在各种实践中,如社会调查、实习、志愿服务,亲身体验社会生活,提高自己的实践能力和应对能力。因此,大学阶段是锻炼为人处世能力、提升社会和职场适应性的黄金阶段。

(四)提升人文素养

大学学习注重培养学生的综合素质和人文素养,使他们成为有思想、有情怀、有责任感的人。通过学习文学、历史、哲学、艺术等人文学科,大学生可以了解人类文明和文化的精髓,培养审美情趣和人文情怀,形成正确的价值观和世界观。人文素养的提升有助于学生在未来的人生和职业生涯中具备更好的适应能力和发展潜力。

(五)改善思维方式和方法论

大学学习注重培养学生的思维方式与科学的方法论,使他们能够独立思考、分析和解决问题。通过学习学科基础知识和研究方法,学生可以掌握科学思维和方法论,学会如何开展研究、探索未知领域和解决复杂问题。这种思维方式和方法论的提升有助于学生在未来的人生和职业生涯中具备创新能力和终身学习的意识。

(六)树立社会责任感和公民意识

大学的教育目标之一是培养有担当、有情怀的社会公民。通过参与社会实践、志愿服务等活动,学生可以了解社会现实和问题,关注社会热点和国际形势,积极参与社会公益事业。这种社会责任感和公民意识的培养有助于学生在未来的学习、生活和职业生涯中具备社会责任感和公共意识。

(七)促进个人成长和发展

大学时期是个人成长和发展的重要阶段。通过学习和实践,学生可以深入了解自身特长和优势,提升自信心。多元化的学习与生活可以帮助学生多方面探索兴趣和爱好,在不同的学习体验中关注自身成长,挖掘自身潜能,结合所学内容,不断从内在思想和外在表现上提升自我,明确未来的发展方向,找寻热爱的事情与人生的意义,从而走出一条适合自己的成长之路。

本章小结
SUMMARY

21世纪的社会是一个学习型的社会,学会学习成为人们处身立世的必备素养。对于在校大学生而言,必须真正了解学习,才能明确学习的目标和内容,合理规划自己的学习,成为自己学习的主人。

第二章 了解学习理论

学者博览而就善。 ——《盐铁论·申韩》

学习非常重要,而学习现象本身又是复杂的。不同领域的学者从各自的学派、观点、立场出发,探索了学习诸方面的问题,形成了不同的学习理论来回答诸如"学习是什么""学习是如何发生的""如何有效地学习"等问题。想要真正认识学习,需要深入了解学习理论,加深和拓展对学习现象的认识。

第一节 学习理论概述

学习理论是对学习规律和学习条件的系统阐述,主要通过探索人类与动物的行为特征和认知心理过程,研究学习的实质、学习的过程和学习的规律的。学习理论注重把心理学的一般原理应用于学习领域,主要探讨行为是如何变化的,并试图解释和预测行为的变化,从而为教与学的理论和实践奠定基础。各种学习理论对于学习都提出了一些基本的界定和假设。一个完整的学习理论主要包括两大部分:经典实验和在经典实验基础上概括出来的核心思想。核心思想至少包括三个方面的内容:①对于学习实质的看法;②对于学习过程的解释;③对于学习规律的见解。

各种学习理论的差异表现在如何围绕上述界定和假设来回答以下三个方面的问题:①学习的实质是什么,即学习的结果到底使学习者形成了什么,或者说发生了怎样的变化,是外部的行为操作还是内部的心理结构?是简单的一条一条经验的积累还是整体的经验结构?②学习是一个什么样的过程,即学习是怎样实现的,或者说怎样才能达到预期的学习结果?学习要求经验,但何种经验是重要的,这些经验如何导致了学习?③学习有哪些规律和条件,即学习过程受到哪些条件和因素的影响,如何才能进行有效的学习?

一、经典学习理论

自古以来,每一个文明社会都曾提出、发展并验证关于学习的一些思想和论述。尤其是近代以来,很多新的学习理论层出不穷,不断挑战着已有的学习理论。心理学的深入发展形成了四大经典学习理论,从不同角度解释了学习的过程、学习的内容、学习的方式以及深入了解学习的方法等关键问题。

(一)行为主义的学习理论

行为主义的理论先驱是美国心理学家爱德华·李·桑代克(Edward Lee Thorndike)。桑代克早期主要通过动物的行为来研究动物心理,特别是研究了动物的"学习"行为。他创造了迷路圈、迷箱和迷笼等实验工具,在对鱼、鸡、猫等动物的学习行为进行了大量研究之后认为,动物通过不断地尝试可以偶然获得成功,不成功的反应全被排除,成功的动作则由于引起的兴奋而被牢记,因此动物的学习就是在刺激和反应之间形成联结。他根据对动物学习的实验研究,提出了两条学习定律:练习律和效果律。练习律是指学习需要重复,重复能使刺激与反应之间的联结得到巩固和强化,但只是这样还不够,因为实行多次的动作不一定都会使联结加强。例如,猫在迷箱中乱抓乱拉等无效的动作虽多次出现,但这种动作不仅不能强化联结,反而会随着学习的进展(对有效动作记忆的强化)被淘汰,因此他主要用效果律来解释动物的学习行为,认为刺激与反应之间的联结可因满足的效果而加强;也可因未达到满足的效果而减弱。

桑代克后来又进一步研究了人类的学习,并对这些学习定律作了修改和补充。1901 年他和另一个美国心理学家罗伯特·伍德沃斯(Robert S. Woodworth)共同提出了关于学习迁移的相关理论观点,这对后来学习心理和教学理论的发展产生了重要影响。另外,桑代克还分别研究了成人的学习心理和算术、代数等学科心理学。在总结美国机能主义和自己研究成果的基础上,他于 1913 年出版了《教育心理学》一书,使教育心理学从教育学和儿童心理学中分化出来,成为一门独立的学科,大力促进了教育学和心理学的有机结合。

在现代心理学派别中树立起行为主义旗帜的是美国心理学家约翰·华生(John H. Watson)。他提出,心理学的研究对象不是人的意识而是人的行为。在他之前,心理学认为思维纯属大脑皮层的活动,这种观点被称为"中枢说"。

"中枢说"局限于对思维和意识的研究,主要采用心理学家冯特和詹姆士创立的"内省法",对人的研究具有很大的主观性。华生认为,若以人的行为作为心理学研究的对象,可以消除研究的主观性,取得一切自然科学所共有的客观性,获得较为可靠的研究结果,还可以对研究结果进行交流和验证。为了达到这一目的,华生提出无论身体活动还是心理活动,如果加以分析,最后都可以还原为肌肉的收缩和腺体的分泌。他把有机体应付环境的一切活动统称为"行为",把作为行为最基本成分的肌肉收缩和腺体分泌称为"反应";把引发机体活动的外部或内部变化统称为"刺激",由此建立起行为主义心理学的基本公式,即人和动物的全部行为都可以分析为刺激和反应,而最基本的刺激与反应之间的联结称为"反射"。华生提出,不管多么复杂的行为都可以视作一套"反射"。而"刺激—反应"公式则是行为主义解释学习的理论基础。行为主义提倡严格的决定论,主张学习的实质就在于形成和强化刺激与反应之间的习惯性联结。后来华生发现可以把巴甫洛夫和赫切利夫的条件反射观点用作解释学习行为的良好依据,于是便折中地采纳了这些成果。在华生后期的著作中,条件反射成为学习的中心,是构成习惯的基本单位。

在新行为主义代表思想中,对学习理论和方法影响最大的是斯金纳的操作行为主义和在此基础上提出的程序教学和教学机器。斯金纳是受实证主义哲学,特别是布里奇曼操作主义的影响而成为新行为主义者的。1931年他在博士论文中提出并论证了他的观点:心理学应当把"反射"定义为刺激与反应间的一种可以观察到的相互关系,也就是要对反射作一种操作分析。站在这种操作主义的立场上,他开始对行为进行实验研究。在实验中,他深受桑代克、华生和巴甫洛夫的影响,但实验的主要目的是通过控制实验条件来训练和改变有机体的行为,从中探讨有机体行为发展的规律。他一开始是用动物作实验,设计了一些能控制和训练动物行为的精巧仪器。通过实验,他懂得了怎样排除外界刺激、怎样消除动物的多余行为、怎样使强化一致、怎样从间歇强化中获得更高的效果,以及怎样在累积曲线上自动记下动物的反应数量等,逐渐形成了一整套独特的实验体系。在实验基础上,他总结出了习得反应、条件强化、泛化作用与消退作用等学习规律,提出了系统的新行为主义学习理论。

斯金纳认为,塑造有机体行为的过程就是学习的过程。他将学习的公式概括为:如果一个操作发生后,接着给予一个强化刺激,那么其强度就会增加,用这样的方法就可以提高这一操作再次发生的概率。斯金纳把华生"刺激—反应"的公式发展为"刺激—反应—强化",并同费斯特合作对强化的时间安排进行了深入研究,比较了连续强化和间歇强化、长间歇强化和短间歇强化、固定经常强化和不固定偶然强化对学习效率的影响,揭示了操作反应与学习安排之间的许多规律性问题。运用这些研究成果,斯金纳及其追随者在动物训练中成功地塑造出高度复杂的动作行为,比如,他们根据渐进法制定出一套程序,用来训练两只鸽子玩一种简易的乒乓球游戏并尽力协调它们的动作,以至于使鸽子产生与最纯熟的舞蹈家不相上下的、精确的、富有戏剧性的行为。斯金纳还研究了与强化相联系的泛化现象,研究了学习过程中的消退和遗忘,设计了一整套塑造行为和保持行为强度的新技术、新方法。他从系统发生论角度对机体的简单反应和复杂行为进行了广泛的实验,这种实验后来被移植到人类的学习活动中。

总体而言,行为主义理论认为,学习是由经验的反复练习而引起的行为的比较持久的变化。行为主义者们拒绝研究意识,只研究外在的可观察的行为,试图解释行为变化是如何受环境影响而发生的。在行为主义看来,行为变化的实质是"刺激—反应"联结的形成。凡是能增强反应概率的刺激和事件都叫强化物。强化的手段和方式对行为的变化具有非常重要的意义。对于行为主义者来说,对强化的控制就意味着是对行为的控制。对想要的行为进行强化是学习的关键。教师要将复杂的新行为划分成一小步一小步的,然后对每一小步都予以反馈,强化其成果,以此帮助学生达到最终的目标,这一方法被称为新行为的塑造。

在行为主义者看来,教学就是知识的传递,教师是信息的呈现者,学生是信息的被动接受者。行为主义学习理论提出了以下四个教学设计的指导原则:①接近性原则,即出现刺激时马上作出反应;②重复性原则,即练习能增强学习并能提高保持率;③反馈原则,即学习者必须获得有关反应是否适当的信息;④强化原则,即反馈要起到强化的作用,使反应发生的可能性变得越来越大。具体来说,行为主义认为,教与学应遵循的过程是:第一,选择终点行为,即教学目标,越具体越好;第二,了解学生的起点行为,即目前能做什么,已经知道什么;第三,步调划分,就是将知识划分成一些小步子,步子的大小因学生的能力而异;第四,呈现小步任务给学生,对学生在每一小步上的反应予以反馈和强化,直到学生达到教学目标为止。行为主义理论的教学方法在程序教学中得到了集中体现。程序教学是指一种能让学生自学特定材料的个别化教学方法,学生的自学是以自己的速度和水平进行的，特定的材料是以特定的顺序和小步子安排的。程序教学就像一个自我教学包，它以精心设计的顺序呈现主题，每个页面呈现一个问题，要求学习者通过填空、选择答案或解决问题，对问题或表述作出反应，在每一个反应之后出现及时反馈，使学生能以自己的速度进行学习。

(二)认知主义学习理论

认知主义是心理学中的另一个主要流派，其研究的内容涉及我们是如何从世界获得信息的、如何再现这些信息并将它们转换成知识的、如何存储这些知识的以及如何用这些知识来指导我们的注意和行为。认知主义的学习理论特别关注在学习过程中学习者头脑内部所产生的过程。他们把学习看作大脑对信息进行加工的过程，认为学习由接收信息、短期存储、编码、长期存储以及提取信息等几部分构成。

认知主义的主要代表人物之一罗伯特·加涅(Robert M. Gagné)提出了学习的信息加工过程，通过一个基本模式来展示学习过程中的信息流程，即来自学习环境中的刺激作用于学习者的感受器，并通过感觉登记器(记录器)进入神经系统。信息最初在感觉登记器中进行编码，并以映像的形式保持在感觉登记器中，保留 0.25～2 秒。当信息进入短时记忆后再一次被编码，以表象或者语义的形式储存下来。短时记忆的容量有限，一般只保持 2.5～20 秒。如果学习者作了内部的复述，信息在短时记忆里就可以保持长一点时间，但也不超过 1 分钟。通过复述、精细加工或组织等编码方式，信息将变得有意义，并被转移到长时记忆中(以语义、表象、规则等形式)进行储存。

短时记忆和长时记忆并非不同的结构，而是起作用方式不同的同一结构。同样也应该注意，从短时记忆进入长时记忆的信息可能被提取回到短时记忆。当新的学习部分地依赖于对学生原先学过的东西的回忆时，这些原先学习的东西就从长时记忆中被检索出来并重新进入短时记忆。从短时记忆或长时记忆中检索出来的信息会通过反应生成器。反应生成器具有信息转换或发出动作的功能，使反应器(肌肉)活动起来，产生一个影响学习者环境的操作行为。在这一操作中，外部的观察者了解到原先的刺激发生了作用(即信息得到了加工)，也就是说学习者确实学到了一些内容。

在这个信息加工过程中，一组很重要的结构就是"执行控制"和"预期"这两个部分。"执行控制"即已有的经验对现在学习过程的影响，它控制认知策略的选择和使用以及对信息的调节,如注意、对外来信息的编码、对已存信息的提取等;"预期"即动机系统对学习过程的影响。整个学习过程都是在这两部分的作用下进行的。

在认知主义理论看来,教学不是知识的"传递",而是学生积极主动的"获得"。教师要为学生创造良好的学习条件,激发学生的学习动机,提供合理的学习策略,从而促进学生的学习。根据认知主义理论,我们还可以推导出以下增强学习的原则:①定向与回忆,即在教学时需要告知学生学习目标,引起学生对学习结果的预期,并激活学生记忆中先前学习的信息;②智力技能,即促使学生应用已有的策略和方法来学习新的信息,提高学习过程的效率;③个别化,即教师需要调整教学,以适应个别学生的知识和技能的特征,提高学习的效率。

加涅认为,教学是指在学习情景中对外部活动的控制。这些活动是由教师、教科书的作者、电影或视频课的设计者和制作者等所操纵的,它们对应于学习者内部所发生的学习过程(即信息加工过程)。直接教学就是这样一种典型的教学模式,它包括九个独立的教学事件:引起注意、告知学生学习目标、回忆先前的学习、呈现刺激、提供学习指导、引出行为、提供反馈、评价行为以及促进保持和迁移。

总的来说,认知主义学习理论认为,学生是积极的信息加工者,他们积极地做出选择、注意等反应;他们积极地组织自己已经知道的信息来实现新的学习;学生先前的知识在极大程度上决定了他们的学习、记忆和遗忘;他们积极地寻求信息来解决问题。认知主义学习理论关心知识的认知结构或系统,关心建立和改变这些结构的过程,这些关心反映在对记忆、知觉、注意、领会、问题解决以及概念学习的解释上。

(三)建构主义的学习理论

建构主义以瑞士著名的心理学家皮亚杰为代表。皮亚杰早年主要受生物学和机能主义心理学的影响,在以后的研究中他广泛吸取了各派心理学的观点,还对逻辑学、语言学、哲学、认识论、科学史等相关领域做了广泛深入的研究,不仅在心理学的发展中独树一帜,而且在以上领域都具有很深的造诣。皮亚杰采取了长期的自然观察法,详尽地研究了儿童智力发展过程中一些基本概念、范畴的形成和发展过程,如儿童关于时间、空间、因果、世界等概念的形成和发展。他研究各种认识的起源,从最低级形式的认识开始,并追踪这种认识向以后各个水平的发展情况,一直追踪到科学思维并包括科学思维。通过这种历史性的追踪研究,他不仅看到了不同阶段儿童认识水平的质的差别,而且进一步了解了造成这种差别的儿童认知结构(思维逻辑结构)的质的差别。当皮亚杰把个体智力发展史的研究同科学史和思想史加以比较和对照时,他发现了一个重要规律:个体智力的发展要以浓缩的形态重演和再现整个人类认识发展的进程(胚胎学已揭示出个体在胚胎发育中要以浓缩的形态重演整个生物进化的历程,这曾给皮亚杰以很重要的启示)。据此,皮亚杰开始自觉地把对儿童智力发展的研究同科学史、认识论结合起来,并运用了数理逻辑的工具,力图通过科学史和概念的个体发生来重建人类认识的可变性,从生物学到逻辑、认识论之间构造宏大的桥梁。皮亚杰认为人类认知结构的图式及其对外界刺激的同化作用都是在后天活动中发生和发展的。他认为人本身是一个高度适应环境的、具有复杂结构的主体,他将主体的结构称之为"图式(schema)",这种图式不是指神经系统的物质生理结构,而是指主体活动的功能结构,具体包括协调主体外部动作的功能图式和这一图式内化在头脑中协调主体内部精神活动的思维图式。内化的思维图式是外部活动的缩影,二者是同构的。因此,主体的图式产生于主体作用于客体的活动。

　　皮亚杰着重探讨了人的认知结构和道德结构,他把主体的认知活动和相应的经验分为两种:个别动作直接作用于客体,而客体通过对它的简单抽象产生物理经验,此时知识来自客体;由个别动作组成的动作协调组织通过作用于客体的反思抽象产生逻辑数学经验,此时知识来源于主体的活动,而非直接来源于客体。他研究了两种经验之间的关系,指出认识发展的任何阶段,逻辑数学经验都是物理经验的前提条件,物理经验内容只有在逻辑数学经验的形式中组织起来才能成为关于客体的真正知识,甚至物理经验本身的形式也需要以逻辑数学经验作为框架,同时又指出个别动作与动作协调、物理经验与逻辑数学经验的划分是相对的,彼此可以转化。皮亚杰把主体作用于客体的活动与主体结构的发展结合起来,揭示了智慧的发展本质上是一种主体转变客体的结构性动作,就其外部功能而言,智慧活动的目的在于取得主体对外部自然与社会环境的适应,从而达到主体与环境之间的平衡。主体的认知结构是动作的一般协调结构及其内化的产物,它是随着主体活动的发展而不断建构发展的。图式在主体活动中的功能包括同化和顺应两种形式。同化是主体在活动中对环境进行选择、改变,并把它们纳入主体图式中,使其整合为一个新的整体的过程,同化只能从量上丰富和发展原有图式，不会引起图式的质变；顺应是当原有图式容纳或同化不了客体或主体动作经验时，在主体自我调节之下改变原有动作结构产生新的图式，以适应环境变化的过程。正是在这种同化和顺应交替进行的过程中，主体的认知图式得到了建构和发展，从而使主体与外界环境之间的关系不断打破原有的平衡，达到新的平衡。皮亚杰创立的建构主义学说比格式塔学派更深刻、更全面地阐发了认识过程和学习活动的总体特征。

建构主义学习理论的另一位主要奠基者是苏联早期著名的心理学家列夫·维果茨基（Lev Vygosky）。维果茨基突出强调了个体心理发展的社会文化历史背景，深入研究和揭示了"活动"和"社会交往"在人的高级心理机能发展中的重要作用，创立了后来在心理学界中被广泛接受和采用的"内化说"。维果茨基指出，人的心理发展的第一条客观规律是：人所特有的高级心理机能不是从内部自发产生的，它们只能产生于人们的协同活动和人与人的交往中。与此相关的第二条客观规律是：人所特有的并且不断发展的高级心理结构与机能最初必须在人的外部活动中形成，随后才有可能转移至内部，成为人的内部各种复杂心理过程的结构。因此，人的心理发展既是个体的又是社会的，个体的知识建构过程和社会共享的理解过程是不可分离的。这显然是比皮亚杰的理论更加深刻的"社会建构主义"。维果茨基的理论还指出，个体所处的特定文化和社会背景也对智力的发展有影响。儿童理解世界的方式离不开在特定环境中与父母、同伴和其他社会成员的相互作用。

根据维果茨基的观点，儿童成长的文化氛围对其认知发展有很大的影响。维果茨基认为，皮亚杰的理论和信息加工理论可能对个体的行为有误解。他提出，如果不考虑社会学习的因素，我们就无法理解认知的发展。维果茨基指出，儿童的认知能力是在社会交往中逐渐发展起来的。通过社会交往，儿童提高了认知机能，也获得独立思考的能力。具体来说，当信息处于"最近发展区"时，儿童的认知能力就会提高。"最近发展区（zone of proximal development，ZPD）"是指儿童现今已达到的发展水平与其在一定指导下或借助他人的帮助即将能达到的水平之间的发展区域。当儿童接受处于最近发展区的信息时，他们就能增加对新任务的理解。一旦信息超出了最近发展区，他们将无法掌握。如果父母、老师或能力较强的同伴给予新鲜的、同时又处于最近发展区的信息，儿童的认知能力就会发展。这种帮助被称为"脚手架（scaffolding）"，为儿童学习独立解决问题提供支持。维果斯基认为"脚手架"不仅能帮助儿童解决具体问题，而且对其整体认知能力的发展也有很大的帮助。

建构主义本身派别林立,但大多数建构主义者对学习有以下几点共识:①学习是学习者主动建构内部心理表征的过程,强调学习过程中学习者主动性的发挥;②学习过程同时包含主体和客体两方面的建构;③学习既是个性化行为,又是社会性活动,学习需要对话与合作;④强调学习的情境性。

建构主义学习理论强调,学习是主观经验系统的变化(重组、转换或改造)。学习时,学习者不是在接受客观的知识,而是在积极主动地建构对知识的理解。这种建构是在主客体交互作用的过程中进行的。学习者过去的知识经验,简称先前经验。每一个学习者都是在自己先前经验的基础上,以其特殊的方式来建构对新信息、新现象、新事物、新问题的理解,形成个人的新经验。

知识的意义不完全取决于符号,而是存在于情境之中。人不能超越具体的情境来获得某种知识,每一个学习者都是在特定的情境下建构知识的意义的。特定的情境使得知识在学习者头脑中的意义具体化、与其他知识的意义协调化。所谓情境,其基本含义就是上下文,引申为前后关系,既包括物理情境,也包括社会环境、领域文化、实践活动及其意图等。学习者面对新信息时,总是利用头脑中的先前经验来做解释,但是头脑中的先前经验多了,到底利用哪些知识经验呢? 这便由情境制约甚至决定了。每一个人对事物都有独特的理解,不同人之间的交流可以影响学习者知识和经验的建构。每个学习者的先前经验系统是独特的,对同一个事物的解释也是独特的、单视角的。个体对知识的建构不是一次形成的,也不会终止。个体会在与他人的交流中逐渐丰富、深化以及多元化对知识的理解。建构主义认为,学习者是在与环境(包括社会情境)的交互作用过程中主动建构知识的,因此教学就是要为学习者创设理想的学习环境,来促进学习者的主动建构过程。

(四)人本主义学习理论

人本主义心理学关注全人(尤其是情感)、全程的发展,重视人的自由、尊严、价值、选择和责任,探讨人的友爱、创造、自我实现、人生价值、生命意义、人生成长、高峰体验等问题。人本主义理论认为,人是自由的,人能够不懈追求生命意义和人生价值,不断进行创造和自我实现。人的一切行为都是自主选择的结果,而自主选择受制于人的主观感受和观点。决定个人行为的不是生活中的现实(苦或乐),而是人对现实的主观感受和看法(他认为是苦还是乐)。如果人的行为是出自内在的感情、意愿所做的自主性和综合性的选择，那么人就要对自己的行为负责。

人本主义代表人物亚伯拉罕·马斯洛（Abraham Maslow）批判传统的学习是一种"外铄学习"，学习活动不是由学生决定的，而是由教师强制的。学生只是对个别刺激做出零碎反应而已，学生所学的知识缺少个人意义。他曾说："学生学到的，顶多不过像是在他的口袋里装了几把钥匙或几个铜钱而已。学生所学的一切，对他个人的心智成长毫无意义。"马斯洛提倡内发学习，强调学习要具有个人意义，学习活动由学生自己选择和决定，不由教师强制。学生自身具有学习潜力，教师只是辅助。

另一位人本主义代表人物卡尔·罗杰斯（Carl Rogers）批评传统的学校教育是把儿童的身心劈开来。儿童的心智到了学校，躯体和四肢也跟着进来了，但他们的感情和情绪只有在学校外才能得到自由表达。学生在课堂中学习的许多内容对学生来说是无个人意义的。学生所从事的学习往往只涉及人的心智，发生在"颈部以上"，不涉及感情或个人意义，与完整的人无关。他曾提出："现代教育的悲剧之一就是认为唯有认知学习是重要的。"他倡导有意义的学习，认为有意义学习完全可以使整个儿童（理智与情感）都进入学校，增进学习。罗杰斯认为："有意义学习把逻辑与直觉、理智与情感、概念与经验、观念与意义等结合在一起，当我们以这种方式学习时，我们就成了一个完整的人。"

罗杰斯猛烈批判传统教育方式中的师生关系。他认为传统教育的特征是：教师是知识的拥有者，学生是被动的接受者；教师是权力的拥有者，学生是服从者；教师可以通过各种方式（如讲演、考试、分数甚至嘲弄）支配学生的学习。从教育政治的角度来看，这是一种"壶与杯"（jug and mug）的教育理论。教师（壶）拥有理智的、事实性的知识，学生（杯）是消极的容器，知识可以灌入其中。罗杰斯主张以学生为中心，学校为学生而设，教师为学生而教。他提出要废除传统意义上教师的角色，以促进者取而代之。学生自身具有学习的潜能，促进者只需为他们设置良好的学习环境，提供各种学习资源，使他们知道如何学习，他们就能学到所需要的一切。

罗杰斯认为，教师和学生是一起成长的。教师和学生一样，需要不断地在学习中获取新的意义和启示。教育是有整合目的的、不断充实的、具有生活意义的成长历程。真正良好的教学设计是，给予学生充分的自由，让他去发现属于自己的真理和智慧。真理与智慧永远是蕴藏在尚未被发现的知识的背后，教师带领学生合力去挖掘、探索，这才是最理想的教学活动。

　　在教育上，人本主义主张，不要客观地判定教师应当教授学生什么知识，而应当从学生的主观需求着眼，帮助学生学习他喜欢而且感觉有价值的知识，应当以学生为中心，让学生展开自由的学习，自主选择和决定学习活动，教师只是一个"促进者"。人本主义理论提倡的教学理念包括：自我激励、自我调节的学习、情感教育、真实性评定、合作学习、开放课堂、开放学校等。

　　人本主义在 20 世纪 60 年代兴起，70 年代盛行一时，80 年代热潮逐渐消退。人本主义的教育理想是崇高的，教育方向是正确的，但是缺乏明确的操作性，在现实社会中是难以实现的，因此有人怀疑，即使在人本主义鼎盛时期，一些模式（如开放课堂）也没有得到真正的落实。尽管如此，人本主义的一些理念至今仍然具有旺盛的生命力，昭示我们关注学生整个人的全面发展。

二、现代学习理论

（一）社会学习理论

　　行为主义学习理论由于动物实验研究结果的局限，在完全解释人类的行为时表现出不足。因为人与动物的根本区别在于，人有观察、思维、判断等能力，借助这些能力，个体在人际互动中，不需要靠直接的亲身经验照样可以进行学习。在解释人类复杂学习行为方面，社会学习理论是比较完善的。社会学习理论是由美国心理学家阿尔伯特·班杜拉（Albert Bandura）于 1952 年提出的。它着眼于观察学习和自我调节在引发人的行为中的作用，重视人的行为和环境的相互作用。班杜拉认为应探讨个人的认知、行为与环境因素三者及其交互作用对人类行为的影响。按照班杜拉的观点，以往的学习理论家一般都忽视了社会变量对人类行为的制约作用。他们通常是用物理的方法对动物进行实验，并以此来建构他们的理论体系，这对于研究人在社会中的行为来说，似乎不具有科学的说服力。由于人总是生活在一定的社会条件下的，所以班杜拉主张要在自然的社会情境中，而不是在实验室里，研究人的行为。

　　班杜拉指出，行为主义的"刺激—反应"理论无法解释人类的观察学习现象。因为"刺激—反应"理论不能解释为什么个体会表现出新的行为，以及为什么个体在观察榜样行为后，这种已获得的行为可能在数天、数周甚至数月之后才出现等现象。所以，如果社会学习完全是建立在奖励和惩罚的结果之上的话,那么大多数人都无法在社会化过程中生存下去。为了证明自己的观点,班杜拉进行了一系列实验,并在科学实验的基础上建立起了他的社会学习理论。

班杜拉的社会学习理论包含观察学习、自我效能、行为适应与治疗等内容。他把观察学习过程分为注意、保持、动作复现和动机四个阶段,简单地说就是观察学习需要先注意榜样的行为,然后将其记在脑子里,经过练习,最后在适当的动机出现的时候再一次表现出来。班杜拉在 1977 年提出了"自我效能"的概念,用来解释个体对自己在特定的情境中是否有能力得到满意结果的预期。他认为个体对效能预期越高,就越倾向于做出更大努力。

班杜拉提出了五种影响自我效能知觉的因素:过去行为的成败经验、通过观察示范行为获得替代性经验、语言说服、情绪和身体状态、归因。通过这些途径可以有意识地培养起自我效能感。在这五种因素中,最重要的影响因素有两个:个体的成败经验和归因方式。个体的成败经验可以是亲身经验或直接经验,这是影响自我效能感形成的最主要因素。一般来说,成功的经验会提高自我效能感,反复的失败会降低效能期待。不断成功会使人建立起稳定的自我效能感,这种效能感不会因一时的挫折而降低,而且还会泛化到类似的情境中去。个体成败的间接经验是行为者通过观察示范者的行为而获得的替代性经验,它对自我效能感也具有重要影响。当一个人看到与自己能力水平差不多的示范者(榜样或范型)在某项活动中取得了成功,就会增强自我效能感,认为自己也有能力完成同样的任务;看到与自己能力不相上下的示范者遭遇了失败,就会降低自我效能感,觉得自己取得成功的可能性也很小。这种替代性成败经验对自我效能感的影响是通过两种认知过程实现的:社会比较过程和提供信息的过程。社会比较过程是行为者采用与示范者比较的方式,参考其表现以判断自身的效能,当然这种比较有可能是客观的、准确的,也有可能是主观的、不准确的。比如,一个学生与另一个同学比较,认为自己的能力与他差不多,而实际的情况可能相差很远,但这都无关紧要,只要该生主观上认为两人的能力相差不多就会影响他的主观效能感。就提供信息的过程而言,行为者可能从示范者的表现中学到有效解决问题的策略或方法,了解解决问题的条件,这些都会对自我效能感产生一定影响。不同归因会影响自我效能感。假若引导学生将成功归因于内部的或可以控制的因素,如能力或努力,将有助于学生自我效能感的提高。反之,自我效能感也影响归因方式。假若一个人对某件事有颇强的自我效能感,那么,他很可能将成功归因于自己的能力或努力,将失败归因于自己缺乏努力；如果他对做某事缺乏自我效能感，他很可能将成功归因于运气等不可控的因素，而将失败归因于自己缺乏能力。

班杜拉的理论有着丰富的内涵和外延。他区分了人类学习的两种基本过程，即直接经验学习和间接经验学习，并且提出了观察学习是人类间接经验学习的一种重要形式，普遍地存在于不同年龄阶段和不同社会文化背景的学习者中。班杜拉的社会学习理论进一步发展了传统的强化理论，并且对教育有着重要的价值和实践意义。按照班杜拉的理解，对于有机体行为的强化方式有三种：一是直接强化，即对学习者作出的行为反应当场予以正或负的刺激；二是替代强化，指学习者通过观察其他人实施这种行为后所得到的结果来决定自己的行为指向；三是自我强化，指儿童根据社会对他所传递的行为判断标准，结合个人的理解对自己的行为表现进行正或负的强化。自我强化参照的标准是自己的期望和目标。

(二)多媒体学习理论

美国教育心理学家理查德·梅耶（Richard Mayer）提出的多媒体学习理论是建立在"以学习者为中心"这一教育理念取向之上的。在该理论中，梅耶基于人类的信息加工系统提出了多媒体学习模型，并揭示了多媒体学习中的三条基本假设，分别是双重通道假设、容量有限假设和主动加工假设。

多媒体学习包括三个过程：选择、组织和整合。首先，学习者需要对经过眼、耳进入信息加工系统的视觉和言语信息中的有关内容加以注意。从呈现的言语信息中，学习者选择重要的词语进行言语表征（选择文本），其结果是建构命题表征或文本库。从呈现的视觉信息中，学习者选择重要的图像进行视觉表征（选择图像），其结果是建构表象表征或图像库。当学习者选择了视觉和言语材料之后，就会把进入工作记忆中的信息组织成一个连贯的整体（组织过程）。学习者对文本库进行重新组织（组织文本），形成关于文中所描述情境的言语心理模型，这一过程发生在言语短时记忆中。学习者对图像库进行重新组织（组织图像），形成关于图像中所描述情境的言语心理模型，这一过程发生在言语短时记忆中。学习者对图像库进行重新组织（组织图像），形成关于图像中所描述情境的视觉心理模型。最后，学习者需要在两类模型之间建立联系，并将所组织的信息与记忆中已有的、熟悉的知识结构联系起来（整合过程）。为使整合过程得以发生，视觉信息必须保持在视觉短时记忆中，同时，相应的言语信息需要保持在言语短时记忆中。然而，短时记忆的容量是有限的，因此视觉与言语信息的整合将受到记忆负荷的限制。需要指出的是，对信息的选择、组织和整合并非总是以线性的顺序发生，有时也会反复进行。

梅耶关于双重编码的主要假设就是言语信息和图画信息在不同的认知系统中进行加工。学习者选择相关词语建构成命题表征，组织成言语心理模型；选择重要图画信息形成图像表征，两种加工建构了两种平行的心理模式，最后彼此进行一对一的映射联系。如果言语信息和图画信息同时出现在工作记忆中，也就是两个模型同时在工作记忆中，就会发生整合加工。

多媒体学习认知模型也代表信息加工系统，该模型形象地反映了人类进行多媒体学习时的学习原理：以语词和画面呈现的多媒体材料分别通过听觉通道和视觉通道进入到人的感觉记忆中。需要指出的是，以文本呈现的语词材料，是由眼睛通过视觉通道进入感觉记忆中的，进入感觉记忆中的视觉表象和听觉表象能做短暂停留，之后需要进行选择，视觉和听觉表象的选择是基于容量有限假设，在感觉记忆的相应通道中只能选择有限的信息进入到工作记忆中。多媒体学习的主要过程发生在工作记忆中，在积极主动的意识状态下，工作记忆被用于暂时性地贮存知识和操作加工知识，工作记忆是以双通道为基础的，因此在完成相应通道中的信息模型建构后，还需要在两种通道之间建立关联，即将有关联的听觉表象和视觉表象进行转换。比如，当听到"狗"这个单词时，你可能在脑海中会浮想出一只狗的图像，最后需要提取长时记忆中的先前知识，将经过加工后的信息与先前知识进行整合，存储到长时记忆中去。

多媒体学习理论的工作记忆模型包括四个部件：一个控制系统，即中央执行系统；两个存储系统，即视觉空间模板与语音回路；还有一个情景缓冲区。基于言语编码的语音回路负责保持和处理言语信息；基于视觉编码的视觉空间模板负责储存和处理视觉和空间信息；中央执行系统是工作记忆模型的核心部件，它控制着认知资源的分配，主要负责协调各个系统之间的相互关系，调节与整合存在于视觉空间模板和语音回路之间的信息。情境缓冲区是一个容量有限的临时储存区，它在中央执行系统的控制下，以长时记忆为中介，能够对来源于不同渠道的信息进行整合。工作记忆容量有限，约 7 ± 2 个信息单位。工作记忆系统对来自瞬时记忆系统中的信息进行加工，并从长时记忆中提取已有的知识。梅耶认为多媒体学习的主要过程发生在工作记忆中，心理学家艾伦·巴德利（Alan Baddeley）的工作记忆模型成为他提出多媒体学习认知理论三大假设的重要理论来源。

梅耶提出了容量有限假设,认为人们进行认知加工时是需要消耗认知资源的,而认知资源是有限的,因此在每个信息加工通道上一次加工的信息数量也是有限的。该假设是建立在认知负荷理论的基础之上形成的,认知负荷可以分为以下三种:①内部认知负荷,依赖材料的内在难度——有多少组成成分和它们之间是如何相互影响的,材料成分越多,关系越复杂,内部认知负荷就越高;②外部认知负荷,依赖教学信息的设计方式——材料组织的方式和呈现的方式,是指由不恰当的教学设计所引起的认知负荷,如包含与教学目标无关的材料;③相关认知负荷是努力学习所带来的认知负荷,促进图式建构和自动化,是有效的认知负荷,包括加工认知负荷和元认知负荷,前者指学习者在学习中将工作记忆能量投入更深层的图式建构和存储时产生的认知负荷,后者指将工作记忆能量投入学习活动的监控和对学习策略的关注时产生的认知负荷。认知负荷是指学习中所要加工的信息给工作记忆造成的负荷。该理论的基本假设是认为工作记忆的容量是非常有限的。当学习过程中的认知加工所需要的认知资源超出了个体工作记忆所能提供的资源总量时,就会导致认知负荷超载,从而影响学习的质量。

关于多媒体呈现方式的研究,国内外学者总结出了一系列多媒体设计所要遵循的原则。梅耶及其工作团队依据自己的多媒体学习认知理论将这些原则总结成"多媒体设计的七原则",即多媒体认知原则、空间接近原则、时间接近原则、一致性原则、通道原则、冗余原则和个体差异原则。

(三)布鲁姆学习理论

美国教育学家本杰明·布鲁姆(Benjamin Bloom)按照由简单到复杂的秩序排列学生行为,并在此基础上形成教育目标的分类。他认为,教育目标应该包括学生学习的三个基本领域:认知、情感、动作技能。其中,认知领域的目标包括六个类别,即知识、领会、运用、分析、综合和评价。情感领域的目标包括五个类别,即接受或注意、反应、价值评估、组织、性格化或价值的复合。布鲁姆认为,教育目标分类的方法是不受学生年龄和教学内容所局限的。

布鲁姆主张将评价作为学习过程的一部分,认为测验不仅仅是要了解学生掌握了多少学习内容,而是作为一种矫正性反馈系统,及时了解教学过程中的每一阶段是否有效并采取相应措施。因此,他提倡在教学中应该更多地使用形成性评价,即把一门课分成若干学习单元,再把每一单元分解成若干要素,在每一单元教学结束时,安排一次形成性测验,帮助学生真正掌握学习内容。形成性评价的主要目的不是给学生评定分数或等级,而是帮助学生和教师把注意力集中在学生对教学内容达到掌握水平所必备的知识技能上。

布鲁姆强调"掌握学习"。所谓"掌握学习",就是在"所有学生都能学好"的思想指导下,以集体教学(班级授课制)为基础,辅之以经常、及时的反馈,为学生提供所需的个别化帮助及其所需的额外学习时间,从而使大多数学生达到课程目标所规定的掌握标准。布卢姆认为,只要给予足够的时间和适当的教学,几乎所有的学生对几乎所有的内容都可以达到掌握的程度(通常能达到完成80%~90%的评价项目)。学生学习能力的差异不能决定他能否学习要学的内容和学习的好坏,而只能决定他将要花多少时间才能达到该内容的掌握程度。换句话说,学习能力强的学生可以在较短的时间内达到对该内容的掌握水平,而学习能力较弱的学生则要花较长的时间才能达到同样的掌握程度。

布鲁姆的掌握学习理论及与其相关的教育目标分类学,运用在教学实践中收到了显著的成效。教育研究者在美国、澳大利亚、韩国、日本、印尼等国都进行了掌握学习的大规模实验。该理论在我国也引起了一定的反响,的确是值得重视的一种教育理念体系。它的有关教与学的乐观主义的观念、对统一教学与学生个别需要之间矛盾的解决方略、以系统化的教学目标对教学全过程施行系统控制的措施等方面,都是值得借鉴的。但是,这一理论也存在某些缺陷。掌握学习虽然强调面向全体学生,但它所采用的矫正性教学措施似乎难于满足部分优秀生的学习需要而使其进步处于停滞状态。掌握学习操作程序的设计似乎偏重于知识与技能的学习,而对如何发展学生的能力与创造性则涉及较少。

第二节　学习理论的新发展——学习科学

一、什么是"学习科学"?

"学习科学(learning sciences)"是一个研究学习和教学的跨学科领域,涉及认知科学、教育心理学、计算机科学、人类学、社会学、信息科学、神经科学、教育学、教学设计以及其他领域。这些领域的研究者们在多种多样的情境中,从不同的学科视角,多层面、全方位地研究如何支持和促进人在整个生命历程中的学习活动,不仅包括学校课堂中的正规学习,也包括在家中和同伴之间发生的非正规学习,其目的是更好地理解有效学习的认知和社会过程,并以此为基础告诉教育者们如何设计有效的学习环境,包括课堂正规学习环境以及诸如科学中心、课外俱乐部、远程学习、计算机辅导软件等非正规学习环境,使人能够学习得更有深度、更为高效,从而通过教学的、技术的和社会政策方面的创新来促进教育的改善。

学习科学的工作重点建立在社会认知理论和建构主义取向的认知科学的基础上,而相对远离关于学习的信息加工理论和行为理论,如认知人类学(cognitive anthropology)、情境学习(situated learning)、日常认知(everyday cognition)、生态心理学(ecological psychology)、分布认知(distributed cognition)和杜威的实用主义(Deweyan pragmatism)。学习科学工作者把理论应用到技术增强的学习环境设计中。这些学习环境把学习作为一种实践,学习者要投入一些现实世界中的、复杂而真实的问题解决活动中,如设计一个东西、提出一个策略或形成一个决策。这种学习环境是互动的,不受制于事先安排的行为流程,而是混合利用多媒体、多元观点、人工智能、计算机支持的合作学习等各种方式来吸引学习者。总体而言,学习科学把设计作为一个迭代过程,使我们能设计出越来越好的教学,提出并修订关于学习的理论和模型。

二、学习科学的研究方向

美国国家科学基金会将学习科学研究大致分为三种取向:①整合认知心理学、教学设计、计算机信息技术和智能系统的学习科学研究;②整合认知神经科学、神经科学、认知科学和医学与教育领域的学习科学研究;③整合机器学习、工程技术、人工智能等领域的学习科学研究。基于这三种取向,学习科学领域的发展可以总结为三大研究方向:学习机制研究、学习环境设计研究和学习分析技术研究。学习机制研究为学习环境设计和分析技术的研究确立了理论引领,学习环境设计为学习机制研究和分析技术的应用提供了实践机会,而学习分析技术又为学习基础机制和环境设计的深入发展搭建了观察平台。

(一)学习基础机制研究

借助先进的认知神经科学研究技术,研究人员可以从微观的神经连结层面研究真实情景中的教与学过程,从认知功能与认知结构相结合的综合视角,研究特定教育干预(如学习内容、学习媒介)对学习过程的影响。与当前认知心理学对脑认知机制的实验室研究不同,学习科学视野下的脑认知机制研究更强调真实的学习情境与教育干预方案。

(二)学习环境设计研究

学习环境设计研究关注如何将已有的基础研究成果转化为可以直接应用于真实教育情境的干预方案,包括学习媒介(教材、教具、多媒体软件、学习平台等)设计、实体环境(教室、桌椅等)设计、学习交互(教学模式、组织策略)设计等。

(三)学习分析技术研究

随着智能学习软硬件环境体系的构建,教育过程中产生的数据呈现出数量大、种类多的新特点,若仍采用传统的测量技术,已无法释放教育大数据本应具有的巨大能量,从而会严重阻碍学习基础机制的深度挖掘以及学习环境设计的有效评估。因此,基于未来人工智能和大数据的新一代学习分析技术成为当前亟待攻关的新挑战。这种对技术的迫切需求,不仅体现在对分析算法等"软技术"上,还体现在收集学习指标数据的"硬技术"上。以软硬结合为特征的学习分析技术研究,将为前两类研究的顺利开展开创崭新的平台。

三、学习科学的应用

学习科学的根本目标是在基础研究和教学实践之间架起桥梁。因此,学习科学领域的学者一直在探索如何从学术研究的殿堂走向教育教学变革的实践。虽然将学习科学研究成果应用于课堂教学实践需要一个长期的过程,但是在学习科学快速发展的三十多年中,许多学者针对"如何进行有效教学"提出了一些具有启发性和指导意义的研究成果及相关建议。学习方式和学习评价的发展便体现了该方面的探索和努力。

(一)学习方式的新发展

学习方式,也称学习模式或学习形式,是指学习的组织方式和所采用的途径、形式、媒体和手段等。近年来,随着教育理念的变革、媒体和技术的发展、教育政策的变迁以及时间的推移,学生的学习方式经历了多方面的变化。在学习科学领域研究的不断推进下,学习方式从传统的接受式逐渐转变为以合作、探究为鲜明特色的自主性模式。

1. 合作学习

所谓"合作学习"(cooperative learning),通常是指学习者以小组为单位接受学习任务,然后小组成员一起分工合作,共同完成任务的学习方式。合作学习于20世纪70年代初在美国开始流行,由于它在培养学术合作精神、交往能力、竞争意识、平等意识、创新能力等方面成效比较显著,所以备受世界各国教育界的关注。在我国,合作学习自20世纪80年代末90年代初开始逐渐被提倡,随后得以广泛实践和应用。

情境认知理论是合作学习的主要理论基础。该理论提出,知识是情境性的,不能脱离情境来谈知识。学习是发生在社会环境中的一种活动,其本质就是个体参与社会实践,与他人、环境等相互作用的过程,是形成参与实践活动的能力、提高社会文化水平的过程。基于该理论,教育领域提出了"学习共同体"的概念,即学习活动的参与者围绕共同的主题,在同一环境中,通过交往、对话、协作、活动、反思、问题解决等方式建构的具有独特文化氛围和境脉的动态组织。学习共同体的意义在于,在同一场域内,学习活动的参与者通过集体行动去发现某个问题,寻求解决策略,并最终通过共同行动使问题得以圆满解决。

合作学习的常用方法之一是拼图法,即把学生分为六人小组,分头学习已经被分割成片段的学习材料。每个小组中学习同一部分材料的同学组成"专家组",一起讨论、学习、掌握该部分内容。然后学生返回各自的小组(也称为"学习组"),最后轮流将自己所负责部分的内容教给其他组员。

2. 设计学习

设计学习(design-based learning)是指让学生通过设计作品或实物来回顾原有知识、学习新知识的学习方式。在设计学习中,学生根据任务需要来设计问题解决的方案,并实施设计方案。通过在实施的过程中不断吸收新的知识,进而对方案加以修订和改进。设计学习是以"做中学"理论为基础的,旨在帮助学生在具体实践中掌握知识和培养能力。"做中学"一词最早是由美国教育家约翰·杜威(John Dewey)提出的。杜威以"教育即生活""教育即经验的改造"为依据,从新的意义上解释了"知"和"行"的关系,提出了"做中学"的思想,主张让学生从经验中学习,通过解决问题来学习。

设计学习的经典模型之一是"逆向思维模型"。该模型源于布鲁姆教育目标分类,在课堂教学中取得了明显成效。逆向思维模型的具体实施过程如下:①确定学习主题,提出学习挑战;②确定探究问题,根据课程目标确定学生需要解决的实际问题;③把"需要做的"以文字或者表格的形式呈现出来,建立评价标准;④学生根据评价标准,开展合作探究;⑤学生在探究过程中通过教师引导学习新知;⑥学生进行迭代设计,对作品进行修改和完善,通过总结、反思深入理解目标知识。

3. 游戏化学习

所谓"游戏化学习",顾名思义就是采用游戏化的方式进行学习,在游戏中学习知识、获得技能。游戏化学习要求具有明确的学习目标,通过创设情景性的游戏环境,制定相应游戏规则,引导学习者在游戏体验中收获知识,从而达成学习目标。游戏化学习是一种以教育游戏为基础的新型学习理念和模式,其最大特点就是"寓学于乐",运用游戏化学习理念,可以极大地调动学习者的内生动力,让他们对学习产生兴趣,增强内在学习动机,提升自主探究能力。尤其是在基础教育阶段,合理地运用游戏化学习理念能够帮助学生养成良好的学习习惯,锻炼发散思维,培养规则意识。

游戏化学习有线上和线下两种应用方式。线上的游戏化学习是指开发者基于某一学习内容或者某一学科,设计开发出一款或者一系列的电子游戏软件,通过丰富有趣的游戏背景、生动形象的界面设计吸引学生,让学生在玩电子游戏的过程中接受熏陶,扩充知识,达到有效学习的目的。线下的游戏化学习则是在现实中以实际学习需求为导向,通过创设一定的游戏情境,制定相应的游戏规则,运用奖惩措施,让学生全身心地投入其中,体验游戏的快乐,同时激发学生的学习兴趣,培养他们的逻辑思维,强化他们的学习动机。在线下的游戏化学习中,教师需要在游戏里充当裁判或者引导者的角色,在适当的时候对学生的行为表现进行启发、纠正等,从而帮助学生明确学习目标,提高在游戏中的学习效率。

4. 具身学习

具身认知(embodied cognition)是学习科学领域最新的研究主题之一,强调身体在认知活动中的重要作用。具身(embodiment),又译作"涉身",是指一种身体动作经验。以具身认知相关理论为基础,具身学习关注身体在学习中扮演的构成性角色,将学习视作基于身体感知的认知建构过程,并且重视反思和体验在认知加工中所承担的辩证性作用。换言之,具身学习既是学习者通过反思重构自身体验的过程,也是基于自身体验进行反思的过程。因此,身体、体验、认知和反思被视为具身学习的四大要素。具身学习不仅包括学习者基于自己身体感知的自我学习建构过程,还涵盖学习者之间交互学习建构的过程。具身学习强调体验性与参与性,除听之外,更鼓励学生通过看、说、触、做等多通道进行感官训练,以提高感知经验,并鼓励学生在与环境的交互中进行学习,发展高阶思维。具身学习还强调情境性和生成性,以真实的生活情境或实践活动作为学生学习的平台,并通过身体参与和实践,获得体验、感悟,并进一步深入理解,形成情感认同或升华。

(二)学习评价的新发展

对学习进行评价是教育领域中的一个重要议题。《学习科学百科全书》将学习评价(assessment of leaning)定义为"通过正式或者非正式的方法,收集信息,判断学生的学习状态"。我国学者尚俊杰在其《学习科学导论》一书中将学习评价进一步定义为"依据一定的学习标准或学习目标,收集相关证据,对学习者的学习过程或学习结果做出的描述或价值判断"。学习评价包含以下几个要素:①评价对象,即学习评价作用的对象,也就是"评价什么";②评价目的,即评价者希望通过评价要达到的目的,也就是"为什么要评价";③评价主体,即参与学习评价的评价者,通常是家长、同伴或学习者自己,也就是"谁来评价";④评价过程,即评价主体按照一定的目的对评价对象的学习活动进行评价的操作过程,也就是"怎样评价";⑤评价方法,即评价过程中所使用的技术、方法和手段,也就是"用什么来评价";⑥评价结果及反馈,即在评价结束时评价者所获得的对被评价者学习情况的某种描述或价值判断,也就是"评价结果意味着什么"。

随着学习科学研究的不断发展,学习评价日趋科学严谨,而学习评价的理论、思路、方法和内容也发生着根本性的转变。新的学习评价技术和方法不断涌现,为教育教学改革提供了有力的支撑。下面简要介绍两种常见的学习评价技术。

1. 表现性评价

表现性评价(performance assessment)是通过考查学习者在真实情境,或者模拟的真实情境里完成任务时的表现,对学习者的问题解决、交流与合作、创造性思维等复杂能力,以及在完成任务过程中所表现出来的情感意志等进行评价的方法。表现性评价的基本流程分为确定要评价的能力、确定表现性任务、确定评分方法三个主要步骤。表现性评价的任务形式可以有很多种,既可以是需要书写的纸笔任务,也可以是实验、演示、演讲、科研项目、编剧、作品创作等各种形式。只要任务是真实的、有意义的,学生经过一定的探索可以完成的,就可以作为表现性评价的内容。表现性评价能够评价学生所具有的高阶认知能力,也能够评价其在情感、态度、价值观等方面的素养,这是传统标准化纸笔测试很难做到的。

2. 档案袋评价法

档案袋(portfolio)是汇集有关个人表现的各类证据的一种评价技术。传统的评价方式多注重总结性评估个人表现,即侧重于对结果的考查。档案袋评价法则能够实现对过程性信息的收集和分析,从而更加全面、系统地衡量个人的成长轨迹。档案袋评价法最开始的使用群体主要包括画家、摄影家等从业者,用来汇集并展示自己有代表性的作品。由于可以存放不只一项作品,档案袋能够呈现出这些从业者个人在不同阶段的发展历程,具有很强的动态过程性。后来,该方法逐渐被应用于教育领域。在学习情境中,学生可以在档案袋中存放自己的各种学习成果,比如撰写的文章或调查报告、参加实践活动的照片、通过项目研究完成的作品、小组合作完成的产品。可以说,档案袋不仅是对各种学习评价方法中所形成作品的收集和汇总,更是对学习者学习情况的综合体现,使实时追踪学习者的成长路径成为可能。

本章小结
SUMMARY

通过本章的学习可以看出,不同时代的学者从不同的角度提出了不同的学习理论。这些丰富而多元的学习理论推动着我们不断深入地认识和探索"人究竟是怎样学习的"。随着脑科学、人工智能、大数据等领域的技术日新月异地发展,学习理论将不断推陈出新,我们也将更加多层次、多角度地了解如何才能更好地优化学习。

第三章　升级学习观念

> 大学之道,在明明德,在亲民,在止于至善。　　　　——《大学》

在快节奏的今天,大学生既面临个人发展的难得机遇,又必须正视社会与科技飞速发展所带来的严峻挑战和诸多未知。适应新时代发展要求的大学生,一定是具有新型学习观念和学习能力的。毕竟,科学的学习观念是高效学习的前提。因此,进入大学后,及时调整自身作为学习者的定位,树立科学的学习观,才能为学业与职业规划奠定良好的基础。

第一节　中外文化中的学习观

学习观是人们对学习的看法,是关于学习的指导思想。不同历史时期、不同社会文化对于学习的认识各有不同。大学生的学习观既要继承和发扬古今中外关于学习的观念,又要根据当前所处时代的变化而升级和更新。

一、中国文化中的学习观

(一)关于"学习"含义的阐释

在中国古代,"学"和"习"原是两个单音字,是对社会生活中的"学"与"习"两种现象的概括。最早把"学"和"习"两个单音字联系起来使用的是孔子。孔子根据数十年治学的经验体会,提出"学而时习之,不亦说乎?"但这里他只是把两个字联系起来,还未能组合成一个复合词。在西汉礼学家戴圣编纂的《礼记》一书里的《月令》一篇中有"鹰乃学习"一语,这可能是把"学""习"二字结合在一起组合成一个词的真正来源。这也说明古人已经开始注意到学习是一个完整的过程。但在解释学习现象时，往往还是把"学"和"习"作为两个概念、两种求知方法。《说文解字》中说："学，觉悟也……习，数飞也。"用现在的话说，"学"就是使人获得知识，有所启示，提高认识；而"习"则是像鸟儿来回飞翔一样，反复运用知识，形成技能技巧。

（二）中国文化中的主要学习思想

博大精深、源远流长的中国古代学习思想史流觞于先秦，发轫于儒家。这主要是由于儒家一贯重视教育，而且采用师徒式的教学方法，教学过程中往往是教授者只起到点拨的作用，不会作长篇大论式的课堂讲授，而更多的时间是依靠弟子去自主探索与自我钻研。先秦思想家在长期的治学实践中，形成了富有儒学特色的学习思想史、治学经验、学习心理及学习风格，从而拉开了璀璨的中国学习思想史的帷幕。我国古代思想家和教育家们所论述的学习具有非常丰富的内涵和意蕴，其宗旨都指向人的道德完善、理智健全，成为善思、守道、崇礼之人。学习是一个边界宽广、内蕴丰富的概念，但"发展"是其核心旨趣。中国文化博大精深，关于学习的思想和理论极为丰富。由于篇幅有限，我们在这里对以下几个主要方面进行简要阐述。

1. 对学习过程的认识

首先，先秦儒家将学习目的与主旨普遍归结为成就圣人、贤哲。先秦儒家大都十分重视治学过程的论述，并将学习过程分为逐级上升的三个阶段，即由感性认知经理性认知到实践的认知路径。孔子将学习的过程视作学、思、行三个逐级上升的阶段。关于学习阶段的思想可以归纳为"立志—审问—慎思—明辨—时习—笃行"，即下定决心、多见多闻、不耻下问、独立思考、明辨真伪、及时复习和知行统一。非智力因素对学习具有很大的影响作用。孔、孟、荀都注意到了一些非智力因素对学习的作用，十分重视学习过程中学习者志向的确立、动机的端正、兴趣的培养、情感的稳定、意志的磨炼等，他们认为这些因素是决定学习者能否成功的关键。

关于学习的阶段性，清代学者王国维在其《人间词话》中曾提出，"古今之成大事业、大学问者，必经过三种之境界：'昨夜西风凋碧树，独上高楼，望尽天涯路'，此第一境也。'衣带渐宽终不悔，为伊消得人憔悴'，此第二境也。'众里寻他千百度，蓦然回首，那人却在，灯火阑珊处'，此第三境也。"具体而言，第一个阶段是寻求目标方向，第二个阶段是探索奋斗，第三个阶段是水到渠成、渐入佳境。中国近代学者胡适从哲学认识论角度，以思维为主线，围绕学习中所遇到的难题，论述了学习的过程。胡适所论及的学习过程五阶段严格遵循逻辑规律，依照提出问题、分析问题与解决问题的顺序，将学习过程具体划分为寻求疑难问题、弄清困难所在、假设解决办法、确定解决办法以及证实结果。

2. 关于实践的重要性

孔子说："诵诗三百，授之以政，不达；使于四方，不能专对；虽多，亦奚以为？"这句话的意思是说，一个人把《诗》三百篇背得烂熟，让他处理政务，他不会处理国事；让他去当外国使节，他不会处理外事，虽然背得很多，又有什么用呢？孔子强调知行统一，尤其强调实践的重要性，而这一思想在各派学习思想中也都有所提及。例如，南宋朱熹认为："学之之博，未若知之之要；知之之要，未若行之之实。"即学问广不如学问精，学问精不如把学问付诸实践。另外，朱熹还提出"知之愈明，则行之愈笃；行之愈笃，则知之益明"，即知道和理解得越清楚，行动和实践越扎实，进而认识和理解也就会更加清楚。

3. 对于学习方法的解释

孔子主张学思并重，他提出"学而不思则罔，思而不学则殆"，认为学和思要紧密结合，并且善于联想和推理，"举一隅不以三隅反，则不复也"。孟子也曾提出类似的观点，认为"思则得之，不思则不得也"。关于学习方法，庄子提出，"吾生也有涯，而知也无涯，以有涯随无涯，殆已"，要求学习者面对无限丰富的知识，要采取有所选择的学习态度，而不能漫无目的、不加选择地去学习。

古代学者认为，学习过程有着严格的程序和步骤，不能任意颠倒和逾越，而是要一步步地从"序"到"进"。孟子把学习比作流水的过程，"源泉混混（滚滚），不舍昼夜，盈科（注满洼地）而后进"，学习亦如"流水之为物也，不盈科不行"，学道则是"君子之志于道也，不成章不达"。荀子在他著名的《劝学》篇虽也勉励人们学习要有程序地进行："不积跬步，无以至千里；不积小流，无以成江海。骐骥一跃，不能十步；驽马十驾，功在不舍。"他在《修身》篇中进一步提到，"跬步而不休，跛鳖千里。"《学记》一书则强调学习要"先其易者，后其节目"，要做到"不陵节而施"，反对学习中的杂乱无章和没有次序。

4. 关于学习心理的描述

孟子提出："故天将降大任于是人也，必先苦其心志，劳其筋骨，饿其体肤，空乏其身，行拂乱其所为，所以动心忍性，曾（增）益其所不能。"孟子认为学习者只有在接受了重大的学习任务,在艰苦的学习过程中苦恼他的心志,劳累他的筋骨,饥饿他的肠胃,穷困他的身体,这样久而久之,就会使学习者坚韧性情,增强意志。荀子在《劝学》中说道:"锲而舍之,朽木不折。锲而不舍,金石可镂。"告诫学习者应有永恒的奋斗精神和坚持不懈的毅力,只有"锲而不舍",坚持到底,才能得到知识海洋中的瑰宝。相反,如果在学习上虚度光阴,一曝十寒,虽天资过人,也终将前功尽弃,一无所获。

在学习的过程中,既要强调学知识、做学问,又要讲究道德之修养。古代学者们强调德业并行,德、才、学、识全面发展。他们认为,德行和学问是学习过程中相互矛盾的两个方面。其中,德行是根本,学问由德行来决定,进德是学习的首要目的,决定着修业的方向和进程。有高尚远大的进德目标,就能激发学习的动机,端正学习态度,把学习推向前进。戴震说:"德行资于学问,进而圣智。"同时,学习目的明确,是为了修养自己的道德和建树学业,而学习目的不明确,则是为了牟取私利,装饰门面。正如两汉魏晋学者扬雄所说:"大人之学也,为道,小人之学也,为利。"

5. 学习的作用

中国古代学者在探讨学习本质的同时,对学习的价值和社会作用也提出了许多丰富的思想和深刻的论述。首先,学习在于获取知识和技能。《学记》中提到:"玉不琢,不成器;人不学,不知道。"汉代王允曾提出,"学之乃知,不问不识。"其次,学习可以使人增长智慧,发展能力。正如荀子所说:"吾尝终日而思矣,不如须臾之所学也;吾尝跂而望矣,不如登高之博见也。"最后,学习可以发展"天性",改变"习性",使人加强自身修养,学会做人。孟子认为:"学问之道无他,求其放心而已矣。"另外,学习的作用在于能把人散失的本性找回来,使其保持和发扬天赋的善端,因而人皆可以改变恶性,成为尧舜。例如,荀子曾提出:"君子博学而日参省乎己,则知明而行无过矣。"只有学习,才能"成人"。通过学习,可以用道德知识每日反省自己,自己的行为就不会有过错了。

二、西方文化中的学习观

(一)古希腊的学习思想

苏格拉底、柏拉图和亚里士多德是世界文化名人,号称"古希腊三杰",而苏格拉底则是古希腊的"三杰"之首,被西方学者尊为圣贤。他们的教育思想、教育观点对后世影响深远,蕴含着丰富的关于学习的理论智慧。

1. 苏格拉底的教育思想

关于教育目的,苏格拉底主张培养治国人才,治国人才必须有德有才,深明事理,具有各种实际知识。在德育论方面,他提出"知识即道德"的命题,教育的首要目的是培养道德,德育的主要内容是培养人具有正义、勇敢、节制和智慧四种美德,并且由此提出了"德行可教"的主张,认为知识教育是培养道德的主要途径。在智育论方面,他强调治国者必须有广博的知识,将天文、几何和算术等实用课程纳入教学体系。苏格拉底提出的"助产术"教学法,又被称为"产婆术",即问答、交流和争辩的问答式教学方法,不仅有助于引导学生养成思考的习惯,还有助于调动受教育者的积极性和主动性,激发人们去学习知识。

2. 柏拉图的教育思想

柏拉图提出"学习即回忆",认为学习并不是从外界得到什么东西而是回忆灵魂中已有的知识。他在《理想国》中构建了一个培养哲学王的教育体系,具体包括:①学前教育阶段,认为教育应由国家控制,国家应该创办幼儿教育机构,对儿童进行公养公育,其主要内容是游戏、讲故事等;②初等教育阶段(7～18岁),以情感教育为主,重视德育和美育,他对体操和音乐尤为重视;③高等教育阶段,分为意志教育阶段(18～20岁,主要进行军事体育训练和学习"四艺",即算术、几何、音乐、天文学)、发展智慧阶段(20～30岁,除四艺外,重点学习辩证法)、继续学习阶段(30～35岁)和哲学王阶段(50岁左右)。柏拉图认为,应当以英才教育为中心,以培养国家领袖为最终目的。他提倡领袖教育,主张实行严格考核,层层淘汰制度,以保证少数德、智、体各方面都极优秀的人成为最高统治者。

3. 亚里士多德的教育思想

亚里士多德认为要从三个方面来规定灵魂,即,营养的灵魂(植物的灵魂),感觉的灵魂(动物的灵魂)和理性的灵魂。以灵魂说为基础,亚里士多德提出了关于"和谐教育"的思想,与灵魂三个组成部分相对应的教育分别是体育、德育和智育。亚里士多德把这种和谐教育的思想与他提出的儿童年龄分期相结合,强调教育应当遵循儿童发展的自然顺序,认为儿童的成长可以分为三个阶段,即0～7岁为第一个阶段,7～14岁为第二个阶段,14～21岁为第三个阶段。在不同的阶段中,儿童成长的中心不同,因而教育的重点也有所区别。在西方教育史上,亚里士多德是第一个明确提出儿童年龄分期,并强调教育应遵循儿童自然发展顺序的教育家,他首次提出教育应"遵循自然"的原理。亚里士多德还提到了天性、习惯和理性对于人成长过程的影响。重视天性、养成良好的习惯,并通过教育发展人的理性,使天性和习惯受理性的领导,人就能成为有良好德行的人。关于德智体美和谐发展,他提出:①在儿童教育中,必须首先训练其身体;②必须注意公民的道德教育;③智育的目的是实际生活的需要;④和谐发展教育的核心是音乐教育(雅典和谐发展教育的核心则是体育)。

(二)近代西方教育家的学习思想

1.捷克教育家夸美纽斯

夸美纽斯提出了教育适应自然的思想,强调教育要遵循自然界的普遍规律和人的自然发展规律。他还提出了"泛智"思想,论证了普及义务教育的天然合理性,主张把一切知识教给一切人,强调了教育内容的泛智化和教育对象的普及化,认为学校应该不分高低贵贱、平等地向人民敞开大门,使其掌握对人类来说必需的一切知识。夸美纽斯在历史上首次系统地提出并论证了关于智育的教学原则,包括直观性、系统性、量力性、巩固性和自觉性等原则。同时,夸美纽斯也十分重视道德教育,认为德育比智育有着更重要的地位,并且在德育中引入了劳动教育这个新的概念。在健康教育方面,他倡导提高生命的质量,注意身体的保养和锻炼。

2.英国教育家洛克

洛克提出了唯物主义经验论,认为如果说人的观念和知识是天赋的话,那么获取思想的途径只能是天赋,但事实是,人们不必通过这一途径,而可以通过其他途径,如天然感官就可以得到确实可靠的知识。因此,"人心中没有天赋的原则",人心如同一块白板,理性和知识都是通过人的感官和经验获得的。但洛克的唯物主义并不彻底,他认为经验还有另一个来源,即人的反省,外部经验是人通过感官获得的,内部经验是心灵对内心作用的反省而得到的关于知觉、思想、怀疑、信仰、推理等的观念。洛克的"白板说"确立了新的儿童发展观,高度评价了教育在个体发展过程中的巨大影响,明确了后天学习的重要性。洛克提出的绅士教育中包括体育、德育与智育,认为健康是人们能够工作和获得幸福的前提,强调在生活各方面培养吃苦耐劳的精神,强调德育中的早期教育、行为习惯和榜样的作用,主张智育的内容必须是实际有用的广泛知识。

3. 美国教育家杜威

杜威将教育的本质概括为"教育即生活、教育即生长、教育即经验的改造"。他批判传统教育远离儿童生活，学校与社会脱节，并且忽视学习兴趣和需要。教育是生活的过程，学校是社会生活的一种形式。教育不是为学生未来的生活做准备，而是为学生当下的生活做准备。学校应与儿童的生活契合，还要与学校以外的社会生活相契合。学校生活应是充满现代精神的理想生活，学校教育的目的就是保证儿童的健康成长。杜威关于"教育即生长"的思想提出，教育的目的就是促进内在本能的生长，满足内在生长的各种需要。"教育即经验的改造"中的"经验"不只是知识的积累，而是构成人的身心的各种因素的全面改造和全面发展，强调经验过程中人的主动性，认为直接经验是增长智慧和发展理性的基础，教育应以学生的直接经验为中心。在师生关系上，杜威主张学生中心、经验中心、活动中心。在教学方式上，他倡导"做中学"，提倡活动课程，强调教法与教材的统一、目的与活动的统一、智慧与探究的统一。

同时，杜威还批判传统教育的教学方式不能调动学生的主动性，传统灌输式的教学使学生始终处于一种被动学习的状态，不能真正启迪学生的智慧。在思维方面，杜威特别强调了思维在经验中的重要作用，创立了反省思维五步法，即对某个经验情境中的问题进行反复的、严肃的、持续不断的思考，目的是为求得一个新情境，解决困难、排除疑虑和解答问题。具体步骤为：首先，要有一个真实的经验的情境；其次，在情境中产生一个真实的问题，接着提出解决问题的种种假设；然后，推断出哪个假设能解决这个问题；最后再验证这个假设。

4. 瑞士教育家裴斯泰洛齐

在西方教育史上，裴斯泰洛齐第一个明确提出了"教育心理学化"的概念，认为人存在一种基本心理规律，教育应遵循规律进而更加科学合理，提倡把教育科学建立在人的心理活动规律的基础上。教育心理学化的具体内容包括：将教育的目的与理论置于人本性发展的自然法则基础上；学习内容的选择和编制顺应学生身心发展规律。裴斯泰洛齐提出了"要素教育论"，即认为教育与学习某事物应该从最基本、最简单的要素出发，然后逐渐转到日益复杂的要素，由浅入深、由易到难、循序渐进；以及教育原则和方法的心理学化，程序要和学生认知过程相协调，注意直观性和循序渐进原则，反对死记硬背和机械训练，主张用生动有趣的故事、游戏和活动来引导学生学习；并强调在教育对象上，让学习者成为自己的教育者，主张调动学习者的主动性，培养独立思考与自我教育的能力。裴斯泰洛齐的自然主义教育观也倡导教育要顺应学习者的发展规律,给予其一种自然、和谐的成长环境,让他们在自然情景中发展潜能。

三、中外学习思想对大学生学习的意义与启示

在现实生活中,大学生往往在学习方面付出很多,但事倍功半。其中一个很重要的原因就是对于学习的认识还相对片面,对于学习的本质和过程缺乏深入、系统的理解。因此,大学生可以通过学习和领悟中外文化的学习思想,实现博古通今、古为今用。这些思想不仅提供了丰富的理论指导,还为大学生的实际学习提供了宝贵的启示,有助于他们更好地理解学习的本质,提高学习效果。在全球化背景下,大学生应该深入了解和借鉴这些古今中外的学习思想,结合自身的实际情况,形成适合自己的学习方法与策略,不断提高学习效果和自身素质。同时,大学生还应该将这些思想融入生活和工作中,成为知识技能与人文素养全面综合发展的人才。

第二节　大学生的学习观

瞬息万变的现代社会,对大学生提出了更高、更广、更深的要求。大学生只有树立正确的学习观,才能正确认识和对待学习,有效解决大学乃至未来学习中面临的各种问题。

一、学习观概述

(一)学习观的内涵

学习观是个体对知识和学习的一套认识论信念系统,它涉及对知识性质、学习性质、学习过程和学习条件等维度的直觉性认识。学习者由于原有认知结构、知识经验、社会阅历等方面的不同会对学习活动形成不同的认识和理解。学习观是每个学习者通过主动参与认知活动而形成的一种主观体验和解释。通俗地讲,学习观就是学习者对学习的认识与看法,具体体现在"为什么学""学什么"以及"怎样学"等方面。

学习观在个体发展的早期就已经初见雏形。个体在很早就开始有了学习

经验,3～8岁儿童在思考学习时,就能够清楚地分辨出学习的两个方面——学什么与怎样学。儿童在家庭、学校和社区中的学习和教学情境中已经积累了相当数量的早期经验,并对这些早期经验形成了一些直觉,构成了学生学习观的先行基础。大学生的学习观是基于先前学习经验而形成的、对学习现象和学习经验的直觉认识。随着大学学习的不断深入,大学生的学习观并不是一成不变的,而是日趋客观和成熟。

(二)学习观的结构要素

学习观是复杂的,具有多个维度与要素。目前教育心理学界通常认为学生的学习观主要涉及四个维度:知识确定性、知识简单性、能力固定性以及学习快捷性。学生的学习观还可以进一步划分为两大子系统:关于知识的信念系统和关于学习的信念系统。前者包括知识的确定性、知识的来源、知识的结构、知识的判断标准;后者包括学习能力和学习速度。大学生的学习观可以从知识确定性、知识简单性、能力固定性、学习快捷性等四个方面来衡量,其中的任何一个因素都可以看作为一个由低端倾向往高端倾向发展的连续体(表 3.1)。

表 3.1　学习观各要素的两种倾向

学习观的要素	低端倾向	高端倾向
知识确定性	相信知识是固定的、不变的、绝对真理	相信知识是暂时性的、动态的、不断发展的
知识简单性	相信知识是简单具体事实的集合	相信知识是一些复杂的、相互关联的观念组织成的集合
能力固定性	相信能力是生来就固定的	相信能力是随着实践和有效策略的使用不断增长的
学习快捷性	相信学习要么是快捷完成的,要么就根本没有发生	相信学习是渐进发生、逐渐积累的

(三)学习观的作用

学生的学习观会对其学习产生巨大的影响。学习观是学生进行学习的主要指导思想,对学习者的学习过程及表现具有重要的意义与作用。

1. 导向作用

学习观对学生的学习有导向作用。学生的学习观会在其学习过程中体现出来。学习观相对成熟的学生会认为学习科学知识是实现自己人生价值、回报社会的必要途径,从而能够认真对待学习,学习动力充足,课上能够认真听讲,课下能够进行自主学习,会通过积极的学习行为努力达到自己所要求的水准;而学习观有错误倾向的学生则漠视学习,严重缺乏学习兴趣,学习行为倦怠,课上玩手机、睡觉,课下不积极完成老师布置的作业,认为人际关系比知识学习更重要,甚至嘲笑努力学习的人,最终严重影响自己的学习效果。学生应重视学习观的导向作用,着重培养积极向上的学习观,以保证自身学习方向的科学性。

2. 激励作用

学习观对大学生的学习具有激励作用。正确的学习观能够调动大学生的学习兴趣与正确的学习动机,能够激起大学生的学习热情和创造性,可以使大学生充分发挥自身的智力潜能,从而能够做到快乐主动学习,并在不断地设定目标与完成目标中获得极大的成就感。这种成就感将进一步调动大学生的学习激情,把"要我学"转变成"我要学",使其全身心地投入学习活动中,不断提升自己的知识能力与实践能力。

3. 调节作用

学生是否具备正确的学习观与他们学业成绩的好坏有着密切的联系。如果学生相信学习是快捷的,那么容易过分自信,倾向于做出过分简单的结论,获得较低的测验分数,不能对自己的理解水平做出准确的评价。如果学生相信知识是确定的,那么他们一般倾向于做出武断的、绝对性的结论。学生的学习观对学习成绩的影响可能是直接的,也可能是间接的。学习观可能影响学生选择学习策略与设置理解标准,而这些策略和标准又影响学业成绩。

(四)影响学习观形成的主要因素

1. 学习和活动经验

学生的学习观是在其学习经验的基础上形成的。首先,学习经验的丰富程度影响了学习观。随着学生获得更多的教育,其学习观也会变得更加成熟。学生在同一个领域内接受的教育越多,就越倾向于相信知识是不确定的,学习不完全是一个有序的过程,独立的学习是重要并且关键的。但是,接受教育的多少似乎不能影响学生在天赋能力和快速学习两个维度上的理解。其次,学习经验的性质影响了学习观。学生如果经常接触较为暂定性的高级知识,他们就可能转变对知识确定性问题的看法。学生如果总是接受传统的、结构良好的知识灌输,他们就可能产生比较僵硬的知识观。各种各样的学业任务也可能激活知识观,这些知识观在动机和认知两个方面影响个体完成任务。久而久之,这些学业任务的结构也可能反映到学习观中,并且难以改变。更为重要的是,学习活动的形式影响了学习观的形成。学生进行自主、合作和探究性的学习经验越多,其学习观就会变得越成熟。

2. 所学学科领域

学生的学习经验与具体所学的学科专业紧密相关。不同的学科具有不同的知识结构和认识论假设。例如,与自然或社会科学相比,语言文学可能更多依赖于同行的判断、更少依赖于实验证据。教师的教学目标与实践往往采用特定学科所具有的认识与推理方法,因而学生在面对不同的学科问题时,就可能采取不同的认识论观念。社会科学知识比自然科学知识结构性要差一些,社会科学问题的解答也会根据解答者的个人倾向而不同;而在工程和自然科学中,问题的解答常常是来自于一些有限的、界定良好的理论或者规则。有研究表明,与"硬"学科专业(如理工类学科)的学生相比,"软"学科专业(如社会科学、人文和艺术学科)的学生更倾向于认为知识是不确定的,依赖于学习者的独立推理能力,因而学习并非是一个按部就班的、固定有序的过程。反过来看,这种差异可能是一种自我选择的结果,选择不同学科专业的学生本来就具有不同的认识论信念。学生的学习观可能影响他们对专业的选择,并又进一步受到所选专业活动的强化。这意味着,学生的学习观与其学习经验之间存在相互作用的过程,选择不同学科专业的学生,其认识论信念本来就有一定差异,而经过专业学习以后又加大了这种差异。

3. 课堂教学

课堂教学是影响大学生学习观形成和发展的主渠道,其影响表现在两个方面。首先是教师自身内隐的学习观。教师的学习观时刻体现在他们的教学中,学生长期受到这种观念的潜移默化的影响,就可能会形成与教师类似或者部分重叠的学习观。其次是教师的教学过程、方法和语言。有研究者曾经比较过使用两种方法教授微积分对大学生学习观的影响。一种是传统方式,如讲演、传统课本等;一种是建构主义方式,如小组合作、提供样题辅助学习等。在学期末,建构主义方式更有助于促使成熟的学习观的形成。另有研究者比较了这两种课堂模式中大学生学习观的变化,结果发现建构主义课堂中的学生比传统课堂中的学生更强调批判性思维与同伴在学习活动中的作用。但有时即使教师觉得自己给学生传达的是一种更具有建构性的学习方式,而实际情况可能事与愿违。有一些教师愿望很好,要求学生理解和思考知识并应用知识解决问题,但实际的课堂讲演教学却鼓励记忆和背诵,使学生形成了不正确的学习观。这意味着,教师如果想在课堂上促进学生学习观的发展,自己必须先形成真正内化了的学习观,并且言行一致,切实体现在教学实践当中。此外,还有许多课堂因素也影响了学生学习观的形成和发展。这些因素包括课内外任务的性质、测验和其他评价手段、师生交流的模式、课堂结构性质、课堂的物理安排(如课桌、板报)、奖励系统及课本组织与语言等。因此,学生在不同的教学背景下可能形成不同的学习观。

4.学校文化和社会文化

学生的学习观也是在学校文化风气和社会文化背景的熏陶和教化过程中形成的。学生学会从周围同学的观点或视角来认识知识的性质,自觉遵守或趋向学校和老师的目标取向和舆论导向。例如,如果在学生的周围,长于记诵的人总是得到好成绩,他也可能会形成客观主义学习观,倾向于认为知识是简单的、确定的,通过背诵便可以掌握。不同社会文化为个体提供了不同的发展机会、有利条件和束缚因素,致使个体形成不同的学习观倾向。东方文化是集体主义文化,西方文化是一种个人主义文化,东方学生与西方学生相比可能更重视与他人达成一致,而不是自己独立的思考判断。不同的文化也影响了学生对知识的作用、应用和实践目的的认识,这些认识也应当被包含在学习观之中。中国社会文化对学校、课堂、教师、学习和教学等因素赋予了特定的形象和期望,在这种文化背景下的学生可能发展出其独特的学习观,因而需要进行跨文化研究。

二、大学生的学习观

大学生的学习观是活动、教育和文化背景共同作用的产物,它不仅受个体自身因素(如学习和活动经验、认知发展水平)的影响,而且受个体所处环境(如家庭、学校和社会文化)的影响。

(一)大学生学习观的发展阶段

大学生的学习观是在其多年学习经验的基础上形成的。大学生一般会经历由入学之初认为知识具有确定性,逐渐发展到明白知识是不断发展的;由开始认为知识是孤立的,逐渐发展到认为知识之间是彼此联系的。随着知识的积累与学业的深入,大学生对知识性质的理解会从绝对化的知识观转化至相对化的知识观,最后形成建构主义知识观。持建构主义学习观的学生倾向于认为知识是不断发展变化的,各学科知识相互交叉、渗透,知识与社会关系十分密切,各类知识之间、知识与现实生活之间有着广泛的联系。

美国教育心理学家马琳·肖默(Marlene Schommer)等人把大学生学习观的发展历程划分为四个阶段:二元论、多元论、相对主义和相对主义契约。二元论是一种非对即错的学习观,认为知识是绝对的,有明确的对错之分,权威和专家知道真理并传递给学习者。多元论认为知识具有多样性和不确定性,真理是可以认识的,但权威也不能给出绝对答案,如果权威们观点不一致,说明他们还没有找到正确答案,所有的观点都是同样有根据的,每个人都有权拥有自己的观点,任何人都可以根据自身的知识及经验,总结出自己的观点。相对主义论提出知识不是绝对的,而是相对的、相联的、情境性的,自我是意义的积极制造者,知识的意义是由众人约定的,自己需要选择并肯定对知识意义的约定。相对主义契约认为个体要做出并肯定自己对价值、事业、关系以及个人身份的契约。一般而言,大学生入学之初主要持二元论的立场,随后转变为相对主义立场,最后转变为建构主义立场,认为个体是积极的意义建构者,学习并不总是一个有序的过程,在独立推理中学习知识是最好的,并能够在相对性的情境中做出判断。

(二)我国大学生学习观的特点

我国当代大学生的学习观具有兼容性、前沿性和务实性。当然,也存在被动性、盲目性、片面性等问题。在大学学习中,相当多的大学生仍然具有很强的依赖性,依赖于老师、学校和外部环境,在学习中缺乏积极主动的热情,只是消极被动地接收来自老师传授的知识,甚至是需要老师才能激发学习的兴趣。而很多学生对学习目标的认识还限于找一份满意的工作,有一份理想的收入,对于学习的长远价值和意义思考不足。所以,很多学生为了能够掌握实用价值性更强的知识和技术以便于未来求职,会更感兴趣于应用技术类的课程和专业,因此,"重理轻文"的现象还比较普遍。随着各类数字化学习资源日益丰富,大学学习越来越"卷",愈演愈烈的快节奏让很多学生出现适应困难。此时,"诚信缺失"便成为日益突显的问题。"做人第一,修业第二"既是对中华民族传统美德的继承和发扬,也是大学生学业发展过程中应该秉持的根本学习观。

(三)大学生学习观的树立与培养

1.采用多样化的教学方式

在课堂学习过程中,如果教师可以灵活使用多种教学方式,让学生积极投入各种学习活动中,能够在一定程度上改变学生学习的被动状态,激发学生的参与兴趣,引发学生的深度思考。通过进行小组讨论、汇报展示、反思总结等多种形式的学习,学生可以体会到自主学习和探究的乐趣,进而更新自身的学习观。

2.在教学中融入专业领域研究的新进展

知识研究的新进展、新成果与现有文化成果相比,更能体现出知识的相对性、动态性等特征。因此教学中不仅要重视知识的系统讲授,还应结合教材内容补充新的资料和前沿研究的最新观点,鼓励学生通过网络资源获取专业学习方面的最新信息,或通过邀请专家、学者就某领域的最新研究进展进行介绍等方式,让学生体会到知识发展的动态过程,感悟到人类探索知识过程的永无止境,体会到人类认识的有限性。

3.开设多样化的选修课

不同的课程,尤其是融合不同学科内容的选修课,能够让学生更深地体会到学科知识之间的互联性和交融性、渗透性,既有助于培养他们良好的思维习惯,也有助于更新对知识和求知过程的认识。如果有条件的话,应多开设思维训练、写作能力提升等类型的课程,让学生养成科学的思维技能和习惯,具备理性反思和自主探究的能力。

4.注重教师学习观的更新

教师对知识和学习的看法会不自觉地通过课堂教学传递给学生,对学生产生潜移默化的影响。因此,教师自身必须具有理智的怀疑与反思精神,经常反省自身的学习观,不断充实、改造和完善自身的学习观,以自身热爱学习的态度和善于学习的能力,创造一个浸润学生、与学生积极互动的氛围。

第三节　学习观的新发展

近年来,人工智能技术不断成熟并向社会各个领域渗透。随着数智化时代的来临,在高等教育日益与教育大数据、机器学习、学习分析等先进技术进行整合的背景下,大学生的学习方式和学习观都在悄然发生着翻天覆地的变化。

一、数智化时代的知识变革

人类社会已经逐渐由网络信息时代进入到数智化时代。数智化时代与网络信息时代一脉相承,都是信息技术和数字技术飞速发展带来的社会形态变化。在数智化时代,人们越来越多地借助智能技术进行信息的加工处理,更加依赖智能机器人完成常规性质的工作。加拿大学者乔治·西蒙斯(George Siemens)认为,在信息时代下,知识已由静态的层级结构变成了动态的网络和生态。他把今天的知识比喻为河流和管道里的液体,提出了知识流的概念,认为知识也有半衰期,信息时代知识的半衰期大大缩短,由此进一步提出了软知识和硬知识的划分。软知识和硬知识的主要区别标准是知识在三个层面上的稳定性。第一个层面是知识结构的稳定性,第二个层面是知识内容的稳定性,第三个层面是知识价值的稳定性。在用硬知识就能解决问题的领域,智能机器人将越来越多地替代人类工作。未来,人类应该专注于软知识的建构与应用。软知识是一种正在形成过程中的知识,它来源于实践,具有实用性、时效性和情境性,但尚不成熟,尚未被专家学者加工整理成系统化的知识。硬知识是经过专家学者的加工整理,已经结构化、系统化,被写进教科书和专著,并为公众普遍接受的知识。过去我们对知识的理解主要属于硬知识范畴。软知识与硬知识之间并没有一条绝对的分界线,而是一个连续的统一体。人工智能和大数据技术的出现,更使得知识生产不再是只属于人类的专利,计算机和智能机器人也成为信息与知识的加工者与生产者。人类越来越多地将认知处理工作交给机器去完成,从而使越来越多的硬知识价值下降,智能机器人不仅能学会人类的"硬知识",而且比人类学得更快、记得更多、用得更好,甚至几乎不出现差错。

二、智能时代的学习方式变革

我们生活在信息的海洋里却饱受知识的饥渴。人类的知识在数智化时代背景下正在被重新定义,整个学习生态正在发生深刻的变革。对于学习者而言,技术的飞速发展必须伴随着学习方式的深刻变革。在智能技术迅速发展的今天,回归学习本质、提高学习质量已然成为人工智能时代学习方式变革的目标。数智化时代学习方式变革不仅是数据挖掘、机器学习等人工智能技术的教育应用,更是学习文化的传承与创新。一般来说,文化体现在器物、行为、制度与观念四个层面。具体到数智化时代的学习方式变革,可以从学习资源、学习行为、学习策略与学习观念四个层面展开。

(一)学习资源

人工智能为学习空间的改变带来了新契机。智能技术正在重塑可见的物理环境,例如,建设线上线下一体化的智慧教室、数字化实验室、综合创新实验室等立体化综合教学场。同时,学习环境不再只局限于真实的物理环境,还可以延伸至虚拟环境。人工智能基于在线学习教育平台提供的大数据信息,能够利用学习分析、机器学习、数据挖掘等技术来分析学习过程,从而促进学习的优化,以打造更具个性化的学习任务和学习情境。智能技术的发展还为学习资源的拓展带来了新的机遇。目前,很多学习平台和软件可以根据学生的学习需求、认知方式和教育经历等因素,有针对性地智能化推送学习资源,通过提供自适应的学习内容,帮助学生从知识的消费者转变为知识的创造者。

(二)学习行为

人工智能可以帮助教师根据学生在课堂上的动作表现、神态特征以及学习行为表现,在人脸识别技术、情感模型分析技术等的支持下,及时判断学生的学习状态并预测其学习成长轨迹,从而更好地为学生提供精准的学习支持与个性化辅导。人工智能根据预设算法与学习数据,能够为学生提供适合其发挥的学习路径,使教师从烦冗、重复的机械性工作中解放出来,获得更多时间和精力关注学生的知识内化与创新能力培养。

(三)学习策略

为了培养学生的创新能力、创新意识和创新思维,人工智能为学生、教师、家长进行人机协同工作与学习提供支撑。人工智能在知识表征、模式识别、自然语言处理、机器学习、智能机器人、专家系统等领域取得了较大发展,为优化学习策略提供支持。人工智能技术的应用主要包括辅助性应用与主体性应用两个层面。其中,辅助性应用是指人工智能技术以相对完整、独立的功能模块或部分结构嵌入其他教学、学习和管理系统中,学生可以通过大型知识库获取跨学科、跨领域的网络化知识;而主体性应用是指相关工具或系统以人工智能为主题,如利用智能教学系统为学生提供合适的学习内容并适应其学习方式,或在学习过程中模仿专家行为、辅助用户管理决策等。

(四)学习观念

学习方式变革的主要目标是培养具有创新能力、创新意识、创新思维的复合型人才。在人工智能支持下,教育应激发学生对未知领域的探索和求是精神,使人类在机器智能面前保持创新优势。因此,根据人工智能时代的创新人才需求,应积极关注创新能力的提升与核心素养的培育。人工智能不仅改变人类的生活方式、工作方式、沟通方式以及思考方式,也促使人类反思社会对人才的需求,促使教育者重新思考教育的目标。

三、几种新型学习模式

随着信息技术的快速发展,人们的学习已经由传统学习、网络学习逐渐转向移动学习和泛在学习等新型学习方式。了解这些新型的学习模式,才能更好地把握学习变革的进程与脉络,从而适应数智化时代对学习者的新要求。

(一)移动学习

1. 移动学习的定义

移动学习是一种在移动计算设备帮助下的、能够在任何时间、任何地点发生的学习,而这里所说的"移动计算设备",必须能够有效地呈现学习内容并且实现教师与学习者之间的双向交流。移动学习能够满足学习者在地理空间上的流动性以及学习需求的灵活性,随时随地为学习者提供学习资源,具有强大的搜索能力和丰富的交互性。简而言之,移动学习是移动计算技术与数字化学习技术嫁接的产物,是一种通过无线移动通信设备(如智能手机、平板电脑)便能实现的新型学习方式。

2.移动学习的特点

移动学习呈现出三种形式的移动性：空间上的移动性、时间上的移动性、关联学习者生活轨迹和追求的移动性。移动学习必须由一定的移动设备作为物质基础，发生在一定的实际情境之中，按照实时的双向交互机制进行。移动学习不仅注重数字化学习内容，还关注其学习过程与结果。交互是移动学习的基本属性。移动学习为学习者的思考、表达和交流提供了一种更为广阔的话语平台，为日常生活中的碎片化学习提供了条件，通过"零存整取"的方式，帮助学生在线上和线下、集体与个体的不同学习情境下灵活切换。

(二)泛在学习

1.泛在学习的定义

泛在学习是指任何人可以不受时空、形式和途径的限制进行学习，即在任何时间、任何地点，用任何设备、以任何方式来学习，享受无处不在的学习服务。"泛在"一词来源于英文 ubiquitous，"泛在学习"则被称为 U-learning，意为无处不在的、随时随地的学习。泛在学习的概念由"泛在计算"衍生而来。泛在计算强调人与环境的交互，注重学习的泛在性和普适性。泛在学习是泛在技术支持下的、借助网络连接实现的一种学习环境。它是数字化学习、移动学习和终身学习等多种学习融合的一种学习状态，既可以带来技术文化上的革新，又可以带来学习者文化形态的改变。从广义的角度看，泛在学习是指任何人可以在任何地方、任何时间，借助任何设备，以任何方式获取任何信息与支持的一种学习方式。从狭义的角度看，泛在学习是由教学单位依据学习者需求定制课程内容、学习资源、开展学习活动和创设学习环境及实施绩效评价的正式学习形态与除此之外的非正式学习形态所构成的混合学习模式。从本质上说，泛在学习是网络学习和移动学习的延伸，但它强调环境智能化、资源开放性和学习个性化，强调在真实的教学情境中以学习者为中心，为学习者充分利用资源进行终身学习提供支持。

2.泛在学习的特点

随着移动互联网技术的快速发展，学习内容和信息资源不再仅是以完整、线性和固化的方式呈现，而是日趋灵活、开放、动态和多元。泛在学习方式通常表现为正式学习中的整体线性方式和非正式学习中的零散易分割方式。学习者可以根据自身水平和需求开展学习活动并适时调控学习进程。泛在学习背景下的学习特征可归纳为：①即时性，即时获取知识和即时解决问题；②交互性，师生之间、生生之间的同步或异步交流与协作；③情境性，体验和模拟真实学习情境；④个性化，学习内容个性化和问题解决个性化；⑤自主性，自发性学习，强调自我认知和监督；⑥持续性，持续的学习进程和持续的学习内容。随着泛在学习的不断兴起，学习者逐渐迈入了"无时不在、无处不在却又不可见"的泛在学习环境中。

(三)微学习

1.微学习的定义

微学习存在于新媒介生态系统中，是一种基于微型内容和微型媒体的新型学习。微学习将学习内容分割为较小的学习模块，并且聚焦于时间较短的学习活动。微学习以数字网络新媒体为学习环境，更加关注新型的知识组织结构，这种组织结构把知识分解为小的、松散的但相互关联的学习单元，其学习活动便于人们在日常交流和工作中进行。微学习的"微"不仅体现为构成微型学习内容组块的知识含量微小，还包含对其品性格调的判断，其中蕴含着对这种学习发生发展的认识以及学习参与者的学习心态。微学习的概念应包含微学习者、微内容、微媒介和微环境四个构成要素。

①微学习者。

微学习者是微学习的主体。在微学习环境中，学习主体不再局限于传统教育意义所指的在校学生，还包括上班族、自由职业者、老年人等，微学习为全民学习提供了可能性。

②微内容。

微内容是微学习的对象。在倡导终身学习的当今社会，微学习要满足不同学习者在不同时空中对不同知识和技能的学习需求。按照这一理解，微学习的内容不再局限于传统意义的教材、讲义和课堂，而是遍布于生活中的方方面面，包括新闻、邮件、微信、微博、游戏等。任何一篇短文、一首歌曲、一张图片、一句广告语、一个英文单词、一段音频或视频小品，甚至一个链接，都可能成为微学习的内容。

③微媒介。

微媒介是微学习的载体。微学习要充分利用各种通信设备作为学习媒介，为学习者带来全新的学习体验。在硬件上,微学习可以基于固定的信息技术设备,也可以使用便携的移动终端,如手机、平板电脑。在软件上,除了依托传统的文档格式和网页外,微学习还可以充分利用各种云存储、在线共享文档等实现。

④微环境。

微环境是微学习的依托。微环境不仅包含支撑微媒介传输数据的有线和无线通信网络,更强调微学习者之间、微学习者与辅导者、微学习与微内容之间的互动关系。

总而言之,微学习是一种面向全民个性化学习需求的全新学习方式,它充分利用现代通信和信息技术,使学习者能够随时随地选择、获取、加工并利用各种微小的学习内容组块满足学习需求,同时学习者也能够与辅导者或其他学习者以多种方式互动和交流。

2. 微学习的特点

微学习利用现代通信技术,以微型学习内容为对象,为满足不同学习者在不同时空中对不同知识、技能等的需求而产生。它具有不同于传统学习的鲜明特点,总体上可以概括为时间短、内容片段化、学习个性化和多媒介等特点。微学习不受时空限制,常以手持便携式移动设备为媒介支持师生双向交流,知识内容模块化、短小、松散连接、自包含。微学习依托灵活多样的便携设备,学习目的明确,内容独立短小,过程多样化、灵活化、个性化。微学习可以在以下六个方面具体体现和应用:①全民化和终身化,微学习不仅面向学生,还包括各个年龄段的在职人员、老年人、自由职业者等;②学习时空泛在化,微型学习的学习时间相对较短,并且零散地分布于日常生活中,在日常生活和工作中的任何时间都可以进行,微型学习的学习场所更加广泛,不再局限于传统教室,便携式学习工具实现了即时通信与交流,大大提升了学习的便捷性;③学习内容片段化,微学习的学习内容由许多微小的学习片段组成,学习片段之间既有相对独立性,也包含着松散的联系,可以动态重组与更新;④学习过程个性化,学习者可根据自己的实际情况和独特的学习需求在合适的时间和地点选择适合自己的学习内容,以合适的学习进度进行微学习,并进行自我检测;⑤学习体验轻松化,微学习者可以轻松地选择、获取、加工和利用微小的学习内容组块,加之可移动的、灵活的学习情境,使学习者获得一种轻快的,甚至有一定娱乐性的学习体验;⑥学习环境生态化,微学习内容与真实生活息息相关,微学习活动更加强调社会群体性,学习目的更是为真实生活服务。微学习的上述特点使得非正式学习及终身学习的实现成为可能,它的出现是一种学习形态的变革,体现了人类学习的新发展。

三、数智化时代对大学生学习观发展的新要求

数智化时代重塑了大学生的学习。5G 网络、人工智能、大数据等新兴信息技术支持的教育新基建,逐步成为赋能教育变革的"数字底座",以 5G 网络、人工智能、大数据等为依托的新型教育模式,持续赋能人类社会向数智融合方向转型,这迫切呼唤大学生面向智能时代社会发展需要,不断提升学习适应能力,以赋能自身高质量发展。对于身处智能环境的"数字土著"大学生们,适应数智化时代对学习的挑战,对于学业发展至关重要。深化发展人工智能技术,充分借助人机双向赋能的内生动力变革学习方式,能够促进大学学习的个性化、精细化发展,彰显终身学习的内在价值。

(一)及时更新学习观念

数智化时代的学习不是简单的"智能+"学习,而是从单向适应到双向赋能的思维转变。数智化时代大学生的学习环境、学习资源和学习形式等外在学习条件不再是一成不变的,多样化的学习空间供给、精细化的学习资源推送及个性化的学习路径定制变革,对大学生的学习提出了新的要求。数智化时代的学习,归根结底是大学生基于自身学习需要和智能学习环境支持,在与智能学习环境充分交互中,通过学习行为调节或学习环境拓展,实现自身与学习环境双向动态平衡的过程。数智化时代大学生的学习应当彰显双向赋能的特性,既体现大学生对智能学习环境的主动适应,又展现大学生对智能学习环境的能动改造。

(二)灵活变换学习方式

在这个人工智能迅速发展的时代,大学生需要及时转换学习方式。智能技术让学习者可以在任何时间、任何地点通过多种渠道进行学习,获取知识不再局限于学校和课堂。人工智能使得认知不仅发生在头脑中,还发生在人与智能工具的交互过程中。虚拟技术是对人脑智能的延伸、强化和补充,改变了以往学习主体之间、学习主体与环境之间的交互作用,改变了学习生态。总体而言,人工智能助力学习的总趋向是让学生从"学会"到"会学"与"会创"。大学生学习变革的关键在于充分发挥人工智能技术的赋能属性,重新建构学习者、学习

环境、学习内容、学习方法和智能技术等要素的关系,形成驱动学习生态系统创新重构的运行机制,从而构建与智能时代相适应的大学生学习生态。充分发挥人工智能技术的赋能属性,实现人机双向赋能、双向适应与双向共生是数智化时代大学生学习变革的关键所在。

(三)理性看待技术对学习的影响

传统大规模、标准化的教与学方式,难以完全满足数智化时代大学生高质量、个性化的学习需求。如雨后春笋般快速发展的智能技术在带来学习环境、学习内容、学习形式等方面变革的同时,很容易使学生在短期内产生较强的学习不适感。因此,理性看待技术,不做人工智能的"臣民",是大学生适应智能化大学学习的关键环节。具体而言,以2022年底由美国OpenAI公司研发并推出的智能聊天工具ChatGPT为例,该软件以其自然语言处理和对话生成方面具有的独特优势,在问世后短短的两个月内,用户便达到1个亿。ChatGPT能够回答包括科学、历史、文化、社会等各个领域的问题,并结合对用户偏好、需求的理解,形成个性化的交互方案。对于大学生而言,ChatGPT能够有助于制定个性化的学习计划,进行更全面多元的学习资源挖掘和整合,并进行更精细的学习效果检测、评估与反馈。然而,以ChatGPT为代表的智能技术容易造成学生主体性的遮蔽和异化,进而造成学生对于新知识的感知、兴趣甚至检索行为有所弱化。由于ChatGPT基于语言模型生成内容,大学生很难甄别其生成内容的真实性和专业水平,从而容易在知识建构中存在错误认知,并且在思维、写作等方面都受到局限。另外,如果操作不当,使用ChatGPT不仅存在隐私和信息安全风险,还有可能违背学术道德规范。因此,在面对ChatGPT等新型技术的冲击时,大学生应该充分权衡利弊,审慎思考,理性使用,对各种新兴技术既不全盘接收,也不因噎废食。

本章小结 SUMMARY

每个学生都有一套自己的学习观,并用这套观念指导着自己的学习活动以及对教师教学的评价。学生的有些学习观是合理的,但有些则是错误的,这在无形之中影响了学习行为、策略和效果。深刻理解学习观的内涵和价值,领悟数智化时代的学习观发展新需要,才能更好地适应大学阶段的学习。

第四章　更新学习习惯

> 人是被习惯所塑造的,优异的结果来自良好的习惯,而非一时的冲动。
>
> ——亚里士多德

进入大学对于一个人来说是人生中的一个新起点。大学阶段是人生发展过程中的"软腊期",四年的大学生涯对于塑造一个人而言具有至关重要的作用。四年中所养成的学习习惯为未来的发展奠定了关键性的基础。因此,养成良好的学习习惯是大学学习的重要任务之一。

人的天性大致相似,但是在习惯方面却各有不同。很多时候,人与人之间的差异并非取决于能力,而是由习惯所致。不同的习惯是成功和失败的分水岭:好习惯是开启成功大门的要素,而坏习惯可能导致失败甚至使人走向歧途。从一定意义上来说,任何一种能力的形成都是养成好习惯的结果。只有培养了良好的习惯,才能提高学习与工作的效率,进而充实生活,丰富人生。换言之,好习惯是健康人格的基础,是成功人生的根本,更是成功的捷径。

既然习惯如此重要,那么大学阶段应当如何培养良好的学习习惯,从而为今后的人生打下扎实的基础呢? 在本章中,我们将系统探讨什么是习惯、习惯养成的过程和规律以及习惯养成的有效方法。习惯的培养是一项长期、系统的工程,需要"润物细无声"的孜孜不倦与坚持不懈。习惯养成的过程本身就是自我改变、自我提升的过程。所以,在养成习惯时,贵在坚持。哪怕是一件小事,只要坚持下去也能改变未来。可以说,好的习惯成就了一个人的过去,造就着一个人的现在,也将塑造一个人的未来。

第一节　习惯的内涵

一、什么是"习惯"

习惯是指人们在长期的实践中经过不断、反复的运用而逐渐认可的一种行为模式，是人们在日常生活中经常进行的有意义的活动。《辞海》中对"习惯"的定义是：①经过不断实践而逐渐适应；②在一定条件下完成某项活动的需要或自动化的行为模式。《心理学大词典》中提到，习惯"是个体在一定情境下自动化地执行或完成某些动作或某种固定活动模式的需要和倾向"。

习惯是通过练习形成的。习惯不同于本能行为，比如眨眼、反射、咳嗽等都是身体的本能行为，而习惯是通过后天不断地练习，由"不会"到"会"，再由"会"到"熟练"而逐步完善的。

习惯是相对持久的行为保持。它是经过长期的培养而形成的稳定的行为方式及方法。习惯会影响一个人做事的行为方式，对学习、工作和生活的各方面都有着潜移默化的影响。由于习惯的相对稳定性，一旦养成了某种行为习惯，在短期内是很难改变的。

二、习惯的分类

虽然习惯是人们在日常生活中再熟悉不过的概念，但是我们对于习惯究竟了解多少呢？习惯的内涵是什么？习惯包含哪些类型？对于这些问题的回答，学界一直都是众说纷纭。总体而言，对于习惯的探讨不能一概而论，应该依据不同的标准和特征对习惯进行分类。

(一)根据习惯产生的影响

根据习惯对个体生活产生的影响，可以将习惯分为积极习惯和消极习惯两类。积极习惯是那些有益于个人成长和社会进步的习惯，例如，坚持锻炼、勤于阅读、积极思考。这些习惯培养了我们的自律能力，为我们的成功和幸福奠定了基础。相反，消极习惯则是那些不利于个人发展和社会和谐的习惯，如吸烟、暴饮暴食、拖延。这些习惯削弱了我们的意志力和健康状况，束缚了我们的进步与自我实现。因此,培养积极习惯和改变消极习惯是我们追求的重要目标。

(二)根据习惯养成的过程

根据习惯形成过程的主体性,可以将习惯分为主动和被动两类。主动习惯是那些我们通过自觉和努力形成的习惯,如每天早晨的锻炼、规律的作息。这些习惯需要我们付出意志力和努力,但它们能够帮助我们塑造良好的生活方式。与之相对,被动习惯是那些不经意间形成的习惯,如久坐、抠手指。这些习惯源于我们的惯性思维以及周围环境的影响,需要我们有意识地觉察并主动改变。

(三)根据习惯的社会属性

根据习惯的社会属性,可以将习惯分为个人习惯和社会习惯。个人习惯是指与个人生活和行为有关的习惯,如个人的起床时间、卫生习惯。这些习惯主要影响一个人学习、工作和生活的质量。而社会习惯则是指与社会交往和规范有关的习惯,如,尊重他人、守时。这些习惯不仅关系个人,也对整个社会的和谐与稳定起着重要作用。社会习惯的形成和遵守需要我们每个人共同努力,以促进社会的发展和进步。

(四)根据习惯的内容和特点

根据习惯的内容和特点,可以将其分为行为习惯、身体习惯、思考习惯和品质习惯。

1.行为习惯

行为习惯作用于人的行为层面,是我们最常见、也最容易感受到的。由于行为习惯是最表层的习惯,一般谈到习惯养成首先是指行为习惯的养成。行为习惯的培养一般至少需要一个月的时间,这类习惯是随手可以做的事情,如阅读习惯、记日记的习惯、整理物品的习惯。

2.身体习惯

身体习惯涉及我们日常的运动、饮食、作息等方面的行为和倾向,一般包括坚持运动、戒烟戒酒、控制饮食等。身体习惯的培养一般至少需要三个月的时间。

3.思考习惯

思考习惯作用在人的认知层面,是我们长期形成的思维模式、特点、偏好等。在认知过程中人会运用各种各样的思维方式。一旦将某种思维方式形成固定反射,就养成了思维习惯。思维习惯是那些塑造我们思维方式和态度的习惯,影响着我们对待问题的方式、决策的模式以及与他人互动的方式。好的思维习惯对提高认识世界的水平、保持身心健康是有利的,而不良的思维习惯则会导致对世界的错误认识,也会对身心发展造成巨大伤害。不良的思维习惯可以导致性格的错位和观念的变异,给人带来精神压力和生存障碍。思考习惯的培养一般需要六个月以上的时间,这类习惯包括逻辑思维能力、创新能力、正面思考等。思考习惯是行为习惯的基础,二者相辅相成。

4.品质习惯

品质习惯作用在人的品质层面,是我们用什么样的道德标准和原则来处理事情、指导我们的行为。例如,帮助别人的习惯、团结同学的习惯、维持良好纪律的习惯。品质习惯是思考习惯与行为习惯的升华层面,思考习惯与行为习惯要符合人的品质习惯。

三、习惯的特点

习惯是我们的固定反应模式。每一个习惯在我们大脑里都有相对应的神经回路,这种回路一旦建立,基本不会被消除。所以,旧的习惯无法被消灭,只能是被新的习惯所取代。习惯是一种习得的行为方式,具有自然性、稳定性、情境性、习得性、差异性和两重性的特征,而不同的人在习惯的不同方面会表现出差异。

(一)习惯的稳定性

习惯具有稳定性。习惯是人在一定情况下自动地去进行某些动作的倾向,其动作过程采用相同的方式,呈现过程和方法的稳定性。从心理机制上,习惯是一种需要。如果不这样做,就感到别扭,因而具有稳定性。绝大多数习惯都是多次重复的结果。习惯的稳定性如何,跟重复或练习的次数成正比。要养成良好的学习习惯,不经过一定频率和强度的训练是不行的。然而,习惯的稳定性并不意味着一成不变。随着环境和情境的变化,我们也需要适时地调整自己的习惯以适应新的需求和挑战。这种灵活性是习惯稳定性的重要补充,它使我们能够在保持习惯稳定性的同时,也能够应对各种变化和挑战。

（二）习惯的持续性

习惯成自然。当一种习惯逐渐稳固而成为人的个性的一部分时，它就像一个隐形人一样，自动地发挥作用，在不知不觉间控制着人的思想，指挥着人的行为，影响着人在生活中的每个细节。在社会生活中，人的行为总是被打上道德的烙印，所以人的习惯自然也就具备了高下和优劣之分：习惯不是造就你，就是毁掉你；不是有助于你，就是有损于你。习惯是很强大的，也很难根除。虽然习惯不能被完全消除，但它却能够被替代。当然，很多时候，习惯是很牢固的，旧的习惯不会因为新的习惯产生，就完全消失。

我国著名教育家陈鹤琴先生说过，习惯养得好，终生受其益；习惯养不好，终生受其累。良好的习惯不可能是一朝一夕就养成的，它是一个循序渐进的过程。形成一个良好的习惯不易，而改变一种不良习惯也绝非易事。改变一个习惯需要 21 天，但也未必一定是 21 天，而是需要付出较为长期的努力。越是早期形成的习惯，尤其在儿童时期养成的、已经深度融入个性的习惯，越是难以改变。好的习惯意味着游刃有余、从容淡定，能够帮助人们迈上新的台阶。

（三）习惯的情绪性

在学习过程中，习惯不仅有助于节省精力，还能够提供情感体验。我们第一次做事时会存在困难，但是习惯可以让这些困难逐渐变得容易一些，而且在经过足够的实践之后，一切将变得半机械化，或者几乎完全不需要意识，从而在完成任务的时候感到轻松，让人有更多的精力去体悟做事的过程。

（四）习惯的自动化

习惯是不假思索就能做出的行为。当某件事变成了习惯以后，基本上便几乎不再需要动用我们的意识了，也就是无限接近于下意识（潜意识）状态下所做出的行为。在这种状态下，不会再因为是否应该去做这件事而感到烦恼，同样也不用再面对该采取何种方法的选择。习惯一经形成，人的某些条件反射就会在一定的情况下自动化地发生，即"习惯成自然"。习惯的自动化帮助我们简化了行动的步骤，使我们在日常生活中不必事事反复进行学习、探究和尝试，而是以一种自动化的方式从容应对不同的学习任务。也正是这种从容应对，才把我们从烦冗的日常事务中解放出来，使我们有时间和精力去从事一些更有创造性和挑战性的工作,让我们更有效率地工作和生活。

(五)习惯的情境性

习惯是在相同情境下出现的相同反应。养成了某种习惯的人,一旦到了特定的场合,习惯就会表现出来。习惯构成了一个人在特定情况下反复表现出来的反应模式。当个体进入相似的环境时,这些反应在新学习中被自动激活。当一个特定的行为在稳定环境中被反复执行时,习惯形成得更快。相反,在不断变化的环境或不一致的情境下,习惯形成得较慢。

四、习惯的重要性

命运随习惯而转动。习惯是一个人最重要的、最稳定的素质,它的力量是惊人的。习惯是思维和行动的真正领导者,在不知不觉中,经年累月地影响着我们的行为。习惯是一种顽强而巨大的力量,它主导人的生活,甚至可以主宰人生。有人说:"性格其实就是习惯的总和,就是你习惯性的表现。"关于习惯成就性格的说法并不是最近才提出来的。古希腊哲学家亚里士多德早在公元前350年便宣称:"正是一些长期的好习惯加上临时的行动才构成了美德。"古印度谚语也说:"播种行为,收获习惯;播种习惯,收获性格;播种性格,收获命运。"由此足见习惯的影响之大。

有一位教授曾做过一个实验:他将一只跳蚤放进一个容器里,容器的高度刚好为跳蚤能够达到的位置。为了防止跳蚤从容器里跳出,教授特地在上面放了一块玻璃隔着。第一天,跳蚤表现得十分活跃,它一次又一次地撞击着玻璃,大有不达目的不罢休之势。可是,它的力量实在太单薄了,无论怎么努力,始终无法冲破玻璃的阻隔。尽管如此,跳蚤还是没有放弃,每隔一段时间,它又会发起一阵猛烈的攻击。过了几天,教授再去观察,发现跳蚤上跳的频率明显减少了,它没了先前的冲劲和锐气,变得有些懒惰和绝望了。又过了几天,教授再去观察,发现跳蚤几乎丧失了斗志,只是在容器底部跳来跳去……就这样,过了几个月,教授惊奇地发现跳蚤已不再作任何努力,它终日得过且过地待在容器底部。随后,教授将容器上方的玻璃抽掉了,他满以为跳蚤会一下子蹦出来。但出乎意料的是,跳蚤丝毫没有这样的举动,它已经完全习惯了现在的生活。紧接着,教授又将另一只跳蚤放进一个容器里,容器的高度略微超过跳蚤上跳的极限,上面没有再加盖子。经过一段时间的观察,教授发现,跳蚤每天都会习惯性地往上跳，虽然每次它都无法超越容器的高度，但它仍然乐此不疲，把这当作每天的必修课。半年后的一天，奇迹发生了，跳蚤逃离了容器，重新获得了自由。见此，教授不禁发出一声感叹："习惯的力量是多么得可怕呀！"

人应该支配习惯，而绝不能让习惯支配自己。聪明人总是记得检查任何坏习惯。有一位禅师，带领一帮弟子来到一片草地上。他问弟子们，怎么可以除掉草地上的杂草。弟子们想了各种办法，拔、铲、挖等等。但禅师说，这都不是最佳办法，因为"野火烧不尽，春风吹又生"。什么才是最好的办法呢？禅师说，"明年你们就知道了。"到了第二年，弟子再回来发现，这片草地长出了成片的粮食，再也看不见原来的杂草。弟子们才明白最好的办法原来是在草地上种粮食。这便是禅师的智慧——用粮食根除杂草。这就好比是好习惯多了，坏习惯自然就少了。

五、习惯的养成

习惯是一个人在长期的生活过程中逐渐养成的。习惯是一个人的资本，是一个人思想与行为的真正主导者。人生仿佛就是一场好习惯与坏习惯的拉锯战，把高效能的习惯坚持下来就意味着踏上了成功的快车。如果你希望出类拔萃，也希望生活方式与众不同，那么，你必须明白一点——你的习惯决定着你的未来。重复成习惯，习惯成自然，自然成个性，个性成命运。习惯仿佛像一根缆绳，我们每天给它缠上一股新索，要不了多久，它就会变得牢不可破。

(一)习惯养成的路径

养成习惯有三个要素：暗示、行为和奖励。习惯的养成是由接受暗示，到产生行为，然后得到奖励进行巩固，进而形成的一个闭环回路。在这个回路中，必须形成一种"渴求"，才能实现习惯养成的闭环。

(二)习惯养成的时间

养成一个新的习惯需要多长时间呢？不同的人有不同的观点。下面介绍关于习惯养成时间的两类观点，一类是时间的确定性，另一类是时间的不确定性。

1. 习惯养成时间的确定性

最经典的习惯养成理论认为，养成一个习惯需要 21 天。在行为心理学中，一个人的动作或想法，如果能重复 21 天，就会变成一个习惯。习惯的养成大致分为三个阶段。

第一阶段:1～7 天,此阶段表现为"刻意,不自然",需要十分刻意地提醒自己。在这个阶段中如果不努力保持,坏情绪、坏毛病就会浮出水面,让你又回到从前。你在提醒自己、要求自己的同时,也许会感到很不自然、很不习惯,然而,这些不自然、不舒服是正常的。

第二阶段:7～21 天,此阶段表现为"刻意,自然",但还需要意识努力。经过一周的刻意要求,你现在已经觉得比较自然、比较舒服了,但不可大意,一不留神,你的坏情绪、坏习惯还会再来破坏你,让你回到从前,所以你还是要刻意提醒自己、要求自己。

第三阶段:21～90 天,这一阶段是习惯的稳定期,它会使新习惯成为你生命的一部分。这一阶段表现为"不经意,自然",无需意识努力,你已经不必刻意要求自己,它已经像你抬手看表一样的自然了。

换言之,习惯养成可以通过这样几个阶段:7 天进入一种状态,21 天养成一种习惯,90 天固化一种模式。最初的 7 天至关重要,21 天还是一个初级阶段,稳固需要 3 个月以上。

2.习惯养成时间的不确定性

《掌控习惯》一书的作者詹姆斯·克利尔(James Clear)认为,习惯的培养不是由天数决定的,而是取决于频率,即重复的次数。他在书中提出,习惯的形成是一种行为通过重复而变得越来越自动化的过程。你重复活动得越多,你的大脑结构变化得也就越多,从而能更高效地进行该项活动。因此,我们需要关注的不是需要多长时间才能培养一种习惯,而是需要多少次才能形成一种习惯。也就是说,我们应当了解需要重复多少次才能让一种动作变成自然而然的习惯。就培养习惯而言,不在于时间长短。不管你是连续做 21 天,还是 300 天,重要的是你做出这种行为的频率,你可以在 30 天内做两次,也可以做 200 次。简言之,在习惯养成的过程中起决定性作用的是频率。

(三)习惯养成的挑战性

习惯的养成是多方面因素共同作用的结果。为什么我们无法把自己想持续做的事情转化为习惯呢?简单来说,那是因为人类具有"对抗新变化、维持现状"的倾向特点。当环境变化时,生物会将生理状态维持在某一固定水平,这一水平称为"体内平衡"。我们感应到外在变化后会保护自己的身体,通过这样的方式生存下去。对于人类而言，保持固定的状态会感觉比较舒适，变化则会被视为是一种威胁。正因为身体对"培养新习惯"的变化感受到了威胁，所以大多数人对于新事物都是"三分钟热度"，而无法勤奋地持续，最后就容易导致失败，这种现象被称为"习惯引力"。因为习惯不同，习惯引力作用的强度也不一样。

习惯引力具有两种功能。一方面，习惯引力能够抵抗新变化。一旦打算培养新习惯，身体就会开始产生反抗，试图不被新的行为影响。这就是人会产生"三分钟热度"现象的内部机制，也是培养习惯之所以会这么困难的原因。另一方面，习惯引力能够维持现状。一旦大脑认定某种行为跟往常一样，就会拼命地维持这种行为，这也是习惯引力的功能。所以，当大脑认为某项好习惯"跟往常一样"时，坚持这个习惯就会变得容易。因此，若想要将某项行动转化为习惯，只要保持新习惯一直到大脑认为这项习惯"跟往常一样"就可以了。

很多时候，我们虽然明确想要戒掉的习惯，却总也戒不掉。自己无法戒掉习惯的这一现象叫作"依赖症"。越快获得回报，就越容易产生依赖。人类的大脑由于生存本能，会抵抗变化，维持现状。这是因为变化具有很多危险。对于大脑来说，新的行为不存在好习惯和坏习惯之分，只要是变化就要竭尽所能地阻止其发生。一旦形成了习惯，大脑就会拼命保持原样，因为这被认为是"正常"的事情。这就是"习惯引力法则"。换言之，所谓戒掉坏习惯，就是消除进入习惯引力范围内的习惯。

为什么会存在习惯引力？大脑中存在着能够意识到的部分和无意识的部分。这刚好跟冰山类似：浮现在冰面上的意识，是我们日常能够意识到的部分，而无意识是在冰面下隐藏的世界。我们无需通过意识来对所有事情进行一一判断，因为在无意识的世界中，活跃着很多能自动维系我们生命的重要程序。无意识的使命就是维持现状，保护我们的安全，给我们一个安心的环境。简单来说，无意识奉行的是"多一事不如少一事"的原则。无意识拒绝变化，想要拼命保护我们。另一方面，意识为了有所成长而想改变。在这种对立竞争关系中就产生了"想要继续不能继续，想要戒掉难以戒掉的两难境地"。

（四）习惯养成的方法

1.如何戒掉坏习惯？

想戒掉的习惯可以分为三类。首先是行动性习惯，可以用 1 个月的时间来戒掉。接下来是身体性习惯,戒掉这类习惯需要 3 个月的时间。最后是思考性习惯,戒掉这类习惯需要 6 个月的时间。想要戒掉坏习惯,只要坚持到无意识将没有这种习惯认定为常态的时候就可以了。如果无意识认定坏习惯处于闭锁的状态是一种常态,就会对这种状态进行保护,这正是"习惯终结术"的运行机制。

2.习惯养成的原则

习惯养成的三个原则包括:锁定一项习惯,坚持有效的行动,不要太在意结果。

①锁定一项习惯。

我们虽然无法改变过去,但是可以改变未来。而改变未来,首先要从养成习惯开始。养成习惯的方法远比你想象的更加简单,关键在于明确所要养成习惯的内容。习惯难以坚持下去,很多时候是因为缺少了明确约定的内容。只要养成了一种核心习惯,就会像多米诺骨牌一样,对其他习惯也产生积极的影响。培养习惯的顺序是因人而异的。

应当坚持敏锐的"触角",一旦发现自己应该培养的习惯,就立刻补充到习惯清单上。找到最核心的理由才是实践"习惯终结术"的关键。在寻找核心理由的时候,建议以"危机感、快感、期待感"作为突破口来考虑。

②坚持有效的行动。

在现实中,持续真的很不容易。人的大脑具有"排斥变化"的防卫本能,与新事物和困难局面相比,大脑往往更愿意保持一直以来延续下来的状态,不愿意去面对新的挑战。其实,问题不在于不能持续的性格或意志力,而在于没有掌握坚持下去的诀窍与原则。持续做某件事时,靠的不只是意志力或耐力,如果能够启动"习惯"的自动运作程序的话,行动就会更自然,也几乎毫无痛苦。毕竟哪怕是一件小事,只要坚持下去也能改变未来。

③不要太在意结果。

对于习惯来说,回报是必需的要素。培养习惯并不意味着我们要锻炼自己的意志力,或者拒绝什么诱惑,其实只是在重新改写自己所能感受到的回报和惩罚而已。也是说,通过多次重复行为,能够让自己的大脑产生实际的变化。

3.习惯养成的阶段

①触发阶段(Cue)。

这是习惯形成的起点,由外部或内部信号引发某种行为。例如,早晨闹钟响起(外部触发)或感到压力时想吃零食(内部触发)。

②行为阶段(Routine)。

这是习惯养成阶段的核心,是对触发信号做出反应的过程。这些行为可以是物理动作、思维模式或情绪反应。例如,闹钟响后起床、压力大时吃零食。

③奖励阶段(Reward)。

行为完成后,大脑会获得某种奖励以强化这一行为,既可以是生理上的(如多巴胺分泌),也可以是心理上的(如满足感)。例如,起床后感到清醒、吃零食后压力得到缓解。

④重复阶段(Repetition)。

通过多次重复触发、行为和奖励的循环,习惯逐渐自动化。重复次数越多,习惯越牢固,最终无需意识参与即可完成。

⑤巩固阶段(Consolidation)。

习惯在大脑中形成神经通路,进而变得根深蒂固。此时,即使没有强烈触发或外部奖励,行为也会自动发生。

六、影响习惯养成的因素

习惯是个人的内部因素与外部因素相互作用的结果。内部因素主要包括个人的目标、自我效能感、态度与毅力、兴趣爱好、遗传因素、元认知能力等;外部因素主要包括家庭、学校、社会等。

(一)内部因素

1. 个人的目标

目标是习惯产生的向导,有了一个具体的目标才会促使个体开始培养一种习惯。个体的目标越明确清晰,越能保证其对利于目标达成的习惯行为的持续性,因而影响了习惯的养成。我们所做出的行为中,有 45% 并非真正的临场反应,而是习惯所致。习惯是知识、技能和意愿的交汇。知道自己要做什么,也清楚应该怎么做并且有意愿去做,这三者的交汇构成个人行事的习惯。

2. 自我效能感

自我效能感影响着个体行为的发生及发展水平。自我效能感是个体对自己能否成功地进行某一成就行为的主观判断。自我效能感的影响和作用具体表现为四个方面,即个体对活动的选择、个人表现的品质、个体努力的程度和坚持性、处理问题时的思想方法和情绪反应。自我效能感的提升能够帮助我们回答习惯养成过程中"能不能"的问题。自我效能感越强,个体的努力越持久,越有利于习惯的形成与发展。自我效能感的提高可以增强个体的主体意识,提高人的认知调控能力和自信心。

3. 态度与毅力

个人的生活状态对日常学习生活中习惯的形成有一定影响作用。积极向上的生活态度有助于个体在各个方面养成健康规律的习惯;懒惰懈怠的态度会逐渐消磨人的意志力,扰乱正常的生活节奏,在逐渐懒散消极的状态中容易因缺少自身约束,而导致不良习惯的形成。现如今,很多人在生活中常被自身的拖延症影响了学习工作的效率。从习惯心理学的视角来分析,其实这并非个体拖着一件事情不想去做,而是压力越大、心理越焦虑,这种状态会加强自身的习惯行为,所以就会不停地重复平时生活中常做的事。

在个体意志努力下,通过反复的自我强化可以形成一种习惯,当个体逐渐认识到某个好习惯的益处,从中感受到具体的实质性收获,就会开始有意识地加强这种行为,并通过自身的意志努力坚持下去,长此以往就形成了习惯。这一形成过程主要是依靠个体的自我认识和意志力来维持的。而个体的主观能动性是指在后天生活中形成的价值理想、个性特征和知识结构等。个人的意志与能动性在习惯养成中起着决定性作用,个体通过主动地选择活动,积极建构着自我习惯的形成。

4. 兴趣爱好

喜欢的事情才能够长期坚持。所以,习惯的养成既需要毅力,更需要兴趣和热情。人们拥有不同的兴趣爱好,并且可以从中获利,在逐渐重复自我爱好活动中慢慢形成了习惯。如若将兴趣爱好视为一种习惯养成过程中的元习惯,人们可以在不自觉中培养得到元习惯衍生出的、相对应的新习惯。例如,某人喜爱读书,当阅读的爱好演变成为一种阅读的元习惯时,其在面对事物时会因阅读习惯的熏陶而潜移默化地养成深度思考、清晰逻辑与理性分析等习惯。若某人热爱运动,在日复一日的锻炼中形成运动习惯,进而会产生一系列饮食、作息方面的习惯。

5. 遗传因素

遗传是指人从上代继承下来的生理机体以及解剖上的特点,如机体结构、形态、感官和神经系统的特点等。与生俱来的血型和性格对人的行为形式也存在一定影响：有的人生来就是急性子，后来长大就容易变得做事马虎鲁莽；有的人生来就是慢性子，行事容易磨蹭。遗传因素为习惯的形成和发展提供了先天生理上的可能性，但是并不起决定性作用。其他内、外部因素对习惯的培养也具有不可忽视的作用。

6. 元认知能力

个人的元认知水平与认知方式影响着习惯的养成。所谓元认知，指个体对自己认知过程的自觉的了解和控制。美国心理学家詹姆士·弗拉威尔（James H. Flavell）曾说过："元认知是对思维和学习活动的认知和控制，是一个人对自己认知过程和认知产品或任何与认知有关的东西的了解。"元认知由元认知知识、元认知体验和元认知监控三个部分组成，其实质是个体对认知活动的自我意识和自我调控。元认知能力的高低决定了习惯养成过程中自我监控的质量和效果。

（二）外部因素

环境是人习惯养成的外部条件，为习惯发展提供了可能性或限制性。人一出生就在特定的环境中。在不同的历史时期、不同的国家和地域、不同的文化和社会阶层下，人们的行为习惯都有明显差别。因此，习惯的养成过程离不开所处的社会环境。

1. 家庭因素

家庭是每个人成长的第一环境，是习惯形成的摇篮。在家庭因素中，家长的习惯、家庭氛围、教养方式、经济状况、文化背景和父母期望都对个体习惯的养成与发展有着重要的影响。教育家陈鹤琴指出，父母是儿童的第一任老师，在儿童良好习惯的养成中具有不可替代的作用。培养习惯应该注意家庭的精神环境，让孩子的好习惯在潜移默化中培养起来。家庭的教养方式影响了子女最初的习惯养成。家庭氛围和教养方式的不同使得个体在成长的关键期形成了不同的习惯特征，展现出亲切温和、严肃冷漠等处事风格。同时，父母自身的品格修养和行为习惯也会对个体起到重要导向作用。在习惯形成的早期，个体常通过模仿向外界探寻恰当的处事风格与行为习惯，以实现在环境中的自身保护。父母的各种习惯都有可能成为子女无意识模仿的参照，该种模仿行为都是在自然状态下进行的，事先没有计划和目的，个体常常是在不知不觉中形成了某种习惯。所以,父母的言传身教对于子女习惯的养成具有至关重要的作用。

2. 学校因素

学校是教书育人的前沿阵地。学校的人为因素和环境因素都对学生学习和生活习惯的养成起着重要的引导作用。学校的各项规章制度、作息时间安排、教学目标等都渗透着对学生习惯养成的具体要求。良好习惯的养成离不开教师的示范和引导,更离不开良好的学校文化环境作为依托。教师作为学生成长道路上的引路人,其举手投足都潜移默化地影响着学生的习惯养成。学校的文化氛围能够为习惯的形成和发展提供动力源泉。如若学校的教学管理逻辑清晰,运行高效有序,学风氛围浓厚,注重人文关怀,能够加强服务意识,为学生提供一个优良的学习环境,则有助于学生良好习惯的培养。

3. 社会因素

社会环境主要是指文化氛围、风俗时尚、社会的经济发展状况、榜样的力量等。不同的文化脉络会形塑出不同的行为模式、知识结构和文化规则。进城务工子女在进入城市学校后的不适应就能够反映出不同社会环境对习惯养成的影响。随迁子女从原生家庭文化中所带来的随意、粗放的行为模式与严肃认真、遵守秩序等课堂要求格格不入,实质就是随迁子女自身所携带的乡土文化与流入地城市文化之间的冲突。

第二节 良好习惯的重要性

哲学家培根曾说过:"习惯是一种顽强而巨大的力量,它可以主宰人生。"可见,习惯对于一个人一生的发展尤为重要。而大学时期是人生发展过程中最重要的阶段,是世界观、人生观、价值观形成和定型的关键时期。因此,大学生只有养成良好的习惯,才能更好地实现人生价值,为社会贡献自己的力量。

一、高效学习习惯的重要性

高效的学习习惯是大学生顺利完成学业的关键。学习习惯是在学习过程中形成和巩固起来的、通过日积月累转化为自动化的行为方式。当学习者养成高效的学习习惯后,便更能够去寻找学习的趣味性,学习效率也会得到明显的提升。反之,当缺乏科学的学习习惯时,学习很容易被视作一项艰巨而枯燥的任务,让学习者感到十分乏味。良好的学习习惯是走向成功的重要基石,这方面的事例不胜枚举。伟大的革命家和哲学家马克思正是由于有着勤奋学习、善于钻研的好习惯,才能有《资本论》的问世;艺术家达·芬奇正是因为养成了刻苦磨炼的好习惯,才有了《蒙娜丽莎》的诞生。可见,良好的学习习惯能够成就一个人,为其长远发展保驾护航。

(一)提高学习效率

良好的学习习惯有助于提高学习效率。明末清初学者顾炎武擅长读书,并且拥有着良好的读书习惯。他自创了一个"三读"读书法,即"复读法"、"抄读法"和"游戏法"。他给自己规定:每年春秋两季,分别复习冬夏两季所读的书,即半年读书,半年复习,把阅读和复习交叉进行,有效地提高了学习效率。因此,合理安排学习时间,制定高效的学习计划,遵循科学的学习方法,能够让大学生在有限的时间内取得更好的学习效果。同时,良好的学习习惯还能帮助大学生克服拖延症,避免临时抱佛脚,从而在面对考试和其他学习任务时更有信心和能力。

(二)培养自律意识

当大学生养成了良好的学习习惯时,也就意味着他们在潜移默化中培养了自律意识。自律能够帮助大学生更好地管理时间,合理安排生活,远离诸多诱惑,从而更专注于学习,实现自己的人生目标。鲁迅先生从小学习刻苦,少年时在江南水师学堂读书,第一学期成绩优异,荣获一枚金质奖章,他立即拿到南京鼓楼街头卖掉,然后买了几本书,又买了一串红辣椒。每当晚上寒冷时,他便摘下一颗辣椒,放在嘴里嚼着,辣得额头直冒汗。他就用这种办法驱寒,一直坚持读书,后来成为我国著名的文学家。

(三)锻炼自主学习能力

周国平先生曾经说过,"大学生不应该是跟着老师走的人,要具备自己安排自己的学习的能力。"特别是在这个信息爆炸的时代,自主学习能力变得尤为重要。良好的学习习惯有助于培养大学生的自主学习能力。当大学生养成了主动寻找学习资源、主动解决问题并主动总结经验的好习惯时,自主学习能力也在不断提升,这将会让他们在以后的生活中更具适应力和创新力。

二、高效休息习惯的重要性

高效的休息习惯是大学生身体健康的保障。古人云,日出而作,日落而息。可见,良好的作息规律是自古就有的。然而,现在的许多大学生熬夜现象严重,他们的夜生活到了凌晨才刚刚开始,但这其实并不是因为学业繁重。很多大学生只是用"忙"来作为熬夜的借口,然而许多时候也只是"瞎忙",是没有明确目标的拖延时间,因此,这种忙碌是一种假努力。可见,对于大学生来说,养成高效的休息习惯是很重要的。

(一)有利于身心健康

每个人都有自己的"生物钟"。养成良好的作息生物钟,才能保证机体正常运转。如果长时间睡眠不足,人体的生理功能就会出现紊乱。相信很多人都会有这样的感受,如果前一天晚上没睡好,第二天起来整个人则是浑身乏力。伟大的革命家列宁曾说过:"休息是为了更好的工作,会休息的人才会工作。"作家村上春树自创作以来,就一直保持着早睡早起的良好作息,尤其是他创作长篇小说的时候,一般凌晨四点就会起床,不需要闹钟,泡上一杯咖啡,在静静的早晨整理好思绪,开始他一天的写作。也就是说,睡眠对于人体来说是非常重要的,它可以缓解大脑的缺氧状态,让我们在疲劳的时候得到充分的放松。然而,长时间熬夜会导致大学生出现身体不适和心情焦虑等状况,甚至造成心理问题。健康的作息,不仅能增强学生的身体素质,还能缓解焦虑情绪。

(二)有助于学业发展

对于大学生来说,如果身体得不到充分的休息,那么他们在日常的学习中就会呈现出消极状态,具体表现为:上课的积极性不强、听课时的注意力很难集中以及课堂的参与度不高等。长此以往,可能会影响整个校园积极学习氛围的营造。大学生如果能够掌握健康的生理知识,制订适合自己的作息计划,形成健康的生活方式,保持健康自信的状态,有助于积极地投入课堂学习,提高学习效率,从而取得学业上的进步。

(三)有利于大学生的人格健全

健康的休息习惯是大学生自我教育、自我管理、自我服务的重要方式。大学生在养成良好休息习惯的过程中,会逐渐克服拖延问题,学会妥善安排时间,形成合理的作息规律,同时在生活上提高自己的做事效率。此外,大学生在校期间养成的健康休息习惯和生活方式,有利于形成健全的人格,为未来的生活打下坚实的基础。

三、健康运动习惯的重要性

健康的运动习惯是大学生品格发展的基础。大学时期是人生发展的一个重要阶段,大学生应该把握时机,努力提升自己,养成高效学习的好习惯,刻苦学习;形成规律的作息,让自己拥有健康的身体;更重要的是磨炼自己的意志力,为未来更好地适应快速发展的社会打下坚实的基础。健康的运动恰恰能够帮助其养成坚持锻炼的习惯,形成良好的心理品质。另外,大学生作为社会主义事业的建设者和接班人,身上肩负着建设祖国的重任,他们的体质水平直接影响国家未来的发展状况,甚至关系中华民族的兴衰成败。因此,促使大学生加强运动,养成良好的运动习惯,具有重要的现实意义。

(一)提高思想道德素质

与很多其他习惯相比,想要养成健康的运动习惯需要付出更多的努力和汗水。因此,对于大学生来说,养成健康的运动习惯将会是一个充满挑战性的过程,他们要克服自己之前的不良习惯,不断地突破自我,朝着更好的方向前进,最终实现身心的真正蜕变。这个过程能够给人带来积极向上的力量,从而使自己的意志力得到提高。这样一来,大学生在生活和学习中也会充满信心,遇到问题敢于面对,遇到挫折更能坚持不懈,不断超越自我,这对于他们整个人生的发展都会产生积极的影响。毛主席在《体育之研究》中就精辟阐述了体育特征:"体育之效,至于强筋骨,因为增知识,因而调感情,因而强意志。"换言之,运动的魅力,不仅在于强身健体,还是调节情绪、磨炼坚强意志的最好方式。

(二)提高身体素质

毛主席曾说:"身体是革命的本钱。"一个人只有拥有健康的体魄,才能更好地在人生发展过程中拼搏和奋斗。健康的体魄是一个人健康生活、走向成功、实现自身价值的重要保障。想要拥有健康的体魄除了需要充足的睡眠,还要加强体育锻炼,养成良好的运动习惯。作家雨果在 40 岁时不幸患上心脏病,但病中的雨果并不伤感,他相信自己一定会好起来,在积极治疗的同时,听从医生的指导进行运动锻炼。后来,雨果的病情逐渐好转,体质得到增强,获得了充沛的精力,他又重新拿起笔创作了许多震撼文坛的作品。所以说,健康是一个人生存和发展的重要基础和前提,如果失去健康,则会导致所有事情失去意义。虽然很多人都懂得这个道理,但是并没有将运动贯彻到实际的生活中,还有一些人偶尔会进行运动锻炼,但是不能很好地坚持,这主要是因为没有养成健康的运动习惯。因此,大学生要进行科学的体育锻炼,养成良好的运动习惯,提高自己的身体素质,从而更好地迎接人生的挑战。

第三节　重塑学习习惯

一、明确学习目标

凡事预则立,不预则废。做任何事情,都必须要有明确的目标。拥有明确的目标可以创造奇迹,而丧失目标也可能会毁掉一切可能出现的奇迹。目标有两个方面的作用:它既是努力的依据,也是前进道路上的鞭策。有了明确的学习目标,才有学习的热情。当一个人确定学习目标后,所有的努力便可以集中于实现这个目标。人生奋斗的第一步无疑是为自己找到一个明确的目标。可以说,目标是一种目的、一种意向,是一个引导着我们不断前进、不断奋斗的明灯。目标不是模糊的意念"我希望我能",而是清晰的信念"我要那么做,我一定能"。学习目标是学习的出发点,也是学习的归宿。在开始学习之前,一定要先确定学习目标和计划,从而提高学习效率,优化学习效果。

大学阶段是人生中承前启后的重要时期。一方面,在结束了高中三年紧张的学习生活后,大学生们开启了全新的学习与生活体验。另一方面,大学生需要在大学期间全面提高自我,为毕业后进入职场做好角色转换的准备。然而,环境的变化往往带来心理适应的落差。很多学生在高中阶段刻苦努力,为了考入自己心仪的大学持之以恒地努力奋斗。但这个阶段的学习目标往往以老师和家长的意愿为导向,自身的人生观、世界观与价值观还没有完全成型,对自己的目标缺乏独立思考与判断的能力。进入大学之后,很多学生发现自己开始陷入迷茫与无措,找不到前进的方向,更难以养成良好的学习习惯,逐渐沉溺于虚拟的网络世界,惶惶度日。因此,树立明确的学习目标对于大学阶段的学习至关重要。

制定明确的学习目标是顺利完成大学学习的前提,更是四年中努力奋斗的起点。通过制定具体的学习目标能够使人清晰地认识到当下的学习任务。学习目标应细化到一个一个具体的时间阶段。例如,这个学期我要获得多少学分、下个学期我要取得奖学金等。这些具体的学习目标能够成为前进的动力,激励自己不断为之努力。每个学期的小目标如同一个个攀登点,为最终登上最高峰奠定坚实的基础。清晰、明确的学习目标有助于把握正确的人生大方向。如果说学习是一次远航,那么目标便是船长手中的舵,为我们指引前进的方向。"为中华之崛起而读书"是周恩来总理年少时树立的远大志向,这激励他投身于人民的革命与解放事业,为新中国的成立与发展做出了不可磨灭的贡献。同样,大学生作为民族的未来,社会的希望,树立明确的学习目标也是实现中华民族伟大复兴中国梦的重要一环。那么如何明确自己的学习目标呢?

首先,要培养对学习的浓厚兴趣。美国心理学家本杰明・布鲁姆(Benjamin Bloom)曾明确指出:"学习的最大动力是对学习材料的兴趣"。历史上伟大的科学成就往往源自科学家的浓厚兴趣。华罗庚的成就来源于他对数学的热爱,达尔文的成就则来源于他对探索大自然的无限好奇。当一个人热爱学习,学习便从来不是一件痛苦的事,每一个目标的实现都是享受努力付出后的收获,见证自己孜孜不倦前行中的点滴成长。

其次,事分巨细,目标也有大小。分阶段制定目标有助于学习计划的顺利进行。可以先确立一个长期的总目标,例如,职业规划和个人发展计划等。然后,将长期的、总的目标分解成短期的、可量化的小目标。各种目标的制定和实现,汇总起来便是大学的四年。如果不清楚应该怎样分阶段制定学习目标的话,在这里推荐使用 SMART 原则来进行逐步规划。SMART 原则由具体性、可测量性、可实现性、相关性和时限性五个维度构成,要求学习者在制定目标时一方面要明确、具体、可量化,同时还要考虑其是否与自己的大目标所匹配或与其他目标相关,以及这个目标是否在自己能力范围之内、是否可以通过努力而实现。另外,使用 SMART 原则还需为目标设立明确的截止日期,从而避免拖延。

最后,需要及时评估目标的完成情况。目标完成时适当地奖励自己也是培养良好学习习惯的重要一环。适当的放松有助于保持平稳的心态来面对学习,让自己觉得学习是一件充满意义的事情,这样才能在前进之路上始终充满斗志。

【拓展阅读 1】

SMART 法

确定目标的 SMART 模式,是 specific(具体性)、measurable(可测量性)、attainable(可实现性)、relevant(相关性),以及 time-bound(时限性)的总称。

有效确定学习目标的 10 个举措:

①在全面、客观分析自己的基础上,用白纸黑字将大学学习的总目标记录下来;

②设定一个具体的期限;

③列出要实现学习目标的充分理由;

④将学习总目标切割成若干个分目标;

⑤进一步分析自己当前的学习状况;

⑥回忆并总结自己过去学习的成功经验;

⑦确认自己在学习中需要克服的障碍;

⑧将自己的学习目标视觉化;

⑨为自己找一些值得效法的典范;

⑩对目标的实施进行定期总结、检查和更新。

二、平衡作息时间

规律的作息时间是保证学习状态、养成良好学习习惯的必要条件。但是,根据 2023 年中国睡眠研究报告显示,熬夜已经成为当代大学生的常态。超过一半的大学生表示经常熬夜,约有 40% 的大学生会偶尔熬夜,而影响他们睡眠的三大因素分别是:心理状态(如学业压力导致的紧张、焦虑)、个人习惯(如手机成瘾)、环境因素(如住宿条件)。长时间的熬夜不仅会导致大学生上课注意力不集中,对个人的身体健康也是有弊无利。因此,要想平衡好作息时间,首先应该从减少熬夜、保证睡眠时间做起。充足的睡眠不仅是身体健康的保障,更是高效率学习与工作的前提。为了保证作息规律,提高睡眠质量,可以尝试以下几点：

①调整自己的身体节律，确保每天在 22:30 之前入睡。

如果在从"晚睡"到"早睡"的转变中存在入睡困难的情况，可以通过阅读书籍、泡脚、冥想等方式使自己进入平稳的身心状态，逐渐进入梦乡。

②睡前 90 分钟关闭电子产品。

有调查研究结果显示，睡前玩手机 8 分钟会让大脑持续兴奋 1 小时，其屏幕散发的蓝光也会抑制褪黑素的分泌，导致我们越熬越晚。因此，为了能睡个好觉，应当关闭电子产品，提前做好入睡准备。

③每日坚持运动，保证充足的自然光照射。

运动可以使身体产生疲劳感，减少焦虑和压力，增加褪黑素的分泌量，进而调节身体的生物钟并提高睡眠质量。但需要注意运动的时间与强度，在睡前进行剧烈运动不仅不利于改善睡眠，反而会导致身体处于应激性亢奋的状态从而影响入睡。

④合理饮食，养成良好的饮食习惯。

为了保证睡眠时间，提高睡眠质量，应当合理调整饮食习惯，在三餐中适当增加蔬菜、水果以及全麦类食物，减少糖分与饱和脂肪的摄入量，避免因为饮食导致肠胃不适进而造成深度睡眠的时间减少。

【拓展阅读 2】

斯坦福睡眠法

睡眠是身体新陈代谢的一个过程。但是，这并不意味着睡的越多身体越健康。实际上，睡眠质量比睡眠时间更为重要。睡眠不仅仅意味着我们正在"睡着"，而是大脑暂停接收信息，大脑中的海马体开始整理信息。在我们睡觉的时候，大脑中的海马体会将我们习得的知识进行归档。所以，规律且充足的睡眠，能够真正提高学习效率。那么，我们该如何获得优质的睡眠呢？

说到提高睡眠质量，《斯坦福高效睡眠法》一书能够为我们提供有益的指导。斯坦福大学睡眠研究所所长西野精治通过超过 30 年的睡眠研究，在书中提出了以下优化睡眠、治疗失眠的方法。

首先，斯坦福高效睡眠法强调"黄金 90 分钟睡眠"，即入睡后最初的 90 分钟是影响人们睡眠质量的关键，决定了后续睡眠的整体质量。已有研究发现，人的睡眠大体经历 5 个周期，分别为：入睡期、浅睡期、熟睡期、深睡期和快速眼动期。这 5 个周期大约在 90 分钟左右完成。如果在最初的 90 分钟就能够进入深度睡眠，有助于提高睡眠质量，实现"黄金睡眠"，而想要做到这一点，应当把握好体温和大脑这两大睡眠"开关"。

一方面，体温调节是提高睡眠的关键环节。睡眠时，人的体内温度会下降，这样才能保证顺利进入睡眠状态。因此，入睡前必须提高体表温度，从而通过释放热量来降低体内温度。提高体温可以通过在睡前 90 分钟的时候进行沐浴，这时体表温度上升，体内温度会逐渐下降，从而有助于释放热量，让人尽快入睡。也可以在睡前泡脚，通过改善脚部的血液循环，促进热量的释放。

另一方面，对于大脑的睡眠开关而言，让大脑切换到睡眠模式，降低兴奋水平，能防止入睡困难、睡眠紊乱等状态。核心做法包括远离蓝光和使用单调法则：远离蓝光是指手机和电脑屏幕发出的蓝光令人清醒、兴奋，不利于大脑入眠，睡前半小时最好不要玩手机；单调法则是指睡前可以看一些无聊、单调的书让大脑放空，对睡前胡思乱想"说不"，这样更容易犯困，所以睡前尽量远离工作，不要进行剧烈运动，更不要追剧、打游戏。

三、合理管理精力

我们身处于数智化时代，生活节奏快，人们所接收的信息广度远超过其深度，各类媒体、平台、短视频的信息层出不穷。信息泛滥导致每个人的精力被大大分散，导致不仅没有因为巨量的信息受益，反倒在信息爆炸式传播的过程中丢掉了自己的时间与思想。人的精力是有限的，当我们把精力过多地投入其他活动中时，留给学习的精力则会大大减少。大学生处于从校园生活到走向社会的过渡时期，难免对未来应该何去何从感到彷徨迷惘。为了排解心中的焦虑，很多学生往往将过多的精力投入到消遣娱乐当中，以求得短暂的放松，以至于在学习时无法集中精力，甚至对学习心生抗拒。因此，合理地管理与分配精力也是养成良好学习习惯的重要组成部分。

合理管理精力首先要平衡好学习与休息之间的关系。全情投入学习能够保证学习效率，从而留出充分的时间恢复精力。而适当休息可以避免过度疲劳，维持良好的精神面貌。也就是说，在学习时要全身心投入；在休息时我们也要尽情享受。古希腊的运动员训练手册中提出：运动和休息的交替能够最大限度地提高运动员的表现。专注于一件事会使我们精力充沛、信心满满。在这里推荐大家可以使用番茄工作法来进行精力管理。该方法最早是由意大利人弗朗西斯科·西里洛（Francesco Cirillo）在 1992 年提出的。它将时间分成 25 分钟的学习时间和 5 分钟的休息时间，即"番茄钟"。具体规则要求：每完成一个番茄钟的学习，需要休息 5 分钟；完成四个番茄钟的学习，则可以休息 15～30 分钟。在这 25 分钟里，专注学习，不能把时间花费在与学习任务无关的事情上，直到 25 分钟结束，进行 5 分钟的休息，然后再投入到下一个番茄钟的学习。使用番茄工作法能够有效提高学习中的专注水平，减少因为外界干扰而带来的学习效率低下，促进良好学习习惯的养成。

高效学习的同时还要学会"放弃"，及时转移精力。在学习中遇到始终无法解决的难题时，应当学会暂时放弃，先将精力转移其他事情上，即我们常说的"换换脑子"，在这一"暂停"过程中，有的时候会出现"啊哈时刻"，顿悟先前百思不得其解的答案。例如，浮力原理正是阿基米德在陷入困境、走投无路的情况下意外发现的。当时希耶隆二世托工匠制作了一顶金王冠，可他却怀疑王冠中掺杂了其他成分，于是他决定请阿基米德来调查此事。可当时人们并不知道不同的物质其比重也是不同的，阿基米德也是百思不得其解，于是他只好暂时把这件事抛之脑后。有一天他在泡澡时却意外发现当身体全部浸入水中，水便会溢出来，身体也会随之微微上浮。这顿时令他恍然大悟，并利用王冠的排水量验证了国王的猜测，这便是阿基米德原理的由来。因此，当我们陷入和阿基米德同样的困境时，不妨按下暂停键，让大脑得到充分的休息，反而会豁然开朗，找到解决问题的正确答案。

及时补充，恢复精力。当我们全身心投入学习中时，往往会在不知不觉中过度透支了精力，导致我们在接下来任务的完成中感到力不从心。人的精力就像池子里的水：当消耗精力时，我们就像是把蓄水池里的水使用殆尽了；但当我们恢复精力时，池子又被重新填满。短暂的休憩能够帮助我们排除负能量，及时补充精力，活力满满地开启下一个学习任务。除了休息，运动也是帮助同学们快速恢复精力的制胜法宝。在这里向大家介绍两种简单的保持运动的方法：靠墙静蹲和原地高抬腿，每次只需要坚持 1～2 分钟，每日做 3～5 次就能起到运动的效果，而且动作简单，也不会影响他人。总而言之，最基本的精力源来自身体，保持运动能够让我们拥有充沛的体能，更好地管理精力。

【拓展阅读3】

做一个时间管理的高手

时间管理，归根结底是自我管理。在这个世界上，很多事情没有绝对的公平，除了时间。无论男女，无论贫富，对于每个人而言，一天都只有 24 小时。时间既买不到也留不住，它不会因为我们的身份地位而停留驻足。当分分秒秒在嘀嗒中缓缓逝去时，我们唯一能做的就只有珍惜。不要因为年轻而忽略时间的有限，更不要因为享受安逸而忘记时间的残酷。在人生的起跑线上，争分夺秒地去奋斗，做一个"时间管理高手"，才能无悔青春。"时间管理高手"不是生来的天才，而是自律的强者。他们能够分清主次，把有限的时间分配在有意义、有价值的事情上，不让自己注意力漂移。"时间管理高手"能够全局规划所有要做的事情，充分权衡时间成本，懂得取舍，最大限度地优化时间利用率和产出率。当然，"时间管理高手"不是屈服于时间的机器人。高效率的时间利用让"高手们"更能游刃有余地支配自己的时间，在工作、休息和娱乐中掌握平衡。

那么，如何成为"时间管理高手"呢？

第一，学会分清主次。

作为大学生，你每天面对着数不清的待办事项，需要预习了、该交作业了、应该锻炼了……这么多事情，孰先孰后？这时的你可以画一个"时间象限"（详见拓展阅读4），将待办事项根据"紧急性"和"重要性"进行划分，从而能够一目了然地理顺清楚需要做什么，应该先做什么。

第二，学会"见缝插针"。

上课、下课、吃饭、睡觉……乍一看，这些日常安排几乎占据了你所有的时间，想要做些其他的事情好像成了一种奢侈。但是，别忘了——"时间像海绵里的水，挤一挤总会有的。"

在一天天的周而复始中，很多"时间碎片"是被忽略掉的。我们往往关注整块的时间，却容易冷落那些琐碎、不起眼的碎片化时间。

善待时间碎片，那一个个几分钟、十几分钟虽不起眼，但却能积少成多。背几个单词，看一页好书，写一段心得，这一点一滴的努力，会让你感到时间仿佛多了一点，自己不再总被时间追着跑。

第三,学会专心。

我们的精力是有限的。没有人可以同时兼顾多个任务并且尽善尽美。与一心多用相比,一次做好一件事更有利于时间管理。

用好分分秒秒,是要用最短的时间形成最大的产出。只有专心做事,才能实现这种高效高产的目标。

心理学中有一个概念叫作"心流",就是专心投入一件事中,形成一种忘我的状态。如果你还没有体验过"心流",不妨试试"番茄工作法",以25分钟为一个时间周期,屏蔽掉一切的干扰,不看手机、不上网,体验心流带来的时间管理状态。

第四,克服拖延。

再好的时间管理策略,也敌不过一拖再拖。拖延不仅是一种行为,更是一种心态。因为允许自己拖,所以在待办事项清单里,避重就轻,对那些有难度的任务迟迟不愿动手;因为允许自己拖,所以在碎片化时间中更容易选择无意义的消遣;因为允许自己拖,所以在不专心的时候给自己开脱。

所以,切记"今日事今日毕"。用一本日程记录本,写下你每天的待办清单,每完成一件事,来一个带有仪式感的打钩,给自己一个交代,让每一天都收获满满。

自律给我自由。时间管理的精髓在于自律。只有在时间规划上自律,才能在做事过程中体验从容不迫所带来的充实和自由。所以,合理规划时间,用心管理时间,你的学习和生活一定会有不一样的体验。

【拓展阅读4】

时间四象限法

"时间四象限法"是美国著名管理学家斯蒂芬·科维(Stephen Covey)提出的时间管理理论。科维所著的《高效人士的七个习惯》一书广为人知,他更被《时代》周刊列为25位最有影响力的美国人之一。

科维重视人在面对外部环境时的主观能动性,认为通过合理规划时间、确定待办事项的轻重缓急,人们不仅能够获得克服懒惰和拖延的行动激励,还可以在一个较长的时间维度上明确发展目标,实现长期规划。

科维根据"紧急性"和"重要性"两个维度将我们生活中所有的待办事项进行划分,并对不同种类的事项采取不同应对策略。具体来说,我们可以将不同事项划分为四种类别:

①重要性高＋紧急度高;

②重要性高＋紧急度低;

③重要性低＋紧急度高;

④重要性低＋紧急度低。

如果用图像的方式描述,以横轴代表事项的紧急性,纵轴代表事项的重要性,就能得到一个可以揭示轻重缓急的"四象限"模型(见图 4.1)。

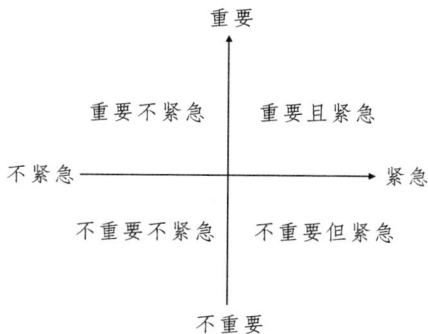

图 4.1　时间管理四象限

如何使用"时间四象限法"?

在将待办事项分门别类后,应当对不同种类的事项采取不同策略,这种区别对待的原则也是"时间四象限"方法的核心所在。

首先,第一象限属于"重要且紧急"的事项,诸如即将截止的作业、马上来临的考试等。我们的处理方法是马上执行、亲自执行、用心执行。但如果第一象限过度饱和,那么我们的压力会无限增大,会产生危机恐惧感,因此第一象限的事项越少越好。

相反,对于第二象限内"重要不紧急"的待办事项,我们就不需要过于绷紧神经。我们的处理方法是有计划地做,集中精力处理,做好计划,先紧后松,即使第二象限的事项饱和我们也能做到忙碌但是不盲目地进行。一般来说,我们应当将自己 80%的精力投入到第二象限的事项上,来使第一象限的"急事"无限变小,我们就不会"瞎忙活"了。

第三象限属于"不重要但紧急"的事项,我们可以将它们交给别人去做,例如,一次突如其来的检查、一份加急派发的报告,等等,我们不需要亲力亲为,甚至可以开玩笑地说"逃避可耻但是有用"。

第四象限属于"不重要不紧急"的事项,比如,阅读令人上瘾的无聊小说、追毫无内容的肥皂剧、在办公室闲聊等。对于这些容易让我们虚度时光的"消遣",处理方法应该是尽量少做甚至不做。当然,如果我们因为在第一、三象限来回奔走而忙得焦头烂额时,第四象限的事情可以当成休养生息的方式,但一定不要沉溺其中。

将待办事项在这四个象限区域进行分派,能够让我们对自己要进行管理的日程和时间更加清晰明了,在时间管理上更加有条不紊。

四、加强团队合作

人类之所以能够在万千变化的大自然里、在千百万年残酷的优胜劣汰中胜出,一个重要的原因就是团队合作、互帮互助。很多卓越的成就背后并不是一个人的默默付出,而是团队之间相互扶持与帮助的结果。2015 年,诺贝尔生理学或医学奖授予中国女药学家屠呦呦。一夜之间,屠呦呦从一个默默无闻的研究员变成了享誉中国、闻名世界的杰出科学家。然而,一项科技发明从诞生到成熟运用是一个不断发展的过程,是绝非某一个人能够一手包揽的。"523 计划"是一个由许多人、许多单位集体公关的项目,从青蒿素的发现,到发现动物实验有效,再到药理、毒理、质量控制、临床试验、生产工艺等一系列研究过程是科学共同体团结协作的结果。因此,每当谈起青蒿素的研究成果,屠呦呦总是会说,"作为一名科学工作者,获得诺奖是一项很大的荣誉,青蒿素这项生物研究成果离不开团队多年来的集体攻坚克难,青蒿素获奖是中国科学家集体的荣誉"。正是在整个团队的努力下,青蒿素自问世以来所治愈的疟疾患者数不胜数,在全球范围内产生了巨大的社会效益和经济效益。

无独有偶,作为 19 世纪无产阶级革命中两位最伟大的导师,马克思和恩格斯之间的合作极大地促进了马克思主义哲学的传播与发展。当人们提起马克思时,总会想到恩格斯,因为恩格斯是另一个马克思;当人们提到恩格斯时,总会想到马克思,因为他和马克思是一个珠联璧合、相得益彰的有机整体。在二人合作的 40 年中,他们先后发表了《神圣家族》《德意志意识形态》《共产党宣言》等，把马克思主义的春风吹向了世界各地。

因此，学会团队合作是大学学习中的一项重要课题，在培养学习习惯方面有着不可或缺的作用。通过与不同性格特点以及能力水平的同学开展团队合作，能够有效提高个体的沟通能力、协作能力、思维能力等核心素养。

本章小结
SUMMARY

大学是人生发展的关键阶段。良好的习惯有助于建立正确的价值观和行为准则，帮助大学生为未来的发展打下坚实的基础。

第五章　优化学习方法

"工欲善其事，必先利其器。"无论做任何事情，都要重视方式方法。想要优化学习，归根结底是优化学习方法。古人云："学贵有方。"很多学生进入大学后仍然沿用中学时代的学习方式，认为寒窗苦读十几年的方法总不会错。然而，适合于曾经的，并非一定适用于现在。在智能技术日新月异的今天，面对几何幂次方增长的海量信息，及时更新学习方式，掌握适合不同任务的学习技术成为当代大学生必须具备的重要学习素养。在本章节中，我们将重点探讨学习方法的内涵、分类以及适合大学学习的有效学习方法和技术。

第一节　学习方法概述

好的方法会让学习事半功倍。要想科学、高效地使用学习方法，首先需要了解学习方法的基本知识：什么是学习方法？学习方法可以分为哪些不同类型？学习方法有哪些特点？

一、什么是"学习方法"？

学习是一个脚踏实地积累的过程，真正的学习没有捷径。但是，在点点滴滴的积累过程中，好的学习方法会让学习事半功倍。学习方法是指个体在学习过程中，为了实现特定的学习目标和掌握具体的学习内容而采取的手段和途径，以及学习所应遵循的一些操作性原则，即"如何做"的问题。学习方法也可以看作是个体在学习过程中的一套操作流程或实践信念。作为一个广义的概念,学习方法既可以是对学习内容的引导,也可以是对学习形式的规范;既可以是针对所有学科的、具有通用性的学习方法,也可以是指向具体学科的专属方法;既可以是外显的操作程序,也可以是内隐的理念原则;既可以由学生自行总结完善,也可以在家长和老师的帮助下习得,正所谓"授人以鱼不如授人以渔"。总体而言,使用正确的学习方法能够有助于快速掌握知识,提高学习效率,从而实现高效学习。

二、学习方法的分类

最有价值的知识是关于方法的知识。学习方法的分类多种多样。根据标准、内容、环境等因素,主要可以将学习方法总结为以下类型。

(一)根据学习的社会属性分类

1. 自主学习

自主学习,也称自我导向学习或自我调节学习,是学生自我指导、自我激励、自我监控的学习方式。自主学习是学生为保证学习质量、提高学习效果、达到学习目标而在学习活动过程中将自己正在进行的学习活动作为意识对象,不断对其进行积极、自觉的计划、监察、检查、评价、反馈、控制和调节的过程。自主学习是学习者在确定学习目标、选择学习方法、监控学习过程、评价学习结果等方面进行自我设计、自我管理、自我调节、自我监控、自我判断、自我评价和自我转化的主动学习过程,是学习者基于对学习过程和内容的一种心理反应而形成的行为。我国学者庞维国认为,自主学习是学习者在学习动机、学习内容、学习方法、学习时间、学习过程、学习结果、学习环境和学习的社会性等八个维度上做出的选择或控制。从一定意义上来说,自主学习在本质上就是自学。

2. 合作学习

合作学习法是建立在自主学习基础上的一种社会化的学习方式。合作学习是指学生为了完成共同的任务,有明确的责任分工的互助性学习。合作学习鼓励学生为集体的利益和个人的利益而一起工作,在完成共同任务的过程中实现自己的理想。合作学习有三层含义:合作分工学习、合作讨论学习以及合作交流学习。合作分工学习是指将某一大问题或大任务分割成一定数量的小问题或小任务,小组成员各自承担一定量的小问题或小任务,在完成各自任务的基础上,再进行合作总结。合作讨论学习是指小组成员围绕某一个问题展开讨论,发表自己的意见和建议,最后达成共识,解决问题。小组合作交流学习即针对某一问题,小组成员在各自研究的基础上,以小组为单位进行交流,互相学习、互相帮助、共同发展。

(二)根据学习的探究程度分类

1.接受学习法

接受学习法是在教师指导下,学习者接受事物意义的学习。在接受学习中,需要学习的内容大多是现成的、已有定论的、科学的基础知识,通过教科书和教师的呈现,使学习者接受这些已有的知识,掌握它们的意义,因此这也是传统高等教育中最为常见的学习方法。

2.探究学习法

探究学习法也称发现法、研究法。探究学习是学生在主动参与的前提下,根据自己的猜想或假设,在科学理论指导下,运用科学的方法对问题进行研究,在研究过程中获得创新实践能力和思维发展,并且自主构建知识体系的一种学习方式。探究学习是指学生在教师的指导下,在学科领域或现实生活的情境中,通过主动地发现问题、体验感悟、实践操作、表达交流等探究性活动,获得知识和技能的学习方式和学习过程。探究学习常常表现为学生以独立或小组合作的方式进行探索性、研究性的学习活动,注重学生的主动探索、体验和创新,是与接受式学习本质不同的学习方式。探究学习法是指学习者通过发现问题和解决问题而建构知识的学习方法。以问题为中心的探究学习有利于提高学生灵活运用知识的能力以及自主学习的能力。

3.发现学习法

发现学习法是帮助学生掌握知识结构的最好方法。发现学习法要求学生在学习情境中,经过自己探索和验证来获得解决问题的正确答案,从而促进创造性能力和独立探究能力的发展。目前发现学习法已经广泛应用于大学课堂教学,特别是某些实践教学环节,例如,在医学类专业针对较为常见的疾病可以使用发现法,鼓励学生大胆猜测,提出不同的观点,尤其是对发病原因的可能性、饮食护理时的不同方法、保健指导时的不同处理方法等,然后在理论上和实践上验证假设,最后得出相应的结果。

（三）根据学习的空间距离分类

根据学习者和教师所处的空间距离远近,学习方法可以被分类为:面授学习法、远程学习法以及混合学习法。

1.面授学习法

面授学习法,也称面对面学习,通常被视为传统的班级授课式学习方法,包含学生、教师、教室三个要素,学生和教师同时在一个教室里才能开展教学活动,一次教学所针对的学生是有限的。在面授过程中,教师可以通过语言、动作、示范等多种方式与学生进行互动,帮助学生理解和掌握知识。面授学习法具有悠久的历史和广泛的应用,尤其在中小学教育中占据着重要的地位。由于时间具有一维性,听和讲是同步的,无法将发生过的情节回放,学生无法重听或重看精彩环节以及有疑问的部分,单一的学习方式可能使学生过于依赖教师的讲授,容易忽略自身的主动性和创造性,从而缺乏自主探究和实践的机会。但是,面授法的优势在于现场感较强,教与学之间的互动性强而且非常直接,既灵活易变,又能够具有活跃的课堂气氛,还可以促进师生之间的情感交流,增强师生之间的信任和互动。

2.远程学习法

远程学习法是一种以现代化网络技术为依托,利用计算机网络开展的在线学习方式,将信息技术与现代教育思想有机结合的一种新型教育方式。现代远程教育的教学手段比早期的函授教育、广播电视教育等形式丰富得多,教学内容覆盖社会生活的方方面面,打破了传统教育体制在时间和空间上的限制,有利于个性化学习。现代远程教育是构筑知识经济时代人们终身学习体系的主要手段,能够有效地扩充和利用各种教育资源,有利于推动教育的终身化和大众化,在信息时代的学习社会中将起到越来越大的作用。现代远程教育几乎运用了20世纪80年代以来所有信息领域的最新技术,传输手段趋向于多元化,特别是最近几年各种网络技术的飞速发展,为信息特别是多媒体信息的传播提供了可靠的技术支持,也为远程教育的发展提供了更加丰富的技术手段,极大地推动了现代远程教育的发展。随着近几年线上教育的高速发展与广泛应用,远程学习也日益成了学生获取知识的主要通道。

以目前中国最大的在线课程学习平台慕课为例,中国大学慕课是由中国教育部设立的国家级慕课平台,致力于打造高质量的在线教育资源。截至2022

年 11 月，我国慕课数量已达到 6.2 万门，注册用户 4.02 亿，学习人次达 9.79 亿，在校生获得慕课学分认定 3.52 亿人次。所谓"慕课"，即 Massive Online Open Courses（MOOC），通常译作"大规模网络公开课"，是一种从 2012 年开始迅速在全球流行的网络教学形式，它把学校中的课堂转化成更碎片化、更适合在线学习的形式，移植到了互联网环境中，免费提供给全世界的人们学习。凭借优质内容、顶尖师资和先进模式，慕课超越了传统在线公开课的局限，填补了在线教育中长期缺失的"高等教育"一环。使用慕课学习的学习者可以免费享受到优质的课程资源，根据自己的喜好需求制定个性化学习方案，实现高质量自学。可见，远程学习法对于获得高质量的学习体验具有重要作用。

3. 混合学习法

混合学习法是在 21 世纪初国外网络学习陷入低潮后，人们对线上学习进行反思后逐渐兴起的一种学习方式，即线上和线下相结合。线上线下混合式教学是利用信息技术，依托网络平台，将课堂延伸到网络虚拟空间中，即在传统课堂教学的基础上，同时结合网上教学平台的教学资源并利用先进的教学工具进行网上教学。这种线上线下的混合式教学，能够让学生在参加面对面课堂学习的同时，还可以利用线上丰富的教学资源进行网上自主学习，实现个性化的学习目标。

就其特征而言，混合学习从外在表现形式上是采用"线上"和"线下"两种途径开展教学的，"线上"的教学不是整个教学活动的辅助或者锦上添花，而是教学的必要活动；"线下"的教学不是传统课堂教学活动的照搬，而是基于"线上"的前期学习成果而开展的更加深入的教学活动。这种"混合"是狭义的混合，特指"线上"＋"线下"，不涉及教学理论、教学策略、教学方法、教学组织形式等其他内容，因为教学本身都是具有广义的"混合"特征的，在广义的角度理解"混合"没有任何意义。此外，混合式教学改革没有统一的模式，但是有统一的追求，那就是要充分发挥"线上"和"线下"两种教学的优势来改造我们的传统教学，改变我们在课堂教学过程中过分使用讲授而导致学生学习主动性不高、认知参与度不足、不同学生的学习结果差异过大等问题。混合式教学改革一定会重构传统课堂教学，因为这种教学把传统教学的时间和空间都进行了扩展，教和学不一定都要在同一时间、同一地点发生，在线教学平台的核心价值就是拓展了教和学的时间和空间。

(四)根据学习者感官偏好的学习方法

在人类的认知活动中,会调动各种感官发现周围世界。对不同的人而言,有一种知觉在学习和认知过程中占据主导作用。不同感官偏好的学习者使用的学习方法各有不同。

1.视觉学习法

视觉型学习者占到人群总数的80%,他们对视觉刺激较为敏感,倾向于忘记听到的信息,对看到的信息反而会记忆深刻。对于视觉型学习者来说,看视频、绘制图表、画思维导图等都是可以采用的有效学习方法,因为这类学习方法能够增强他们的视觉刺激,使其能够更快地记住学习内容。

2.听觉学习法

听觉型学习者擅长用语音记忆,喜欢借助语言来理解事物,约占人群总数的15%。他们习惯把思考过程口语化,或者为了记住某些内容大声阅读。听觉型学习者通过别人的解释或是与他人谈论学习可以达到最佳的学习效果。对于听觉型学习者而言,有效的学习方法包括:听播客或有声读物、自问自答或与其他同学互相提问、将学习内容编成歌曲、诗歌等。

3.触觉学习法

触觉型学习者擅长身体活动和动态运动,他们在学习过程中倾向于使用身体参与的方法,占人群总数的5%。通常来说,触觉型学习者很难通过以讲授为主的传统方法学习,因为当他们听课时,身体并不会与他们正在做的事情建立联系。他们的大脑在工作,但身体处于旷工的状态,这导致他们很难处理信息。很多时候他们需要动起来才能把知识存储到记忆里。较好的学习方法是角色扮演、纸笔演练以及动手操作,例如,物理、化学、生物等需要实验操作的部分可以帮助学习者提高注意力以及理解力。

二、高效学习方法的特点

学习方法千差万别,但高效的学习方法具有一些共同的特点,包括科学性、限定性、分散性、细节性、目标性和参与性。

(一)科学性

不同学科领域的研究成果为高效学习提供了科学依据。例如,生理学研究表明,尊重自己的生物钟,在最佳状态下做事情,就会取得事半功倍的效果。又如,心理学研究表明,借助科学推理使原本复杂的知识简单化,抽象的知识具体化,在一轮又一轮的学习和复习中过滤掉无关紧要的信息,从而把握所学内容的本质。

(二)限定性

为了提高效率,在制定计划时,要适当给自己压力,限定时间、限定速度、限定准确率。没有时间限制的学习是松散的,也将会是没有明确目标的。时间限制所带来的紧迫性对于高效学习是至关重要的。

(三)分散性

把学习时间分散,在不同时间段深入研究学习材料,而不是像跑马拉松一样的一次性完成。想要把信息记得越久,就越需要延长分散式学习的时间间隔。有研究表明,集中学习的效果不如分散式学习。分散在一段时间中的学习不仅能够提供给学生充分的理解时间,还能够让学生有一定的灵活空间去进行反思、复习和拓展。

(四)细节性

"无一事而不学,无一时而不学,无一处而不学,成功之路也。"人们常说,细节决定成败。很多时候,看似不起眼的"细枝末节",决定了学习的完整性、系统性和准确性。

(五)目标性

高尔基曾说过:"一个人追求的目标越高,他的才能就发展得越快,对社会就越有益。"恩格斯则认为:"没有计划的学习,简直就是荒唐。"毕竟,"凡事预则立,不预则废。"学习可以有不同层面,学习目标也同样如此。所谓学习目标,归根结底就是多个小目标归纳为中级目标,直至形成大目标。

(六)参与性

高效学习法要求学习者不是被动地接受信息,而是能主动地把知识简化内化、利用遗忘规律组织回忆学习内容,这些步骤都需要学习者的自主地积极参与。积极、自主的学习既能激发学生的探索欲,更能提升学生对所学内容的实践应用能力。

第二节 大学学习方法

一、大学课程的分类与特点

在大学学习的过程中,课程学习是一个非常重要的组成部分。公共通识课、专业理论课和实践课是大学教育中的三种主要课程类型。这些课程类型涵盖了多个领域和层次的知识和技能,为学生提供了全面、系统、深入的学习机会。

(一)大学课程的分类

大学的课程分类不仅仅是课程设置的一种方式,也是学生在各个领域进行学术研究的途径。一个合理的课程设置能够极大地提高各学科的深入程度,同时也可以为学生的未来职业发展提供充分保障。

1.通识教育课程

通识教育课程是一些与专业没有直接关联的课程。无论是哲学、社会学、文学,还是艺术、历史、音乐等,都可以被归入通识教育课程。通识教育课程可以培养学生的综合素质,拓展学生的一般知识,促进学生发展最基本的智力和能力,增强学生在学习、工作、生活中的综合素质。通识教育课程的种类很多,常见的包括人文学科通识教育、艺术类通识教育、自然科学通识教育、社会科学通识教育等。人文学科通识教育是以"文化素养、道德修养、思维能力培养、综合素质提高"为目标的教育课程,教授文学、哲学、艺术等内容,可以增强学生的综合素质。自然科学通识教育是以学生的基础科学知识为起点,让学生获得正确的科学思想和方法,培养观察能力和实验技能等。艺术类通识教育是针对艺术爱好者的,常常开设艺术史、音乐、绘画等课程。这些课程可以启发学生的想象力,培养他们的审美观念,增加艺术修养。社会科学通识教育的主要课程有政治学、经济学、社会学、法学、心理学等。通过这些课程的学习,学生可以深入了解社会生活的各个方面,积极构建自己的社会观念和思想体系。

2.公共基础课

这类课程是所有专业的学生都必须学习的课程,目的是为学生全面发展打好基础。大学公共课程包括三种主要类型:①思想教育及政治理论类,如马克思主义基本原理、毛泽东思想和中国特色社会主义理论体系概论、中国近代史纲要;②军事和国防教育类公共课,如军事概论;③一些基本技能类的公共课,如大学英语、高等数学。

3.专业必修课程

专业必修课程是学校为了保证学生掌握某一学科领域知识时设置的必修课程。这些课程是学生进入学科领域的基础,对于未来的学习和职业发展都具有至关重要的作用。专业必修课程是基础性的学科知识课程,它是各专业的必学课程之一。学生通过这些课程的学习,可以掌握学科所涉及领域的基本知识和相关技能。对于各个专业而言,必修课程内容有所不同。例如,机械类专业普遍需要学习理论力学、机械原理等课程;电子信息类专业需要电路分析基础、电子技术基础等课程。这些基础课程是专业学习的核心课程,对于学生深入理解学科知识具有重要的奠基性作用。

4.专业选修课程

专业选修课程是与专业领域相关,但不被列为必修课程的课程。这些课程可以为学生提供更广阔的视野和深度的学习。这些课程有丰富多样的类型,包括金融学、市场营销学、财政学、计算机图形学、喜剧表演等。相对于其他的选修课程来说,专业选修课程需要学生有一定的学科基础,因此通常会对选课学生的专业有所限制。学生可以通过选择这些课程来拓宽自己的学习领域,掌握相关的实践技能,或者是拓展个人的知识面。

5.专业限选课程

限选课程是一些针对某个专业领域的核心或前沿技术、知识或方法而设立的、可以被另一个专业选修的课程。限选课程包括限学位课程和专业限选课程。限学位课程是指在某一专业领域内,仅对某一学位学生开设的专业课程。专业限选课程的内容是针对某一领域的核心或前沿技术、知识或方法,较为深入和具体,常常也较难通过其他途径了解。对于相关专业的学生,尤其是高年级学生而言,专业限选课程非常重要。这些课程必须严格控制选课人数,以确保学生能够充分掌握课程中的内容,同时也为学生进一步发展提供了很好的机会。

6. 实践教育课程

实践教育课程是学生进行各种校内、校外实践活动的课程,例如,实习、实训、实验。这些活动能够让学生更好地运用所学的理论知识,掌握和培养实践能力和创新能力。实践教育课程是为了培养学生的实践能力而设计的课程,主要包括实习、实训和实验等。这些课程可以给学生提供跨学科的实践机会,让学生更好地将实际问题和理论知识相结合,更好地掌握所学内容。

(二)大学课程的特点

1. 大学教学的多种方式

①课堂讲授。

课堂讲授是指教师根据教学大纲要求,系统而重点地向学生讲授教学内容,指导学生遵循学科特点进行学习,并给学生提供直接指导和影响的一种教学形式。讲授目的在于使学生能够深入领会学科中的本质问题,特别是理论的内在实质,激发学习兴趣和探索欲望。大学课堂的讲授强调科学性、思想性、系统性,主要通过讲解重点、难点和思路来引导学生进行学习。

②课堂讨论。

课堂讨论是教师用来加深学生对所学知识的理解,发展学生思维和口头表达能力,强化学习效果的一种教学形式。课堂讨论能够激发大学生进行探索性、发现性的思维活动,是一种比较活跃的教学形式。课堂讨论一般为理论性课程,特别是社会科学领域的理论课程,但在自然科学等领域的课程也广泛使用课堂讨论。

③实验教学。

实验教学是在教师指导下,学生运用实验手段,观察自然现象的运动变化,从而获得感性认识,加深理解或扩大知识领域的教学方式。实验教学能够帮助学生熟悉科学实验有关的仪器设备,掌握实验操作、测试、观察与搜集处理实验数据的方法和技术,培养科研素养,塑造科学精神。

④实践教学法。

实践教学法是指通过实践性的教学环节,使学生获得必要的感性知识,用以加深对理性知识的理解,扩大知识范围,掌握专业基本技能,并学会运用知识解决实际问题的一种教学形式。实践教学的组织形式多样,包括实习、社会调查、课程设计、毕业设计(毕业论文)等。例如,实习教学是一种非常常见的实践教学法。实习是指通过组织学生到实践现场,从事一定的实际工作,进行有目的的调查研究,以获得有关的实践知识和技能,巩固和加深理论知识,学会运用知识解决实际问题,培养动手能力。

2.大学与高中阶段学习方法的区别

高中阶段与大学阶段的学习具有本质上的区别。首先,高中阶段的学习方向较为单一,绝大多数同学的奋斗目标都是考入自己心仪的大学。而在大学时期,尽管大家都坐在同一间教室,学习目标已经多样化。例如,有的同学认真学习是为了继续深造,有的则是为了找到心仪的工作。其次,高中的学习内容精、课程少,主要讲授的是一般性的基础知识;而在大学里不仅学习内容更为广泛复杂,课程类型也大大增加,这要求学生既需要完成公共课的学习,还需要同时兼顾基础课和专业课,从而逐步深入专业领域。最后,高中阶段的教学方式侧重于对知识的理解与掌握,主要采用的是传统的教学方式,如讲授法。大学的教学则更注重学生主体地位的发挥,鼓励学生进行创新思考和实践操作。鉴于不同的学习任务、学习内容以及教学方式的影响,大学阶段和高中阶段的学习方法具有以下三方面的不同。

①更加强调自主性。

高中阶段受高考指挥棒的影响,教师在每个教学环节都需要安排得当,在听讲、刷题、归纳、总结等每一步中,学生都是被老师"手把手"带着学习的,学习方法较为被动,缺少自主发挥的空间。相较于高中,大学的学习方法对学生的自主性提出了更高的要求,甚至课堂上老师会提出一些内容供学生自学,并不刻意讲解。这便要求学生课后自行查阅知识、吸收知识才能完成作业。自主学习的实质是从被动向主动的转换,它要求学生为自己的学业、生活以及未来负责,因而是一种主动的学习方法。

②更加强调灵活性。

高中教育的应试化需要学习方法主要是题海战术或死记硬背,在短时间内能否快速提高成绩成为衡量一个学习方法是否有效的标准。而在大学阶段的学习方法则更为灵活多样,包括自主学习、实验研究、合作学习等。此外,大学还鼓励学生积极参与社会实践活动和社团组织,学以致用,努力提升综合素质。

③更加强调深度学习。

由于大学学习内容更为专业化和精细化,在学习方法上也更加注重深度思考和独立研究,学生需要更多地进行阅读、研究和批判性思考,才能发表自己的学术见解。而高中的学习方法则更注重知识的理解与掌握主要停留在知识的表层应用上,较少涉及深层次的学术研究。

二、大学课程的学习方法

(一)大学学习方法概述

1. 选择适合的学习资源和工具

数智化时代提供了丰富多样的学习资源和工具,大学生应根据自己的学习需求和兴趣选择合适的资源。网络学习平台、开放式在线课程、学术论文数据库、电子书籍等都是宝贵的学习资源。同时,学习管理应用、在线笔记和时间管理软件等工具也能提高学习效率。选择合适的学习资源和工具主要有以下途径。

①参考可靠的学术来源。

在选择学习资源时,确保参考可靠的学术来源,包括学术期刊、学术书籍、正规且权威的在线课程平台、知名教育机构的官方网站等。可靠的学术来源通常经过严格的审查和专业的编辑,能够提供高质量的学习内容。

②选择多样化的学习资源。

利用多种不同类型的学习资源可以获得更全面的知识和观点。这里所说的学习资源包括,但不限于,纸质书籍、电子书、学术论文、报刊、视频课程、在线教程、博客文章等。

③满足不同的学习需求。

充分利用在线学习平台和资源库。现在有许多在线学习平台和资源库可供选择,如中国大学慕课。这些平台提供广泛的学习资源,包括系列课程、讲座、演讲等。大学生应紧密结合自身需要而选择适合自己的平台。

④关注社交媒体和学术网络。

社交媒体平台和学术网络也是获取学习资源的重要渠道。大学生应关注学术专家、学者、行业领袖和相关组织的社交媒体账号,参与学术讨论和分享。此外,还可以加入学习共同体、科研社区等,与同行学者和行业专家进行交流甚至合作。

⑤了解学习工具和应用程序。

学习工具和应用程序可以提高学习效率和组织能力,包括在线笔记工具、时间管理工具、思维导图软件等。了解并尝试使用这些工具有助于找到适合自己的学习方式和学习需求的工具。

⑥参考他人的评价和推荐。

在选择学习资源时，可以多参考他人的评价和推荐。阅读书评、学术论文引用、在线课程评分和评论等，可以有助于了解其他人对资源质量和适用性的看法。另外，多向身边的学长学姐、老师请教，虚心听取他们对于学习资源的建议。

2. 培养自主学习能力

自主学习能力是大学生在智能时代必须具备的核心素养。要培养自主学习能力，学生需要掌握有效的学习方法，如阅读技巧、笔记整理、思维导图和复习策略等。同时，培养良好的学习习惯，如定期复习、持续反思和提问能力，从而提高学习的深度和广度。

3. 持续反馈和自我评估

持续反馈和自我评估是大学生自学过程中的关键环节。学生应定期检查自己的学习进度和成果，并寻求反馈和评估。这可以通过自我测验、作业评估、教师建议和同学讨论等方式实现。根据反馈和评估结果，及时调整学习策略和目标。

①定期设定评估时间。

在学习计划中明确设定评估时间，以确保定期进行反馈和自我评估。可以是每周、每月或每学期进行一次评估，具体频率根据个人学习节奏和目标而定。

②回顾学习进展。

在评估时间到来时，回顾自己的学习进展。检查自己是否按计划完成了学习任务，复习所学内容，并思考自己的学习体验和成果。对于学习过程中所采用的策略进行回顾与总结。

③寻求他人的反馈和意见。

寻求他人的反馈和意见是重要的评估方式之一。与同学、学业导师、任课教师或其他专业人士进行交流，分享你的学习成果和观点，听取他们的建议和评价。

④分析学习成果和不足。

对自己的学习成果进行分析，并识别出自己的不足之处。比较预期目标和实际成果，了解自己在知识掌握、技能发展或学习方法上的问题，以便下一步的改进。

⑤自我评估工具和方法。

利用自我评估工具和方法来帮助评估学习进展。例如,设定学习目标并制定评分标准,然后根据这些标准对自己的学习成果进行评分。还可以使用反思日志、学习笔记或自测问卷等工具来记录和分析自己的学习过程和体验。

⑥调整学习策略和目标。

根据评估结果,调整学习策略和目标。如果发现自己在某个领域有不足,可以重新评估学习方法、寻求额外的学习资源或调整学习计划。根据评估的反馈,设定新的目标和行动计划。

⑦培养反思能力。

培养反思能力是持续反馈和自我评估的关键。在学习过程中,及时进行反思,思考学习的效果、学习方法的有效性以及个人的学习偏好和需求。反思有助于深入理解自己的学习过程,并提供改进的方向。

4.适应环境:找到适合自己的学习环境

学习环境是学习资源和人际关系的组合,它是促进学习者发展的各种支持性条件的统合,主要由活动、情境、资源、工具、支架、学习共同体和评价七大要素构成。大学的学习环境与基础教育阶段的学习环境相比差异很大,这种差异对学习的性质、学习者心智的发展等方面都有重要影响。因此,对大学生而言,学习环境主要是指人为引导或自然形成的、影响大学生成长的显性环境和隐性环境相互作用的动态支持系统。大学生学习环境可以分为硬件环境和软件环境:硬件环境主要指图书馆、实验室、教学设施和设备、教材等;软件环境主要指学校规章制度、主流价值观念、校风学风、学术氛围等。学校图书馆、实验室、多媒体教室等环境的不断完善,为学术的创造性和探究性学习提供了前提条件。只有在学校完善的硬件设施设备的支持下,在积极的校园学习气氛影响下,才能够真正实现学生的有效学习。

①图书馆。

图书馆能够提供安静的环境和氛围是学生们选择前往学习的主要原因之一。图书馆的布局有助于在学习时集中注意力。面对书架上琳琅满目的书,自然能给人带来一种想要徜徉知识海洋的欲求。

②自习室。

不同学校的自习室情况不同。自习室可以是学校预留的专门用于学生自习的教室,也可以是当前没有课堂教学安排的空闲教室。由于不同时间段教室中的上课安排各异,所以在空闲教室进行自习容易出现"游击战式"的不稳定性。但是,如果是在课余时间就近寻找一个学习场所,那么自习室是一个不错的选择。

③宿舍。

宿舍也是同学们经常会选择来看书、写作业的场所之一。宿舍的环境与图书馆相比也更加舒适和惬意。然而,在宿舍学习更容易被打扰。一方面,宿舍往往有很多娱乐设备、休闲零食等,这些都会分散注意力。对于自控力相对弱一些的学生来说,在宿舍学习并不利于集中注意力。另外,室友的时间安排各异,很多学校会将不同专业的学生安排在同一宿舍,这更加大了宿舍学习氛围的多样性。

④咖啡厅。

相比上面几种学习场所,在咖啡厅学习成本要高一些,但是,越来越多的学生倾向于选择在品一杯咖啡的同时,自学或与同学讨论问题。在咖啡厅学习对于国外大学生来说早已非常普遍,而中国学生因为文化、社会传统、学校内部或周边条件等因素,近几年才兴起在咖啡厅学习。咖啡厅不同于图书馆,让人在寂静中容易犯困;也不同于宿舍,让人在生活环境下容易走神。咖啡厅集安静工作和灵活社交于一体,适用于不同学习风格的人群。

(二)如何为课程做准备?

1.选课与课表

在进入大学之前,每天要上什么课是被安排的。而进入大学后,每个学期要上什么课程,很大程度上都是自己来决定的。所以,入学第一课,不是上课,而是选课。那么应该如何选课呢? 可以多问问学长学姐的建议,多了解课程信息。对于大学阶段必须完成的学分,一定要提前心知肚明。对于不同类型的课程,可以通过网络检索、旁听课程等方式,广泛、充分了解后再确定自己的选课计划。

2.熟悉校园与教学区域

选课结束后下载并打印一份完整的课表,根据课表中显示的上课地点提前踩点,不要到第一次上课的时候才匆匆忙忙地找教室。与高中不同,在大学阶段,每一门课程都有单独的教室,想要让自己从容地度过每一天,一定要提前将这些信息熟记于心。

3.积极参与破冰活动

开学第一课,很多老师会设计一些破冰活动,让原本不认识的人能够在短时间内迅速熟悉彼此。对于很多人来说,在破冰活动中难免会有些局促无措,但是,这是融入课堂的必修课。那么,如何参与破冰活动呢?

①克服社恐。

"社恐",又名社交恐惧,是指社交所带来的焦虑及其对生活造成的消极影响。随着"社恐"作为一个网络热词被广泛应用,人们经常用它给喜欢远离社交的人贴标签,作为拒绝进行人际交往的理由。所以,"社恐"一词越来越多地被用作一种自我调侃或幽默拒绝。"社恐"是一种心理状态和倾向,而内向则是一种性格特质。许多时候,内向者在社交活动中并不占优势,但这并不意味着他们在逃避或拒绝社交。内向者一般更善于思考,习惯三思而后行,只要能够找到适合自己的社交方式,他们是能够享受社交的。

改变"社恐",关键在于打破原有的固化思维,走出执念带来的迷局。破冰活动会激发"社恐"来袭,此时我们脑海中会出现很多担心、紧张等负面想法和情绪。与其纠结于到底是屈从还是抵抗这些思绪,不如就"随它去"。不要刻意去追随这些想法,也不要执意与焦虑情绪斗争。深吸一口气,平静一下自己的心情,告诉自己,只需做好眼下的事情。慢慢地,你会发现那些焦虑带来的额头冒汗、手心发凉、舌头打结会自己消退。

很多时候,社交焦虑是因为自己太在乎自己。人们常常打趣说,"只要你不尴尬,尴尬的就是别人"。不要太在意别人会怎么评价自己。每个人都有自己的生活,没有人像你想象中那么关注你。你那么担心别人是否会看低自己,其实只不过是把自己放到了世界的中心,将自己设想成了"聚光灯下的主角"。但是,这种设想只是一场"内心大戏"。走出这场"戏",你会发现,与他人的交流会更加舒适。

②学会自我介绍。

提高印象管理能力可以从一些小的方面入手。比如,印象管理的一个有效技巧是练习电梯演讲。电梯演讲时间长度一般不超过1分钟,要求在如此短的时间内对自己或自己想要推销的事物进行基本介绍,并能够给对方留下较为深刻的印象,从而达成相应的自我推荐或营销目标。

【拓展阅读】

电梯演讲

"电梯演讲"一词最早来源于西方职场,是指职场新人进入公司电梯时遇到上司,在这个推销自己的最佳机会中,必须在上司下电梯之前设法赢得他的青睐。电梯演讲看似简短,但想要出彩并非易事。一般而言,电梯演讲一是要求开门见山,良好的开端便是一般的成功;二是需要有吸睛的元素,并能做到化繁为简,演讲要做到快、短、精;三是能够与人快速建立一定的人际关系。如此说来,想要实现这三点,需要反复练习与反思。

打造一次完美的电梯演讲需要做到以下几点。第一,确定自己电梯演讲的目标是什么。例如,想要通过面试、向客户介绍自己的公司。第二,介绍自己,要突出自己的优势,让对方明白你能为他带来什么价值。第三,阐述清楚自己与他人的与众不同,让对方明白为什么要选择你而不是其他人。第四,为了保证对方被你的演讲吸引,可以向对方询问一些有趣的开放式问题,来让对方参与到你的演讲当中。此时一定要做足准备工作,对方很有可能会向你提出反问。第五,将以上部分进行整合,删减不必要的信息,反复练习并及时调整,注意时间最好不要超过30秒。电梯演讲最重要的就是练习,这是一个熟能生巧的技能,通过反复的锻炼可以使你的表达更加自然。同时也要加强肢体语言和面部表情的练习,这样才能更好地传递所要表达的信息。

③保持自己的特点。

不必追求必须成为谁,不必以他人的特点为准绳。做好自己,学会表达与倾听。破冰的核心是与陌生人交谈,这个对于认生的人来说是一个不小的挑战。所以,学会表达自己,认真倾听对方所表述的内容,形成一个自然良性的沟通氛围非常重要。尝试走出自己的舒适圈。破冰活动需要比平时更加主动、积极地与他人配合,因此要多尝试突破一下自我。

(三)适应大学课堂

1. 学会提问

学问,就是学习提问。作为中国学生我们常常会听到这句话:中国学生不像西方国家学生那样善于发问。其实,这并不是说中国学生不善于发现问题或提出问题,而是在中国的文化背景下,十年寒窗养成的单一静听式学习习惯让学生不适应主动发问的学习方式。毕竟,从老师提问到主动发问,这种跨越是很大的。与我们相比,西方国家的大学生在提问时更加"勇敢",他们能在老师讲课过程中更直接地去提出自己的问题,让老师进一步解释和举例,以便使自己更及时地理解知识点。这种"课堂打断"看起来貌似更适合西方文化,因为教师本身是提倡和欣赏的。但是,对于严格遵守师道尊严的中国师生来说,只要我们打破师生间的关系壁垒,也能够更好地激励其主动向老师提问。教师和学生都应当正视相互之间在课堂情境下的双主体性,教师应在教学过程中更加鼓励学生实时质疑和提问。

归根结底,每个人都有很多问题可以问、希望问,甚至急于问。多数情况下,我们在上课时的"不问"不是"不需要问",而是"不敢问",因为我们担心问了可能会被他人笑话,甚至被人认为问题很"愚蠢"。但事实上,"there are no silly questions(没有问题是愚蠢的问题)"。只要是为了求知和获取信息的问题,没有什么所谓的"愚蠢"。不知者不罪,知道问题答案的人也没有必要看不起提问的人,只是知道的时间先后有区别而已。所以,进入大学后的你,要卸下心理包袱,培养自己的提问意识,有勇气说出自己的疑惑,大胆寻求答案。

学会提问,还需要学会把握提问的时机。其实,时机是一个相对的概念,无法按照一个固定的标准去判断什么时候可以提问、什么时候不可以。一般而言,如果在课堂上,教师会留有问答时间,此时的提问多是针对刚刚讲授内容而进行的实时双向反馈,帮助学生更好地判断自己是否学会了,也为教师下一步的教学提供建议。如果此时能够提问,不仅有助于"今日事今日毕",增强学习中的紧迫感,还能够促进知识的即刻性消化和吸收,以避免小洞不补的后果。如果老师在课上提示因为时间关系不能现场答疑,那么不要一味地为了刨根问底而占用仅留下的宝贵课堂时间,而是应该等到课下再去请教老师。

2.基础课程的学习方法

相较于专业课,很多同学对公共课的学习持消极应付的态度,在上课时既不认真听讲,也不愿在课后投入多余的时间与精力,认为靠临时抱佛脚就能顺利地通过考试。然而,结果往往事与愿违。公共课的学习仍然不能掉以轻心,只有掌握高效的学习方法,付出相应的时间与精力,才能取得优异的成绩。

①针对思政教育类公共课的学习方法。

大学思政教育类公共课是大学生必修的一类课程,对于学生的思想观念、政治素养和道德品质等方面有着重要的影响。课程的学习内容往往会涉及较大的知识范围，例如，一门课程可能会融合政治、历史、法律等多方面的学科领域。因此，可以参考以下几种有关思政教育类公共课的学习方法。

第一，了解课程大纲和教材结构，理顺内容框架。在开始正式学习之前，可以先快速简要地了解课程大纲与教材的结构，能够掌握课程学习的重点和难点，有明确的目标以指导自身时间与精力的分配情况，以便更好地安排学习计划。例如，可以通过思维导图的学习方法，借助手绘或电子工具，绘制单元章节中核心要点的思维导图。在学习完某一章节后，及时进行总结，概括出全章、全节的主要内容，即先找到该章节的中心脉络，然后再采用关联记忆法或发散思维法等思路将零碎的知识点串联起来，从而更有利于同学们把握学习的重点。根据章节特色采用不同的设计方法，例如，法律类知识点可以采用知识点并列的布局，将不同类型的法律排列整理；而像中国近现代史纲要这类按照时间顺序进行叙述的课程，则适合采用时间轴的方式来学习具体年份发生了哪些事件、它的标志、作用和影响有哪些等。

第二，制订个性化学习计划。根据课程大纲和教材结构，以及自身的基础知识水平，合理安排学习计划。学生在基础教育阶段就开始接触思政类课程，而不同学段的课程要求掌握的方向以及个人学习基础情况不同。大学思政教育类公共课中与中学阶段相同或相近的学习内容会有着不同的学习难度。学生可以从自身原有的知识水平出发，制订科学合理的学习计划，确保学习的有序性和系统性。例如，在课堂听讲和做笔记时，可以有侧重地选择，注意加强对掌握比较薄弱的知识点的学习与回顾。

第三，阅读相关书籍和资料，利用多媒体资源学习。思政教育类公共课往往涉及的知识面广泛，融合了历史、政治、社会等多方面因素。某个概念的形成受其时代背景的影响，其定义也可能会随着历史变革与社会进步而不断完善，而其影响又可能涉及了人类经济、政治、社会等方方面面。因此除了课堂听讲外，学生还需要阅读思政类的书籍和资料，广泛地获取不同来源的信息，才能用更加全面、成熟的视角来看待某个事件或观点，加深对课程内容的理解，扩大知识面，提高自己的综合素质。同时，多媒体资源是教育信息化时代不可或缺的一部分学习资源，学生可以通过观看相关图片、视频等方式，调动多种感官进行学习，加深对课程内容的记忆与理解。

第四，有意识地培养自己的政治素养和思想观念。大学的思政教育类公共课不仅仅是学习思政类知识,更重要的是培养政治素养和思想观念。因此,在学习过程中,要注重培养自己的独立思考能力和批判性思维,经常关注社会热点问题和社会发展动态,积极参与社会实践和志愿服务等活动,在多种活动中,从内、外在两方面去切身体会社会的发展变革。

②针对外语类公共课的学习方法。

掌握一门外语不仅有助于学术研究,还是未来职业生涯中的一项宝贵的实用性技能。想要学好一门语言,一般要从"听、说、读、写"四个方面入手,这也是英语教学中主要的四个方面。

"听"是要求学生做好最基本的一项任务,即认真听讲。注意老师的发音、语调和用词,模仿并纠正自己的发音。要积极参与课堂活动,外语学习需要大量的实践,而课堂是实践的最佳场所。还可以在课后利用碎片化时间多听英文播客、英语电台、看经典英美剧,让自己深处外语学习的语境中,这样对外语学习的进步能够起到事半功倍的作用。在日常的听力训练中,可以采用"先快后慢"的方法,在听第一遍时着重把握文章的大意,然后再开始精听,边听边写或读,直到写不出来时再听下一句,最后再对照听力原文,进行总结整理。这种训练不仅可以提高听写能力,还可以潜移默化地纠正学生不正确的发音,模仿其语音语调,实现"以听促说"。

"说""读"的训练离不开"听",有了长时间听力的语言环境,开口说外语可以调动学生的注意力与多种感觉器官,增强学生的语感,锻炼口语和发音。通过大量阅读和听力练习培养语感,提高对语言的直觉性理解。积极参与课堂讨论、对话练习和角色扮演等活动,在课余时间适当地阅读英文外刊、杂志等,如《经济学人》。在阅读文章时,不要先急于查找生词的中文含义,而是结合上下文的语境,培养在文章中遇到生词时的阅读理解能力。通过长时间的精读与泛读交叉训练,可以锻炼分析长难句的能力,积累生词与固定搭配,实现"以读促写"。

"写"是另一种表达方式,也是学习外语时具备输入输出的双重功能的学习方式。学生可以通过书写背诵记忆新单词、新句子,也可以通过写作,检验或表达自己的外语学习情况。定期写外语日记或文章,然后请老师或同学进行批改,这样可以提高写作能力和语法水平。在前面"听、说、读"的基础上,了解不同语言国家的文化、历史和社会背景,在写作时自然而然地能够表现出外语学习的水平,这不仅有助于语言学习,还能提高跨文化交际能力。

③针对计算机公共课的学习方法。

想要在大学中学好计算机公共课程,首先要能够理解计算机科学的本质。计算机科学不仅仅是编程,它还涉及算法、数据结构、操作系统、网络等多个方面,需要理解计算机科学的整体框架和各个部分之间的关系。因此,很多计算机课程教材的前几章节都是对概念性知识内容的介绍。面对这部分抽象的知识点时,可以采用联系实际的方法,将抽象的定义与我们日常生活中的实际应用结合起来综合理解。

计算机公共课程的学习方法重在练习与实践,要注重理论与实践相结合。计算机科学是一门实践性较强的学科,只学习书本知识是远远不够的,需要通过实际的上机操作、实验、编程等方式来加深理解和提高技能。实践是最好的老师,可以将所学知识应用到实际生活中,解决实际问题。例如,可以通过开发一个小程序、建立一个网站或设计一个算法来解决某个实际问题,也可以在项目式教学方法的设计中进行学习,以实际项目为载体,通过团队协作、实践操作、问题解决等方式来达成学习目标。在大学计算机公共课中,项目式教学方法有助于更好地理解和应用计算机科学知识,提高其实践能力和解决问题的能力。同时,项目式教学方法还可以激发学生的学习兴趣和主动性,培养其创新思维和实践能力。

3.专业课程的学习方法

由于不同专业的学生需要完成的课程内容不尽相同,在这里我们探讨的学习方法主要从课前、课中、课后三方面进行,同时也鼓励大家根据专业特色和自身实际情况有针对性地加以调整。

①课前。

课前的预习对于大学生深入细致地理解教材是非常重要的。大学的专业课内容往往深奥抽象,不易理解,而且大学课堂具有节奏快、内容多、时间长等特点。如果不提前做好预习工作,很容易跟不上老师的上课节奏,因此建议同学们提前做好预习工作。预习可以分为两个阶段进行,一是在学期初把专业课教材以浏览的方式简单地过一遍,重点是理顺章节框架,建立对课程内容的整体感知,便于在日后的预习中能够事半功倍;二是在每次上课之前围绕教师提出的要求和问题进行探索和思考,理解教材的中心思想和主要内容,并随时记下自己不理解的地方,带着问题去上课,这样听课时才能有针对性。

②课中。

上课时要认真听讲,尤其要针对预习时存在疑惑的地方重点掌握。在听讲过程中,集中注意力,特别是要注意老师重点提到的知识点。结合本节课的重难点分配好自己的时间和注意力,随时记录自己的想法,并将不懂的地方及时记好,在课下可以通过查找资料或询问老师来解惑。上课时要做好记录,这里指的绝对不是像高中一样大篇幅地做笔记,而是结合此前预习中存在的疑难问题以及老师上课时强调的重点做好记录。可以尝试使用康奈尔笔记法完成课上的记录工作(详见 P140)。康奈尔笔记法又被称为 5R 笔记法,主要由记录(Record)、简化(Reduce)、背诵(Recite)、思考(Reflect)以及复习(Review)构成,它将一页白纸划分为笔记栏、线索栏和总结栏三个部分。其中笔记栏用于记录上课内容,线索栏用于提炼重点及要点问题,下方的总结栏则用于总结归纳。同学们在上课时应该完成笔记栏,即 record 这一部分。

③课后。

在上完一节课后,要及时总结,完成复习。做完记录这一环节之后,接下来就需要及时将学习内容简化概括在线索栏里,即 reduce。在背诵时应把笔记栏遮住,依靠线索栏的提示尽可能地复述学习内容,效果会更好。之后在总结区写下自己的思考与体会,做好复习工作,从而把书本知识转化成为自己的认识。值得一提的是,一定要自己独立完成课后作业,尤其是对于理工科的习题,一定要认真阅读教材相关的知识点、公式和实例,自己寻找解决问题的正确答案,而不是照搬照抄其他人的劳动成果。对于理工科类的专业课,建议多在课后复习核心内容并做相关练习题以巩固对知识点的理解与应用;文史类学科专业课则更加注重考查学生综合素养的水平,看待问题的角度、批判性思维与独立思考的能力,需要学生在课后做好充分的学习积累,可以通过大量的广泛阅读,提升主动思考探索的意识,积极查找相关资料,进行发散式思考与学习。

三、高效学习方法介绍

选择学习方法,就像选择餐具。你需要根据就餐的类型来选择餐具,才能真正享受一顿美食,比如,拿刀叉吃西餐牛排,用筷子吃中餐水饺。选择学习方法要先弄清学习的目标和内容。盲信盲从人尽皆知的方法未必能得到梦寐以求的效果,而一味忽略学习方法的作用却会像盲人摸象,始终无法把握全局。那么,如何有的放矢地去选择学习方法呢? 首先,我们需要了解常用的高效学习方法有哪些。学习的方法有很多,将科学的学习方法尽收在自己的百宝箱,可以像哆啦A梦一样,在需要的时候信手拈来。

(一)世界三大学习方法

1. 费曼学习法

我们时常会有一种困惑:为什么耗费了相当多的精力,认真学习了很多东西,却发现就是记不住也不会使用? 其实,很多时候,我们在看似努力地付出,而本质上却只是机械地输入知识。真正的学习,应当能够在知识的输入和输出之间找到平衡。毕竟,衡量学习是否真的发生,核心在于深刻的理解和高质量的输出。这也是世界三大学习法之一的"费曼学习法"所蕴含的要义。

①什么是"费曼学习法"?

费曼学习法源于诺贝尔物理学奖获得者理查德·费曼(Richard Feynman)。费曼是美籍犹太人,理论物理学家,量子电动力学创始人之一,纳米技术之父,被认为是爱因斯坦之后最睿智的理论物理学家。费曼学习法的核心是"以教促学",也就是我们把学过的知识教给别人,从而促进自己对于知识的理解。费曼认为,输出不仅仅是学习的最佳方式,同时也是学习的终极目的。当我们准备学习一门新知识时,必须站在传授者的立场,假设自己要向行外的人讲解这门知识,要用最直接和清晰的语言表达出来。

②为什么使用费曼学习法?

费曼认为,好的学习方法能够为一个人创造宏大的视野和对世界犀利的理解力。费曼学习法是一种世界公认的顶级学习方式,它能够有效地帮助我们真正掌握一门知识。使用费曼学习法,用输出倒逼输入,可以帮助摆脱"假努力"。当我们要学习新知识时,如果用最直白的语言去阐述它,大脑就会从记忆库中提取那些熟悉的信息,在旧的知识和新的概念中产生强大的关联,新知识便容易得到大脑彻底的理解。当我们反复进行这一过程时,知识的输出越多,我们对于陌生事物的联想就越丰富,学习的创新性就越强,最终成功地突破旧知识的框架,得出有价值的新知识。

③如何使用费曼学习法?

费曼学习法可以提炼总结为五个步骤:

第一步:明确学习对象。专注是一切成功学习的基础。选择自己想要掌握的知识和技能,并且要真正地理解和学习它的必要性,从而在这个前提下产生专注力。

第二步:系统理解知识。对所要学习的知识、概念等进行归类、解构和对比,系统地理解这些内容,存优去劣,将我们需要的知识筛选出来,选择合适的方式进行学习。

第三步:输出所学知识。在一个需要向他人讲授知识的场景中"以教代学"。用最简明扼要的语言和方式,帮助行外人理解和掌握相关知识。

第四步:深度回顾与反思。从输出的过程中发现自己不能理解或无法解释之处,回到第二步,弥补薄弱的知识点,修正不准确的观点和认识,直到可以进行再一次的输出。

第五步:内化知识体系。重复上面的步骤,不断地简化和吸收,直到这些知识内化为自己的知识体系,形成牢固的知识网络,并且能够灵活地对其加以运用。

学习的本质,不是知识容量的比较,也不是学位文凭的竞争。究其根本,学习是价值理念的演化,思维方式的革新。费曼曾说过,我们要善于通过学习来"懂得学习"。费曼学习法教会我们,验证是否真正掌握了一种知识,就看能否用直白浅显的语言把它讲清楚。通过使用费曼学习法,我们可以用输出倒逼输入,从而让自己将知识的储量变为知识的增量,在学习中不断构建自己的思维框架。

2. 西蒙学习法

你是否曾疑惑过,为什么自己学习那么用功,但是成绩却总上不去? 其实,很多时候,问题没有出现在能力上,而是在于没有沿着正确的努力方向去掌握最合适的方法。作为世界三大学习方法之一,西蒙学习法能够帮助我们克服学习障碍,锁定目标,专心致志,最终实现提高。

①什么是"西蒙学习法"?

诺贝尔经济学奖、图灵奖获得者赫伯特·西蒙(Herbert Simon)教授曾提出:"对于一个有一定基础的人来说,只要真正肯下功夫,在 6 个月内就可以掌握任何一门学问。"基于这一理论而进行学习的方法通常被称为西蒙学习法。西蒙学习法,也称锥形学习法,是指在短时间内持续地、专注地对某一门学科进行学习,从而让学习变得简单高效。使用西蒙学习法的学习活动像是一把锥子,呈现出一种尖锐猛烈、持续不断的态势。西蒙学习法的提出是基于一项实验心理学的研究成果:一个人 1 分钟到 1 分半钟可以记忆一个信息单元,心理学中把这样的单元称为"块"。每一门学问所包含的信息量大约是 5 万块。如果 1 分钟能记忆 1"块"，那么 5 万"块"大约需要 1000 个小时，以每星期学习 40 小时计算，要掌握一门学问大约需要用 6 个月。

②如何使用西蒙学习法？

西蒙学习法的核心就是：目标单一、持续投入、集中精力。具体而言，使用西蒙学习法包括以下学习步骤。

第一步：明确目标。确定一门需要学习的课程。如果我们为了节省时间而同时进行多门课程的学习，肯定会应接不暇。为了有更好的学习效果，要目标明确且单一。

第二步：合理规划。要以自己的学习能力为标准，拆分课程内容，量力而行地制订学习计划。

第三步：坚持学习。每天学习 6 个小时，持续学习 6 个月，逐个击破每个被拆分的最小部分，最终掌握这门学问。

③西蒙学习法的优点。

首先，节约时间成本。传统学习方法的弊端就是我们在每次学习时，都会发现自己已经遗忘了先前学过的知识。为了继续学习，我们不得不花费时间去复习，这个过程必定会造成时间的浪费。若我们使用西蒙学习法，集中精力去坚持学习一门课程，持续的学习和思考会让我们不易遗忘学过的知识，这也就节省了我们复习的时间。

其次，培养持久的专注力。西蒙学习法的精髓在于一次专心做好一件事。在使用西蒙学习法的过程中，我们针对一门学问持续学习 6 个月，这不仅让我们牢固掌握了学问，还在潜移默化中提升了我们的专注力与持续力。

最后，有利于攻克重、难点。在选择好我们要攻克的学问后，接下来便是拆分这门学问。拆分是降低问题难度的一个非常重要的方法，拆分能将复杂的问题分解为简单的问题，然后各个击破进行解决，这便有利于帮助我们攻克重、难点。

居里夫人曾说过："知识的专一性像锥尖，精力的集中好比是锥子的作用力，时间的连续性好比是不停顿地使锥子往前钻进。"西蒙认为，我们不是缺乏学习的能力，而是缺乏最优化使用认知资源的方法。在海量知识信息面前，我们需要提高时间使用的效率，让自己在有限的时间里做出最大的成绩。所以，学会使用西蒙学习法，让自己像锥子一样钻研，在专注中不断精进，在有限的人生中寻求无限的可能。

3. 思维导图

著名物理学家费曼曾说过："我们要善于通过学习来'懂得学习'，要掌握这种能力,就必须在学习中建立自己的思维框架。"这句话教会我们要在自己的"舒适区"学习。学习的"舒适区"有两个标准:①一个正确而适合自己的学习方向,它符合自身的兴趣;②一个在自己能力范围内的合理目标,它符合自身的能力。学习不只是为了记住什么,而是我们通过学习建立对自己而言最行之有效的思维框架,并将知识运用到实践中,解决生活和工作中的实际问题。现实中不乏记忆力超强的人,但能够在熟练记忆的同时将知识以一种合理的逻辑进行系统化理解的人却少之又少。

人类是视觉动物,对图片的敏感程度要远超于文字。思维导图的最大作用是可以让我们对知识进行横向的拓展,把不同的点以列表、图像、分支的形式展现在一张纸上,让知识的主要节点一目了然。思维导图最初是 20 世纪 60 年代英国心理学家托尼·博赞(Tony Buzan)提出的一种笔记方法。思维导图能够通过视觉表征的方式刺激大脑的图像化思考。当知识被可视化时,我们能以较低的成本高效学习。因为学习在本质上是大脑对信息进行加工的过程,要想提高学习效率,应当第一时间了解到最重要的内容、抓住知识的重点,从而提高大脑对知识的感知速度和效能。我们对外界环境的感知主要是通过不同的感官实现的,而眼睛是获取知识的一条主要通道。为知识画一张思维导图的最主要目的就是扩大眼睛的作用,让知识变得立体化,使它的整体结构通过眼睛传输到大脑,这样可以节省很多精力,不仅有利于把握重点,也有助于理解记忆。

思维导图法并不深奥,其实质在于"归纳和演绎",即将所学进行概括性的梳理,并加以批判性的思考。大部分传统学习方法调动的是我们的左脑力,而思维导图法强调的正是通过图形结构将我们的思维和知识可视化来助力我们的右脑更多更充分地参与到左脑的学习思考之中,最终实现记忆力、思考效率和学习效率的提高。

(二)几种常用的高效学习方法

1.番茄工作法

番茄工作法(Pomodoro Technique)是由意大利学者弗朗西斯科·西里洛(Francesco Cirillo)在 1992 年创立的。这一方法源自他在大学时期使用的一种学习方法。他曾用一个番茄形状的闹钟计时,让自己排除干扰,静下心来进行考试复习。由于该方法效果明显,他后来将其命名为"番茄工作法",并在全球范围内进行推广。

番茄工作法看似是一种定时学习法,但实际上是一套思维和注意力管理的办法,它能帮助你与时间压力化敌为友,不再因为焦虑而难以全神贯注。番茄工作法的原则是"要事第一"。它要求我们首先要在每天早晨做计划,安排好自己当天要做的事情。每天的任务清单不宜过多,重点在于能否厘清事情的优先级。

使用番茄工作法的过程是进行"番茄钟"的工作。一个番茄钟包括25分钟的工作时间和5分钟的休息时间。在这25分钟当中,只能专注于手头的任务,不做任何其他事情。25分钟结束后,进行5分钟的休息。每完成4个番茄钟,就可以进行15~30分钟的休息,利用这段时间处理一些杂事,或者做一些自己喜欢的事情。使用番茄工作法还需要在每天结束的时候进行复盘,回顾当天执行番茄钟的效果,总结没有完成任务的原因,重点关注如何提高自己对时间的预估,从而让后续的时间安排更加合理和高效。

番茄钟具有原子性,不可分割。所以,不存在"半个"番茄钟。如果在进行一个番茄钟的时候被打断,比如,突然要打一个电话、确认是否收到邮件,可以先将这些事情列在待办清单的"计划外事件"下面,不让它占据我们的大脑空间。标记后立即继续手头的工作,等到这个番茄钟完成后,再去安排这些待办事项。如果必须中断来处理一些事情,那就将当下的番茄钟作废,待事情处理完之后再启动一个新的番茄钟。为了防止番茄钟被打断,首先可以缩小番茄钟。25分钟并不是固定的,可以尝试改为15、10甚至5分钟。等到发现自己每天都能完成2~3个甚至更多的番茄钟,我们就可以延长番茄钟到20分钟,最后到25分钟。

2. A4 纸工作法

一张A4纸看起来再普通不过,如果能巧妙使用,可以给我们的学习和工作带来意想不到的惊喜。日本旗舰企划株式会社董事长兼社长三木雄信在他的《A4纸工作法》一书中详细介绍了应当如何使用A4纸管理工作日程、精炼思维过程。在一张A4纸上,将要做的事情、要考虑的问题浓缩到适宜的表单中,以便于将事情的所有方面展现在一个平面上,从全局加以把握,进而提高学习、工作效率,这便是A4纸工作法。

①A4纸工作法的优势。

A4纸工作法的可取之处在于它的简单易行。具体而言,该方法具有以下优点:

第一，方便携带。我们可以很容易地把 A4 纸折叠起来放到口袋里，将 A4 纸叠成一小块带走会比笔记本更加轻便。

第二，书写自由。我们经常会使用便利贴来记录一些碎片化的学习、工作或生活任务。与便利贴相比，A4 纸足够大的版面可以容纳更多的内容。

第三，便于积累。可以用小夹子或活页夹整理 A4 纸。与笔记本相比，A4 纸更容易筛选、整理，便于前后内容的同时比照，让阅读和思考都更加灵活。

②A4 纸工作法的应用。

A4 纸工作法，并非简单推崇一种理论，重点在于在实际中践行。在大学的日常学习中，我们可以在多个方面使用 A4 纸工作法。

第一，时间规划。在开启新一天的学习前准备一张 A4 纸，规划好时间，尽量将一天的计划都浓缩到一张 A4 纸上，这样就能将所有的事情展现在一个平面上，更容易从整体上合理安排。可以使用时间四象限法，让自己根据学习任务的属性，合理规划学习进程，避免因为总是把时间花在"灭火"的紧急工作而盲目内耗。

第二，笔记记录。全球著名的管理咨询公司埃森哲公司提出了"埃森哲笔记法"，将笔记本分成三栏，最上面是题目，左侧是重点，右侧写行动，这样做的笔记可以让"谁在什么时间需要完成什么事情"一目了然，让人能够更加直观地看到每天的工作安排。

第三，背诵单词。用 A4 纸可以帮助提高背诵英文单词的效率，具体采用以下几步：第一步，记完第一个单词，把单词默写到 A4 纸上；第二步，记完第二个单词，默写在上一个单词下面，看一下是否还记得第一个单词；第三步，记完第三个单词，默写在上一个单词下面，看一下是否还记得第二、第一个单词；第四步，记完第四个单词，默写在上一个单词下面，看一下是否还记得第三、第二、第一个单词；直至记完第 N 个单词，默写在上一个单词下面，看一下是否还记得第 N−1、N−2、……第 1 个单词。

第四，自我反思。可以在睡前对一天当中遇到的问题进行反思。首先，在 A4 纸上写出遇到的问题，然后，针对这个问题，写出相应的对策。最后，把写出来的对策分为"今天能做的事"和"明天以后能做的事"。一张普通的 A4 纸，可以让烦琐的学习简化，让凌乱的任务清晰。学会使用 A4 纸工作法，通过不断自问，让想法更具条理性，让自己的思维不再受限。

3. 康奈尔笔记法

不动笔墨不读书。好的笔记记录习惯能够帮助我们将日常所见所闻及时保存,也能让我们在学习的过程当中更加事半功倍。

①什么是"康奈尔笔记法"?

做笔记是学习过程中最普通的一件事。但是,你真的会做笔记吗? 做笔记并不单纯是为了记录老师上课讲授的内容。笔记可以帮助我们进行知识再现,加深对所学内容的思考,总体把握知识要点和脉络。好的笔记能够提高学习效率,增强学习效果。康奈尔笔记法便是一个帮助学生提高做笔记能力的法宝。

康奈尔笔记法是由美国康奈尔大学的教育学教授沃尔特·鲍克(Walter Pauk)等人发明总结,并以康奈尔大学命名的。该方法首次被提出是在《如何在大学学习》(*How to Study in College*)这本书中,旨在帮助学生有效做笔记,通过提升笔记的系统化水平,降低新知识的学习难度,从而提高学习效率和知识转化率。

康奈尔笔记法把一页纸分成了三部分:主栏、副栏和总结区。简单说,就是左边四分之一左右和下面五分之一左右的空间单独划拨出来。纸张右边部分叫作主栏,左边部分为副栏,最下方是总结区。

课程名称/笔记名称/记录日期	
副栏 提炼要点、关键词等	主栏 记录上课的内容,尽量保持简洁
总结 用自己的语言总结概括中心思想,归纳学习心得、疑问等	

图 5.1　康奈尔笔记法

①主栏:"主要笔记栏",用来记录课堂笔记或者读书笔记,内容应该较为详细。

②副栏:"重点栏",是用来总结右侧详细的笔记内容的一栏。需要理解笔记内容之后,写出重点,加以概括。

③总结区:"总结补充栏",对于所有笔记内容进行总结。可以用自己的方式复述总结,也可以针对笔记中的内容去记录一些经典例题。

康奈尔笔记法也称为"5R 笔记法",这 5R 也代表了做笔记的五项重要步骤,具体如表 5.1 所列:

表 5.1　5R 笔记法

Record	记录	在听讲过程中,在主栏内记录有意义的知识内容
Reduce	简化	下课后,及早将主栏的知识内容在副栏中进行重点概况
Recite	背诵	遮住主栏,根据副栏中的重点概括尽量完整的叙述主栏中的知识内容
Reflect	思考	将自己的听课随感、意见、经验体会之类的内容,记录在总结区中
Review	复习	每周花一些时间,快速复习笔记

②使用康奈尔笔记法的几点建议。

精心选择:在选择需要记忆的知识内容时,应当详略得当,合理标记笔记中的重点词语和句子,拒绝"眉毛胡子一把抓"式的学习,让自己能够在理解和记忆的过程中将知识点形成"牵一发而动全身"的知识网络,从而减轻学习零散知识点的记忆负荷,提高学习的效率。

积极概括:整理、复习笔记并不是机械地重复,而是个性化的知识提取与加工。用好康奈尔笔记法,需要在整理笔记时既有"输入",也有"产出"。在副栏或总结区中用自己的话语来概括知识内容,写下自己的学习总结和反思。在这一过程中,你会发现自己的思路会愈加清晰,对所学内容的理解也会愈加深入。

及时整理:笔记的整理具有一定的时效性。如果记录和整理的时间间隔太长,很容易在进行提炼和总结的时候出现偏差甚至错误。所以,养成课后及时整理笔记的习惯,让自己在对课上内容还记忆犹新的时候去归纳和反思所学内容的重点。及时复习、多次总结才是康奈尔笔记法的核心所在。

康奈尔笔记法作为一种高效记录和复习的策略,一经提出便风靡全球,受到各国老师和学生的喜爱。希望这个方法也能为你的学习助力,让你更加高效地做笔记。

4. SQ3R 阅读法

大学阶段是阅读的黄金时期。进入大学后,高中时的题海战术已经不再,会有更多的时间或是徜徉于专业书籍的阅读,或是沉浸于经典书目的欣赏。SQ3R 阅读法又称五步阅读法,是由美国教育心理学家弗朗西斯·罗宾逊(Francis P. Robinson)于 1946 年在其著作《有效的学习》(*Effective Study*)中首次提出的,旨在帮助学生提高阅读效率,提高记忆效果。SQ3R 是由五个英语单词的首字母命名的,分别为 survey(预览)、question(提问)、read(阅读)、recite(复述)和 review(复习)。SQ3R 阅读法是一种非常有效的精读法,能够帮助我们在阅读中逐步深入,积极探索深层内涵,详略得当地掌握所读内容。该方法的具体使用步骤如下:

第一步:Survey,即浏览,是指通过阅读要学习的材料的部分章节,比如章节要点、概要、学习目的列表、序言、结语等,对整个资料做个概览,从而获得对整个材料的总体把握。

预览不是漫无目的地随手翻翻,而是带有明确目的地整体把握一下全文或全书的主要内容和主要逻辑脉络。如果面对一篇长文,则通过摘要、前言、大小标题、图表(理解起来比文字更快)、部分段落的观点句、高亮加粗部分等下手;如果面对的是书籍,那么前言、目录里的各章节纲要,则是从重点部分入手,整体预览时间控制在 5 分钟左右为宜。在统揽全局的基础上,带着“结构”去后续内容中寻找细节和答案,有助于整体阅读的消化吸收。好比脑中带着一副活地图去游乐场或景点,自然会更加游刃有余,更能收获极致的体验。

第二步:Question,即提问,在正式开始详细阅读资料片段之前,要能够提出明确而简洁的问题,并且最好是将这些问题写下来,以便在阅读过程中不断思考和回答。这一步建议学习者在阅读正文之前通过简化版的 Survey(预览)对每个章节或模块做初步的自问自答(预览),“这一节主要讲了什么?”“这里作者重点想表达哪类观点?”“我存在哪些困惑?”“对此部分的知识和观点我有什么深度的理解?”通过这样的自问自答实际上是第一步 Survey 的缩小版,总览整个小章节或模块的基本结构和核心思想。

第三步:Read,即精读,这也是 SQ3R 中最重要的一步。我们需要认真、积极并且批判性地阅读。在阅读过程中会发现新的问题接踵而至,但这恰好是自我提升的好时机。我们可以细想所阅读材料的含义,思考可能的例外和矛盾之处,检验书中的假定等。在第二步的基础上开始进一步深度阅读,相当于在之前大脑里已经搭好的框架基础上丰富其各个部分的论据和细节,阅读的目的就是帮助我们通过这些举例、图表、故事、论证逻辑等深化我们对论点的吸收和理解。

第四步:Recite,即复述。在这个过程中,可以给自己或者学习伙伴重述或者解释一下所阅读的材料,也可以回答自己早些时候提出的各类问题,而且最好是大声地说出来,从而帮助自己记住更多的内容。

第五步：Review，即温习，这是记住自己所学习材料的必要条件。通过对前面几个步骤的重新回顾和反思，能够让自己注意到资料的不同部分是如何整合在一起的，同时也有助于发展学习者对学习内容的全景式认知。

第三节　技术支持的新型学习

一、学习方式的变革历程与趋势

（一）强基时代：学习方式的微调

强基时代的初级阶段是以教学环境变革为主要特征的。1995年颁布的《中华人民共和国教育法》首次以法律条文的形式提出电视教育、现代化教学手段等。在该阶段，人工智能以信息技术的基础设施为主要具象出现在教学环节中，教育的信息化、数字化概念得到初步认可与推广。由于经济条件限制，仅有少数学校能开展计算机教学，这一时期高校学生的学习方式几乎与传统学习方式无明显差异。

在强基时代的发展阶段，政府不断加快信息化基础设施建设，相继出台《关于电化教育工作的初步规划（讨论稿）》《1992—2000年少数民族和民族地区电化教育发展纲要》等文件，旨在缩小城乡教育硬件差距。在这一时期，高校作为主阵地率先开设信息技术课程，自上而下地向中小学计算机（软件）教育课程延伸。人工智能开始以功能性基础软件活跃，大学生的学习方式虽然没有明显变化，但人工智能已成为辅助性学习工具进入学生的学习与日常生活，逐渐成为影响其学习方式的因素。

2012年3月，教育部印发的《国家中长期教育改革和发展规划纲要（2010—2020年）》明确指出以教育信息化带动教育现代化是我国教育事业发展的战略选择，这标志着强基时代正式进入高级阶段。这一时期，教育信息化的基础设施基本普及，大学生已具备一定的信息应用能力，我国高校的教育信息化工作从信息技术基础设施与环境建设向信息技术手段在教育教学中的常态化应用方向转变。随后，"班班通"和"人人通"工程开始在全国推进，教育信息化由基础设施建设转向资源和环境的共享与应用。2015年，全国约有1/4的高校率先实现了从现实校园到数字校园的过渡。得益于电脑和手机的生产力水平在该时期内大幅飞跃,人工智能以各类软硬件形态活跃于高校,在一定程度上推动了大学生学习方式与信息技术的融合发展。

(二)跃迁时代:学习方式的重构

经过强基时代的建设,教育信息化引发的量变不断扩围,亟须进行阶段性总结和面向未来跨越升级的展望。《教育信息化 2.0 行动指南》可被视作跨入新时代的门槛,该指南以大数据和智能技术为触点,旨在重构全新教育生态,形成具有国际先进水平的教育信息化方案。2017 年 7 月,国务院发布的《新一代人工智能发展规划》明确提出推动人工智能在教学、管理、资源建设等方面的全流程应用,促进人才培养模式和教学方法改革,构建新型教育体系。随后,政府发布了《中国教育现代化 2035》《关于促进在线教育健康发展的指导意见》《教育部关于加强"三个课堂"应用的指导意见》等一系列文件,为新时代的教育信息化赋予了新的使命。

不同于强基时代借助大量资金推动信息技术的物质建设,跃迁时代的教育信息化发展依赖于信息技术的原始创新和集成式多元创新,以及相应教育理念与教育机制的配套更迭。作为教育信息化演变的时代主体,人工智能的跃迁渗透了大学生的学习链,在学习方式上的重构作用尤为显著,例如,数字教育资源改变了大学生获取知识的方式、途径和速度,人工智能教师的出现刷新了高校学生的世界观与伦理观,学习文化的多元化开拓了高校学生的视野。跃迁式发展的人工智能与高校学生的学习资源、学习对象及学习文化等一系列变革产生了强烈的化学反应,形成了全新的学习方式。

这一时代,人工智能正式以数字资源、VR 资源、AR 资源、3D 裸眼、全息投影等高新技术的形式登上历史舞台,大数据、神经元智慧网络等的出现使得人工智能以教师的身份参与到高校学生学习活动中。学生与人工智能组合而成的人机共同体成为学习活动与社会交互的基本单元,最终形成多人机组成的分布式联通学习网络。线上教育的灵活性、扩展性、可复制性等优势在大学生的学习方式变革中得到强势体现,这也在一定程度上证明了人工智能发展至今已成为促进新时代教育行为和教育要素优化与重构的关键。

(三)未来时代:学习方式的蓬勃

在未来时代,学习资源、学习对象、学习时间和空间将无边界发展,学生可以随时随地进行学习,在线教学与传统课堂教学交替衔接,学生与人工智能形成人机互补的学习共同体。人工智能影响学习方式的生态路径大致为:动态感知学生的学习需求,帮助制定学习计划,搜集学习资料,管理学习进程,引导完成课后作业;结合学生的兴趣和特长,帮助设计个人发展规划,遴选课外活动,动态生成各类活动记录,引导学生进行课后反思;帮助学生组成学习小组,构建人机高度结合的学习共同体,充分发挥个人特长和人工智能的优势,协同完成学习任务。

在未来时代,信息聚合技术和超微精密机械等前沿科技力量将为大学生选取所需的学习资源,并提供支持与保障。在此基础上,学习文化多元化的趋势将直接引领大学生的各种学习方式深入发展。

二、数智化时代下学习的新变化

人工智能对人们日常生活的影响越来越广泛而深远,正在不断颠覆各个领域的认知。作为推动社会进步不可或缺的因素之一,高等教育也受到人工智能技术的影响和冲击。人工智能技术与教育教学的深度融合不仅提供了更多机遇,也改变了高校的学习生态,使多种智能化教学方式如雨后春笋般出现。

(一)学习资源海量化

在数智化时代,学习资源不仅是学习内容的载体,如教材、试题库,还包含学习者在使用学习资源过程中的支持服务,如资源检索、下载,更包含学习者使用资源的过程及产生的学习产品,如学习笔记、讨论文本。在万物皆可"云"的时代,井喷式的流量数据与传统意义上的学习资源产生了紧密交融,形成了以学习资源海量化为首要特征的学习环境。从文科到理科到工科,从教师到学生到课堂,与学习资源相关的一切都与人工智能元素一同处于大融合进程之中,学习资源海量化将成为高校学生变革学习方式的首要因素和重要契机。

(二)学习对象多样化

传统的教学模式以知识传授为主,学生通过教师讲授进行学习,机器的定位是学习的载体与工具。然而,当各种学习软件、线上课程甚至是手机和电脑上的语音助手都能做到传道、授业、解惑时,多样化的人工智能教师便应运而生。高校学生开始表现出学习对象的身份认同转移,不再将教师视为唯一传授知识的角色,而人工智能终端也不仅仅是载体和工具。目前,部分人工智能学习分析技术的使用已能取代人类教师的部分教育教学职能,若能统筹规划、综合运用,有望完全替代人类教师的整个教学过程。因此,对于大学生而言,人工智能教师已实质性存在,由原先单一的、易受时空、经济、认知等多种因素影响而打上强烈个人色彩的人类教师,向随科技发展、算法演进的规律型人工智能与人类教师共存的模式转变,学习对象的多样化为大学生选择学习方式带来了极大自由。

(三)学习文化多元化

学习文化是一种以学习为取向的特殊文化形态,是学习者在学习过程中产生的一种为共同体成员一致认可的存在,具有鲜明的时代导向性,其生成与变化受成员、制度、地域等因素影响。近年来,以人工智能为代表的新兴科学技术崛起,在加快各类学习文化产出的同时,其本身也成为新型学习文化之一。在学习资源海量化和学习对象多样化的时代,信息更新速度快、换代周期短,"教师教、学生学"的被动式学习方式已不再适用,自主性学习日益重要,小组学习、学习共同体等合作学习文化被越来越多的大学生所接受。泛在学习、远程模拟情境学习等推动了基于终身学习理念的学习文化广泛传播。依托于人工智能学习网络,古与新、内与外、守与破的各类学习文化及其理念持有者相互争锋,学习文化也呈多元化发展,大学生可以根据个人文化理念选择适合自己的学习方式。

三、数智化时代下的新型学习方式

人类要想适应数智化时代的学习,就必须转变传统学习观念,建立更加多元、灵活和个体化的学习方式。

(一)深度学习

深度学习是整合性的概念,强调运用知识和技能提高自身素质,优化现有知识和能力结构以适应新领域和新情境,最终达到对学习策略和学习行为预设、反思和调整的优学秉性。人工智能分为计算智能、感知智能和认知智能,能加快重构知识结构,促进高校学生向深度学习跃迁与递进。借助机器学习、语音识别、图像识别等新兴人工智能技术,高校学生可获得多层次、多类型的复合学习体验,建立新旧知识内容与结构的联系,创建一种集自适应学习、思维可视化表征、实践体验、智能评价等多功能于一体的复合学习情境。

在未来时代,以深度学习为蓝本的学习方式将着重于提升高校学生的高阶思维能力。智能推理、知识图谱、表征学习等未来重点发展的人工智能技术可以锻炼高校学生的逻辑思维和创新创造能力,促进知识的深层次加工。以知识图谱为例,人工智能根据高校学生画像向外辐射并收集相关信息,将之统合为数个图谱方案,并提供包括图谱检索、图谱可视化、图谱结构分析、图谱语义分析数据集统计等多项应用在内的知识图谱系统,辅助高校学生完成各种复杂的分析应用和决策支持。基于人工智能的搜索从海量学习资源中选取并呈现个性化内容,高校学生得以在重构的学习情境中提高信息感知能力和知识建构效率,最终实现整体提升。

(二)无边界学习

无边界学习旨在打破传统教育在层次、类型、时空、年龄等方面的边界,将学生作为学习主体与教学中心,强调"四个任何":在任何时间(any time)、任何地点(anywhere)可以对任何内容(any content)以任何形式(any format)开展学习活动。从人工智能教育发展态势来看,无边界的教育体系已初具规模,高校、课程、教师、辅导员等传统认知都得到了重新定义,无边界学习理念将重塑高校学生的学习方式。现阶段,高校普遍以新一代人工智能技术为抓手,建设智慧学习环境、智慧校园等,使学生突破现实学习场所与虚拟学习空间的界限。在边界模糊的学习情境下,高校学生的学习自由度显著提高,学科之间的边界被打破,各学科知识串联互补,成为全面贯通的课程结构和内容体系。在未来时代,以无边界学习理念为基础而进行的高校学生学习方式变革将进一步聚焦无边界特点并持续演进。无边界学习顺应了以网络资源为主的学习形态的碎片化特点,将不断强化其特性,直至实现真正意义上的"四个任何"。

(三)混合式学习

混合式学习是在线学习与传统学习有机结合的一种方式,既遵从了教师的引导作用,又满足了学生开展自主学习的需求。对于高校学生而言,混合式学习是翻转课堂与传统课堂的结合,是教师的传授指导与学生间研究探讨的结合,是整合性学习与碎片化学习的结合,是师生互动与生生互动的结合,是课堂学习与课外学习的结合。

　　混合式学习结合了在线学习门槛低、投入资金少、时间地点灵活等优势和传统课堂教学中教师主导性强、效率高、稳定性好等优点。借助大数据、多屏显示、移动直播与智能录播、表情与行为识别等人工智能技术，传统课堂教学活动（如讲授、演讲、陈述、评价）与网络在线教学活动（如直播课堂、在线讨论、在线协作、在线评论）在混合式学习空间中共存。同时，人工智能的情感学习技术将加快建立和谐人机环境，蕴藏于师生线上线下交流中的情感将被捕获，经分析与解读后推动浸润式情感教学的全面普及，提升高校学生对自身学习状态和学习兴趣的明晰程度。

　　人工智能对混合式学习的着力点在于打通线上线下知识体系，建立智能学习路径以调控学习进程。大学生借助大数据分析，将学科知识体系分化为独立知识元，对自身学习行为和知识储备进行全面分析，运用人工智能列出详细学习计划，找出疑难点，并定期开展自查，适时调整学习计划，最终形成卓越的良性混合式学习闭环。

（四）共同体学习

　　共同体是指一群具有相同身份的人在同一区域基于同一思想而形成的统一体，强调相似性与共同性。学习共同体的定义众说纷纭，既被视作一种抽象的未来愿景、教育思想、精神理念，也被视为课堂、校园、家庭乃至网络上的实体组织，其内涵主要包括共同意识、身份认同、合作协商、自主性与反思性等。所有学习者与助学者主动参与到共同体学习中，形成共同意识与目标，通过主动探索、协商合作、反思改进，才能收获共同体学习成果。

　　由于人工智能正处于跃迁时代迈入未来时代的进程中，以学生和机器构成的人机共同体将成为学习网络中新的基本单元。同时，传统的师生共同体和生生共同体将因人工智能的泛联而变得更为紧密。人工智能通过采集学生数据，不断强化其之间的协同性，以共同目标为导向，持续推进个体对知识的建构，既继承差异性，又共享共同体中的多样性。地域与时间的边界被打破，多个人机共同体与传统的师生共同体、生生共同体等建立联结，形成辐射极广的分布式联通学习网络，帮助学生获取多元而丰富的学习支持。

　　在未来时代，人与机器组成的共同体（包括师生、生生、机生、机师等）得到落实，在物理层面得到满足后，变革将向着学习共同体理念的逻辑内生化发展，尤其是学科之间的边界将被打破，以跨学科为特色的学习共同体将成为未来趋势。跨学科学习共同体的发展将趋向于使不同学科的高校学生在互动交流中养成跨学科思维，以构建解决问题的跨学科学习方案。丰富的跨学科学习资源为学生提供了学习工具、学习内容和学习环境，使学生可以自由掌握跨学科学习的广度与深度，融合多学科知识解决学业、生活、职业等问题。总之，人工智能辅助下的跨学科共同体很好地延续了知识的连贯性，大学生的多学科知识综合能力得以强化，能够运用整体思维解决复杂问题。

【拓展阅读】

碎片化学习

你是否总感觉时间不够用？你是否经常希望能够有更多时间，让自己更从容地学习和生活？用好碎片化时间，让你的时间余额不再亏空。

"时间就像海绵里的水，挤一挤总会有的。"其实，很多时候，我们不是缺少时间，而是缺少用好时间的策略。在快节奏的今天，我们的时间被各种事情切割地支离破碎。学会使用碎片化时间，能够帮助我们聚零为整，用看似不起眼的"小"时间，让自己更有成就感。

什么是碎片化时间？碎片化时间是分散性的零碎时间。等公交车、坐地铁、排队……这一件件日常小事占用着我们一天当中很多不起眼的几分钟、十几分钟。

这些零星的时间碎片，因为短暂而容易让人忽略，即使身在其中，也很难清晰地感知时间的流逝。所以，在这短短的几分钟、十几分钟当中，我们很容易在刷朋友圈、看小视频、做白日梦的闲暇中虚度。然而，如果能将这些点点滴滴的碎片化时间利用起来，你会欣喜地发现其实自己的生活还可以更加从容。

如何使用碎片化时间？

第一步，做好准备工作。

"不积跬步无以至千里，不积小流无以成江海。"想要用好碎片化时间，首先要做好充分的准备工作。

记录碎片化时间。重新审视每一天的生活，整理和记录可以利用的碎片化时间。比如，起床前的 20 分钟、通勤的 1 个小时、饭后的 20 分钟。

制定详细的目标。大部分碎片化时间是分散在每天日程的角落里，很容易被忽视和遗忘。所以，高效利用这些时间需要有明确的计划。给自己列一个详细的清单,比如,坐公交车的 10 分钟背几个英语单词,早晨洗漱的 3 分钟构思一天的日程安排。

远离"时间杀手"。在这个手机不离身的时代,刷一会儿朋友圈、看几段短视频是一种再普通不过的时间消磨方式。然而,这些带给我们的是对时间感知的消退,在分分秒秒中失去对时间的掌控。只有远离这些时间"杀手",做好自己的"时间守护者",才能更好地保护碎片化时间。

第二步,明确各种碎片化时间的使用方式。

如果是 10 分钟甚至更短的碎片化时间,可以用它来做一些简单的小事,为自己充充电。例如,给家人朋友打个电话,即使简单的几句问候,也会让彼此心中充满温暖。抑或是整理一下书桌,在日程本上复盘一下当天的"小确幸",背诵几个英语单词。这些我们需要做却常常因为忙而忘却的小事,可以在碎片化时间中轻松完成。

如果碎片化时间是 20~30 分钟,那么,可以用来做一些更加复杂但不太烦琐的事情。例如,翻看几页自己喜欢的书,看一段 TED 演讲,原地跳绳、做几个开合跳和高抬腿,或者在附近散散步、慢跑一会儿。这些看似不起眼却很有意义的事情能够让我们感到充实,而碎片化时间可以督促我们行动起来,让我们在学习和工作之余,缓解疲劳并且更加健康。

第三步,保证充足的睡眠。碎片化时间往往是在一些较为正式、重要的学习和工作任务之间的一小段时间空隙。用好碎片化时间需要有充沛的精力去"见缝插针"。养成一个良好的作息习惯,不要熬夜,保证睡眠,才能让自己在一天当中元气满满,真正享受使用碎片化时间所带来的愉悦。

那么,怎样避免碎片化时间的使用误区呢?

一方面,选择恰当的任务。进行一项完整的学习任务时,需要持久的注意力。如果在碎片时间进行较为正式的读书、写作,整个学习进程很容易被打断,对时间的利用率并不能达到理想的程度。因此,如果一项任务需要相对完整的时间和高度集中的精力,那么尽量不要将它安排在碎片化时间中完成。

另一方面,注意劳逸结合。时间固然宝贵,但不要为了用好时间碎片而让自己陷入疲惫不堪。用一些相对固定、完整的碎片化时间去处理需要一定脑力的事情,而那些更为零碎且短暂的时间可以用来冥想、做一下伸展运动,让自己能够放松下来,进入劳逸结合的良性循环。

本章小结
SUMMARY

　　我们强调学习方法的重要性，但并不意味着忽视勤奋。勤奋和方法如同鸟之两翼，缺一不可。勤奋如果是汽车的发动机，方法则是方向盘。在任何情况下都不能偏废一方。不要一味地拼体力、熬时间，以巧取胜才能享受学习。

第六章　调节学习心理

学习是一项极为复杂的心理活动。学习心理在学习活动中有着激励、定向、调控等功能。可以说,学习的过程,既是认知探索的过程,也是心理调适的过程。积极的情绪和态度是促进学习的一剂良药。学会学习,关键的一环是学会调整学习心理。

第一节　大学生心理健康与情绪调节

一、心理健康概述

(一)心理健康的含义

心理健康是一个人健康水平的关键评价标准。所谓心理健康,是指在心理、智能以及感情上与他人的心理健康不相矛盾的范围内,将个人的心境发展成最佳的状态。心理健康的个体在适应环境的过程中,生理、心理和社会性方面都能够协调一致,并且保持一种良好的心理功能状态。心理健康的理想状态是保持性格完好、智力正常、认知正确、情感适当、意志合理、态度积极、行为恰当、适应良好的状态。心理健康是一个相对的概念。心理健康不像身体健康那样具有明显的生理指标,想要辨别心理健康并非易事。因此,目前国内外学界对于心理健康的界定尚未统一。1946年举办的第三届国际心理卫生大会将心理健康定义为"在身体、智能及情感上与他人的心理健康不相矛盾的范围内,将个人的心境发展成最佳的状态。"世界心理卫生联合会将心理健康定义为"身体、智力、情绪十分调和；适应环境，人际关系中彼此能谦让；有幸福感；在工作和职业中能充分发挥自己的能力，过着有效率的生活。"《简明不列颠百科全书》将心理健康解释为"心理健康是指个体心理在本身及环境条件许可范围内所能达到的最佳功能状态，但不是十全十美的绝对状态。"

总体而言，心理健康是一个多维度的概念，涵盖了个体在认知、情感、行为和人际关系等方面的平衡和适应能力。心理健康的概念是随着时代的变迁、社会文化因素的影响而不断变化的。心理健康可以从广义和狭义两个角度去理解。从广义上讲，心理健康是指一种高效而满意的、持续的心理状态，在这种状态下，人能做出良好的反应，具有生命的活力，而且能充分发挥其身心潜能。从狭义上讲，心理健康是指人的心理活动的基本过程内容完整、协调一致，即认识、感情、意志、人格、行为完整和协调，能适应社会。

(二)心理健康的标准

人的心理世界是复杂多样的，每个人随时随地都可能产生不同的心理问题。因此，在不同的视角下，心理健康的含义不同，衡量标准也有所不同。确立心理健康标准的核心是：凡是对一切有益于心理健康的事件或活动作出积极反应的人，其心理便是健康的。

美国心理学家马斯洛将心理健康的标准概括为十个方面：①有足够的自我安全感；②能充分了解自己，并有恰当估计自己的能力；③生活理想切合实际；④不脱离周围现实环境；⑤能保持人格的完整与和谐；⑥具有从经验中学习的能力；⑦能保持良好的人际关系；⑧能适度地宣泄情绪和控制情绪；⑨在符合社会规范的前提下，能有限度地发挥个性；⑩在不违背社会规范的前提下，能适当地满足个人的基本需求。

美国心理学家罗杰斯提出，一个心理健康的人具备五个特点：①能接受一切经验；②可时刻保持生活充实的状态；③相信自己的机体；④有自由感；⑤具有高创造性。

我国学者黄希庭教授曾提出判断心理健康的五条标准，具体包括：①个人的心理特点是否符合相应的心理发展的年龄特征；②能否坚持正常的学习和工作；③有无和谐的人际关系；④个人能否与社会协调一致；⑤有没有完整的人格。

北京大学王登峰教授等曾提出八条标准，包括：①了解自我，悦纳自我；②接受他人，善与人处；③正视现实，接受现实；④热爱生活，乐于工作；⑤能协调与控制情绪,心境良好;⑥人格完整和谐;⑦智力正常,智商在 80 以上;⑧心理行为符合年龄特征。

综合国内外专家学者的观点,根据大学生这一特殊群体的年龄特征、心理特征和社会角色特征,一般将我国当代大学生心理健康的基本标准总结为以下方面。

1. 智力正常

智力是指一个人认识能力与活动能力所达到的水平。智力是人的观察力、注意力、记忆力、想象力、思维力、创造力和实践活动能力等的综合,包括在经验中学习或理解的能力、获得和保持知识的能力、迅速而又成功地对新情境做出反应的能力、运用推理有效地解决问题的能力等。

智力正常是保障大学生学习、生活和工作的最基本的心理条件,是大学生胜任学习任务、适应周围环境变化需要的心理保证,也是衡量大学生心理健康的基本标准。一般来说,大学生的智力是正常的,甚至相对于同龄人,其智力总体水平较高,因而衡量大学生的智力关键要看大学生的智力是否正常地、充分地发挥了效能。大学生智力正常且充分发挥的标准是:有强烈的求知欲和浓厚的探索兴趣;智力结构中各要素在其认识活动和实践活动中都能积极协调地参与,并能正常地发挥作用;乐于学习。

2. 情绪健康

情绪健康的主要标志是情绪稳定和心情愉快。这是大学生心理健康的一个重要指标,因为情绪在身心健康中起着核心作用,情绪异常往往是心理疾病的先兆。大学生的情绪健康应包括以下内容:①愉快情绪多于不愉快情绪,一般表现为乐观开朗、充满热情、富有朝气、善于自得其乐、对生活充满希望等;②情绪稳定性好,善于控制和调节自己的情绪,既能克制约束,又能适度宣泄,不过分压抑,使情绪的表达既符合社会的要求,也符合自身的需要,在不同的时间和场合有恰如其分的情绪表达;③情绪反应是由适当的原因引起的,反应的强度和引起这种情绪的情境相符合。

3. 意志健全

意志是人在完成一种有目标的活动时所进行的选择、决定与执行的心理过程。意志健全者在行动的自觉性、果断性、顽强性和自制力等方面都表现出较高的水平。意志健全的大学生在各种活动中都有自觉的目的性,能适时地做出决定并运用切实有效的方法解决所遇到的各种问题,在困难和挫折面前,能采取合理的反应方式,能在行动中控制情绪和言行,而不是盲目行动、优柔寡断、轻率鲁莽、害怕困难、意志薄弱、顽固执拗或言行冲动。

4. 人格完整

人格是指个体比较稳定的心理特征的总和。人格完整是指有健全统整的人格,即个人的所想、所说、所做都是协调一致的。大学生人格完整的主要标志包括:①人格结构的各要素完整统一;②具有正确的自我意识,不产生自我同一性混乱;③以积极进取的人生观作为人格的核心,并以此为中心把自己的需要、愿望、目标和行动统一起来。

5. 自我评价适当

适当的自我评价乃是大学生心理健康的重要条件。大学生是通过在现实环境中与他人互动以及亲身实践来认识自己的。一个心理健康的大学生对自己的认识是符合事实的、有自知之明的,能够对自己的优点感到欣慰,但又不至于狂妄自大,对自己的弱点既不回避和否认,也不自暴自弃,而是善于正确的"自我接受"。

6. 人际关系和谐

人总是处在一定的社会关系中,大学生也同样离不开与人打交道。和谐的人际关系既是大学生心理健康不可缺少的条件,也是大学生获得心理健康的重要途径。大学生的和谐人际关系表现为:①乐于与人交往,既有稳定而广泛的人际关系,又有亲密无间的知心朋友;②在交往中保持独立而完整的人格,有自知之明,不卑不亢;③能客观评价别人和自己,善取人之长补己之短,宽以待人,乐于助人;④积极的交往态度多于消极态度;⑤交往动机端正。

7. 适应能力强

较强的适应能力是心理健康的重要特征,不能有效处理与周围现实环境的关系是导致心理障碍的重要原因。心理健康的大学生应能和社会保持良好的接触;对社会现状有较清晰正确的认识,思想和行动都能跟得上时代的发展步伐,与社会的要求相符合;当发现自己的需要和愿望与社会需要发生矛盾时能迅速进行自我调节,以求和社会的协调一致,而不是逃避现实,更不是妄自尊大、一意孤行、与社会需要背道而驰。

8. 心理行为符合年龄特征

在生命发展的不同年龄阶段,人们都有相对应的心理与行为表现,从而形成不同年龄阶段独特的心理与行为模式。心理健康的人具有与同年龄段绝大部分人一样的心理与行为习惯，所以大学生应具有与年龄和角色相适应的心理行为特征。若一个大学生经常严重地偏离这些心理行为特征，则有可能是心理异常的表现。

(三)心理健康的特点

1.相对性

一个人是否心理健康与是否有健康的心理和行为并不完全是一回事。人的心理健康具有相对性，与其所处的年代、环境、年龄、文化背景等方面的因素有关。不能仅仅从一种行为或者一次偶然的行为来判断其是否心理健康。

2.连续性

"心理健康"与"心理不健康"并非泾渭分明的对立面，而是一种连续或交叉的状态。良好的心理状态到严重的心理疾病之间是渐进的、连续的，异常心理与正常心理、变态心理与常态心理之间没有绝对的界限，只是程度的差异。

3.可逆性

如果不注意心理保健，经常出现不良的心理状态，那么心理健康水平就会下降，甚至出现心理疾病或心理变态。反过来，如果心理有了困扰或出现失衡时，学会及时自我调整和寻求心理咨询帮助，就会逐渐消除烦恼，恢复健康的心理。

4.动态性

心理健康的状态不是静止不变的，而是动态发展变化的。心理健康的水平会随着个人的成长、经验的积累、环境的改变以及自我心理保健意识的发展而变化。

(四)影响心理健康的因素

1.生物因素

生物因素包括人体素质、内分泌腺体活动、生理病变等。对心理健康影响最大的生物因素是一个人的神经系统类型特点。人的高级神经活动过程具有强度、平衡性和灵活性三个基本特征。能承受一定强度的、具有一定灵活性的、平衡的神经系统可以接受较繁重的、较长时间的心理负荷，努力实现神经活动的平衡性。

2. 环境因素

环境因素包括家庭、学校、社会生产方式等。父母的教育方式以及对待子女的态度非常关键。如果个体不能得到父母的细心关怀，长大后更有可能难以信任自己、他人和环境，感受到持续不断的焦虑并产生神经官能症的精神防御症状。在学校里，老师对待学生的方式、处理学生问题的方式也非常重要。另外，随着社会竞争意识的增强，生活节奏的加快，心理障碍发生率逐渐增高，因此，提升心理健康归根结底是提高家庭和社会环境的支持。

3. 主观因素

人的理想、信念、世界观等主观因素，对心理健康也有不可低估的影响。具有正确的人生观、价值观的人能够正确地看待社会、人生、金钱、地位等问题，在千变万化的现代社会生活中始终头脑清醒，具有远大的理想和明确的目标，树立坚定的信念，在生活中克服障碍，化解烦恼，保持健康的心理状态。

二、大学生心理健康的重要性

进入大学后，学生的思想活跃性和独立性进一步提高，更加敢于用批判的眼光看待周围事物，更加善于通过怀疑、辩论来分辨事物的本质及事物之间的关系。大学生的自我意识更加全面、深入，个性更加鲜明，感情日益丰富，但心智与情感的稳定性都尚且不足，容易出现缺少深思熟虑、非常情绪化等问题，这些对其学业发展具有重要影响。因此，健康的心理状态，实时的心理调控对于大学学习而言至关重要。具体而言，大学生心理健康的重要性包括以下几个方面。

1. 心理健康对生理健康的影响

心理健康与身体健康密切相关并互为影响。心理健康可以促进身体健康，而身体健康又能促进心理健康，二者相辅相成。研究表明，健康的心理能够强化大脑功能的发展，促进智力提升；相反，长期情绪不良会阻碍智力活动的正常进行，甚至导致人体免疫功能下降，进而引发心血管疾病甚至癌症。所以，身体和心理健康的共同发展是激发大学生发展潜力的前提和基础。

2. 心理健康对学业发展的影响

心理健康的个体具有良好的心理素质，能够在自知、自爱、自制中更好地参与完成各类学习任务,在德、智、体、美、劳等方面得以稳固发展。心理健康的个体能够从容地适应社会环境,恰当处理人际关系,与家人、老师、同学以及其他人和谐相处。研究显示,近年来我国大学生的心理健康状况堪忧,存在心理健康问题的大学生比例逐年上升,心理障碍、心理疾病等问题严重影响着大学生的正常学习和生活。因此,提高心理素质,培养积极健康的情绪,是促进大学生学业发展的重要环节。

3. 心理健康对生活质量的影响

心理健康的人能够以乐观的态度面对生活中的各种处境,从容应对挫折和逆境,及时调整自己的心理状态,努力克服自卑、自负等消极情绪,积极面对生活、享受生活。提高大学生的心理健康水平,有助于健全人格的培养和完善,减少环境适应不良导致的身心紊乱,提升对大学生活的适应性。

三、大学生常见的心理问题

大学生正处于人生发展的重要阶段,既面临繁重的学业任务和激烈的同辈竞争,又要适应时代发展变化所带来的各种挑战,产生心理问题的风险较大。及时发现并识别问题,掌握有效应对的策略、措施,注重积极心态的建设,预防心理问题的发生,能够保障大学学业的顺利完成,促进大学生的长远、健康发展。

在不同时期,大学生群体中出现心理问题的比例、原因、严重程度等差异较大。虽然受内、外部因素的影响,不同阶段大学生心理问题具有一定差异,但是总体而言,大学生群体中发生率较高的几类心理问题可以总结如下。

(一)焦虑

焦虑是个体内在的心理冲突或某种倾向而造成的一种不安情绪。焦虑可划分为三类:神经性、现实性和道德性。一是神经性焦虑,指由于担心内心的欲望与冲突无法控制而引起的恐惧感,有时是莫名的恐惧,有时是强烈的非理性恐惧。二是现实性焦虑,这种焦虑是由现实环境的压力与困难引起的,大学生自己无力应付。例如,无力参与竞争、期望过高、要求过严、社会文化差异悬殊。三是道德性焦虑,这是由社会生活准则引起的大学生对自我的责备与羞愧感,唯恐犯错误或触犯不能逾越的规定而时常自责、受到罪恶感的威胁。这三种类型的焦虑并不一定独立存在,有时是神经性焦虑与现实性焦虑混合起来的,有时是道德性焦虑与现实性焦虑混合起来的,有时是神经性焦虑与道德性焦虑混合起来的,有时也可能是三种焦虑的混合。

学习焦虑是学生在学习过程中由于内心某种矛盾而产生的不安或不愉快的心理反应。焦虑主要伴以紧张、恐怖等情绪,并且有明显的生理表现(如失眠、出汗),还会出现一些行为表现(如逃避、自责、自卑)。学习焦虑对于学生的认知活动具有负面影响作用,能够导致思维迟钝、记忆力减退、动作不协调、学习效率降低等。常见的引起大学生焦虑的原因有以下几个方面:

1. 适应大学生活存在困难

这是在大学新生中比较常见的情况,由于生活环境和学习方式的改变,使其对新环境难以很快适应,因而引起各种焦虑反应。有的大学生进入大学以前生活上的事都由父母包办,衣食住行都有人替自己安排,而现在这一切都要自己来做,却不知如何去做。一方面学习任务紧张,另一方面还要想着怎么去处理这些事,因此感到焦虑不安。

2. 适应大学学习方式有困难

不少大学生习惯于高中时那种被动的学习方式,上大学后对大学的学习方式不能很快适应。与高中相比,教师课上讲的内容不再面面俱到,而可以用于自学的时间相对较多,使得很多学生不知如何学起,由于学习方法不得要领而导致学习成绩不理想。一些大学生对以后的学习生活和前途感到忧虑不安,担心自己完不成学业,因此而陷入焦虑状态中。

3. 应付各种考试存在焦虑

考试焦虑是大学生中较常见的焦虑情绪表现,即由于担心考试失败或渴望获得更好的分数而产生的一种忧虑、紧张的心理状态。考试焦虑一般在考试前数天就表现出来,随着考试日期的临近而日益严重。如果能把对好成绩的期望降低到适当的水平,可以有助于减轻考试焦虑。

4. 对于身体健康状况的过分关注

大学生由于学习比较紧张,脑力劳动任务比较繁重,存在着一些可能使健康水平下降的因素。当这些因素作用于那些过分关注自己健康状况的大学生时,便有可能导致焦虑的产生。一些大学生经常因为身体不适、睡不好觉而到医院去检查,担心自己身体出现严重问题,而多次检查后任何指标都正常,因而终日惶惶不安,猜测自己可能是得了疑难杂症,很难诊断,这种状态进而又影响了正常的学习和生活。对于这种情况,要克服焦虑首先就要正确认识人的脑力活动对健康的影响,合理安排时间,注意劳逸结合、增强体育锻炼,而不应该沉迷于对自身身体状况的过分关注,因为这有可能通过暗示作用使自身身体的各种不适感加重,进而加重焦虑情绪。

(二)抑郁

抑郁是个体感到无力应付外界压力而产生的消极情绪,常常伴有厌恶、羞愧、自卑等情绪体验。抑郁就像其他情绪反应一样人人都曾体验过。对大多数大学生来说,抑郁只是偶尔出现,时过境迁很快会消失。也有少数大学生长期处于抑郁状态,甚至患上抑郁症。性格内向孤僻、多疑多虑、不爱交际以及生活中遭遇意外挫折的大学生更容易陷入抑郁状态。

抑郁常表现为情绪低落、思维迟缓、郁郁寡欢、兴趣丧失、缺乏活力,干什么都打不起精神,不愿参加社交,故意回避熟人,对生活缺乏信心,体验不到生活的快乐,并伴有食欲减退、失眠等。长期的抑郁会使人的身心受到严重伤害,使大学生无法有效地学习和生活。

抑郁情绪是大学生群体中一种比较普遍的不良情绪表现。在大多数情况下,大学生的抑郁情绪都可找到较为明显的心理社会因素,诸如学习成绩落后、失恋、人际关系不和谐、创伤性事件等。这些心理社会因素较为普遍,并不是每个学生经历后都会产生持续性的抑郁。然而,由于对这些负面事件的认识存在问题,一些大学生会产生较为强烈的抑郁性情绪应激反应。例如,有的学生过分追求完美,希望自己在大学阶段能出类拔萃,如果执着于这种完美主义理念,一旦学习成绩不理想,便会失落甚至悲观绝望,对从前感到愉快的事情或活动不再感兴趣,对未来持有悲观绝望的态度。因此,改变不合理观念,对出现的负面生活事件建立正确认识、评价和态度是克服和消除抑郁的关键。

(三)人际交往障碍

良好的人际关系是一个人心理正常发展的重要前提之一。大学生渴望友谊,渴望增强人际交往能力,但在实际交往中容易出现不同程度的问题。具体而言,常见的人际交往障碍包括:①对交往的重要性认识不清,很少与人沟通;②由于缺乏交往技巧和能力而不敢去交往,进而产生较强烈的孤独感;③因不良个性导致不能被人理解,经常与人拌嘴怄气、自负等;④表现出社交焦虑或恐惧,即在别人面前表现得不自在,由于别人的审视或评价,或者仅仅因为别人在场而引起的心烦意乱和不安,并且担心受到攻击和惩罚。

四、常用的心理调适方法和技巧

学生的学习情绪不仅需要老师利用课堂教学来调节,而且也需要学生科学地进行自我情绪调适,这两者是相辅相成,不可分割的。下面介绍几个自我心理调适的方法。

(一)自我鼓励法

当你在学习上生活上遇到困难的时候,要学会自我调控。用生活中的哲理或某些深刻的思想来抚慰自己,鼓励自己同痛苦和逆境进行斗争。自我鼓励是人们精神活动的源泉之一,一个人在痛苦、打击和逆境面前只要能够有效地进行自我鼓励,他就会感到有力量,就能在痛苦中振作起来。

(二)语言暗示法

语言暗示对人的心理乃至行为都有着奇妙的作用。在为不良情绪所压抑的时候,可以通过语言的暗示作用,调整和放松心理上的紧张状态,使不良情绪得到缓解。比如,一个性格急躁的人在即将发火之际,告诫自己冷静些;一个长期处于烦恼或压抑心境中的人,告诫自己想开些,给自己一些鼓励和抚慰。只要是在松弛平静、排除杂念、专心致志的情况下,进行这种语言暗示,往往对情绪的好转有明显的作用。

(三)同伴疏导法

有时候不良情绪光靠自己调节还不够,还需要借助于别人的疏导。当一个人的心理处于压抑的时候,应允许有节制的发泄,把闷在心里的一些苦恼倾倒出来。很多学生不愿意倾诉自己内心的烦恼、忧愁,却陷入闷闷不乐的不良情绪困扰,这对于身心健康非常不利。学会向朋友倾诉,在获得安抚、开导的同时,能够帮助自身进行多角度思考,从而有效解决问题,化解烦恼。

(四)环境调节法

环境对人的情绪同样起着重要的影响和制约作用。素雅整洁的房间,光线明亮、颜色柔和的环境,使人产生恬静、舒畅的心情。相反,昏暗、狭窄、肮脏的环境,给人带来憋气和不良的情绪。安谧、宁静的环境,使人心情松弛、平静,而杂乱、尖利的噪音,使人心烦焦躁。因此,改变环境也能起到调节情绪的作用,特别是那些受到不良情绪压抑和折磨的人,更不应该把自己关在一个房子里任由自己的情绪消沉下去,而应该到风景秀丽、景色宜人的公园去游玩一下,或到绿树成荫的大道上散散步。大自然勃勃生机,会使人心旷神怡,精神振奋,忘却烦恼,消除精神上的紧张和压抑感。当在学习过程中情绪不好的时候,到外面走走,看看美景,散散心。大自然的美景能够让人豁达胸怀,对于保持学习上轻松愉快的心情是有很大帮助的。

(五)转移调节法

有的学生在不良情绪产生后,总是郁积于心、耿耿于怀,放不开、丢不下。结果,只能使这种不良的情绪不断蔓延且日益加重。因此,当某种事情引起不良情绪的时候,最好能把这件事尽快地遗忘掉,不要总是去想它。因为你为这事去悲伤、难过、叹息,已经无助于问题的解决,反而会增加自己思想的负担,使自己的身心受到压抑。既然事情已经发生,并且无可挽回,就应该果断地丢开它、忘却它。如果这个场所总是让你产生不愉快的回想,那就应当设法避开整个场所,以免"触景伤情"。如果眼前存在着一件可以唤起伤心记忆的物件,不妨把这个"纪念品"收藏起来,避免触景伤情。这样,就能使自己的思想暂时地离开这些不愉快的事情,对它渐渐淡忘,从而缓解不良情绪对自己的侵扰,防止由此所造成的心理内耗。

(六)音乐调节法

音乐能通过物理和心理的两条途径对人产生影响,而音乐的物理作用是通过音响来影响人体的生理功能。音乐通过人的听觉器官和听神经传入人体中,和机体的某些组织结构发生共鸣作用。美妙的音乐通过被人体吸收,使人体的能量被激发起来,从静态变为动态。音乐的心理调适作用在于,优美的音乐具有加快血液流动和提高神经细胞兴奋水平的作用;另外,音乐对边缘系统、脑干网状组织等情绪的神经结构能发生直接作用。由于每首乐曲的节奏、速度、音调等都不尽相同,可以表现出不同的情绪调节效果。

第二节　人际交往与亲密关系

一、人际交往概述

(一)人际交往的内涵

交往,意指人与人之间的相互关系。交往的过程是人的社会关系与人际关系、非个性关系与个性关系的双重建构过程。人际交往积淀了人的生理性的、物质性的、文化的与政治的关系。人际交往是人与人之间的交流、往来,是一个动态化的过程。人际交往不同于一般意义上的社会交往,不局限于言语交际活动,不是单纯的知识信息交流,更不同于物质产品的交换,而侧重于全面的心灵对话过程,强调的是尊重个性,理解差异,求得沟通,并协调行为。

(二)人际交往的特点

1. 目的性

在人际交往的过程中,从选择交往对象,到采取交往方式以及交往频率的把握,总是带有当事人一定的动机和目的,也就是要满足当事人自身的某种需要。任何人际交往的行为,都是在当事人内在需求的推动下发生的。

2. 交换性

美国社会学家乔治·霍曼斯(George C. Homans)提出了一种有关社会互动心理的社会交换理论,提出任何人际交往活动都是一个交换的过程,总离不开付出的代价和获得的利益两个部分。只有当可预见的利益符合并满足自身的内在需求时,人们才会愿意付出相应的代价促使交往发生。因此,人们在交往中总会权衡自己的得与失。

3. 互动性

人际交往至少发生在两个人之间,甚至涉及更多的人。因此,互动是人际交往必不可少的要素。通常,在人际交往中我们的态度、行为会传递给对方,对方依据自己的喜好决定是否进一步与我们交往;同时,我们也会接收到来自对方的信息,根据对方的价值观、行为方式等是否符合自己的需要,决定与对方交往的深度。人际交往的过程是相互的,相互付出、相互收获。

(三)人际交往的功能

人际交往是指两个或两个以上的人,通过言语或非言语符号进行的信息传递、情感交流、思想沟通和物质交换等互动过程,是人与人之间在心理和行为上发生相互作用的动态过程。人际交往对于心理发展与健康具有重要意义。

1. 信息沟通功能

人与人之间交往,是信息的沟通,即人与人之间在情感、意向、思想、价值等方面的理解与沟通。这是信息沟通最基本的形式。英国作家萧伯纳曾说:"如果你有一个苹果,我有一个苹果,彼此交换,那么每人还是一个苹果。如果你有一种思想,我有一种思想,彼此交换,我们每个人就有了两种思想,甚至多于两种思想。"在现实生活中,每个人掌握信息的能力是有限的,再聪明、再有能力的人,也不可能知晓世界上所有的事情、解决所有的问题。孔子曾说:"独学而无友,则孤陋而寡闻。"因此人们需要相互沟通、相互合作。常言道,闻君一席话,胜读十年书。与人交往是一种超出书本之外的学习,是我们获得各种信息的重要渠道。通过人际交流,大学生能够从中获得大量有用的信息。同时,人际交往中的信息交流有利于启迪思维,开发智能。由于知识的局限,加之社会经验不足,大学生看问题难免陷入僵局,而在与老师、同学、朋友之间的交流、切磋、碰撞之后,常常会产生新的思想火花,让自己茅塞顿开。

2. 满足亲密感需求功能

人际交往是人们维持精神健康的基本需要。人只有置身于人际环境中,通过社会获得支持性的信息,才能不断得以修正和发展。社会心理学家认为,人的心理矛盾与心理疾病的产生大多是由于人际关系的不适应。美国心理学家爱利克·埃里克森(Erik Erikson)的人格发展理论认为,人在18~25岁正处于青年阶段,发展任务主要是建立亲密感,避免孤独感。心理学家马斯洛的需要层次理论将人的基本需要分为生理需要、安全需要、归属与爱的需要、尊重需要和自我实现需要五种。其中归属与爱的需要也称社交需要,人类需要爱,也需要得到爱,主要表现为对亲情、友情、爱情的需要。处于这一需要层次的人,希望能拥有幸福美满的家庭,把友爱看得非常珍贵,渴望得到一定社会成员与团体的认同、接受,并与他人建立良好和谐的人际关系。如果这一需要得不到满足,个体就会产生强烈的孤独感、异化感、疏离感,产生极其痛苦的体验。

正如德国心理学家爱德华·斯普兰格(Edward Spranger)所说:"在人的一生中,再也没有像青年时期那种强烈地渴望被理解的愿望,没有任何人会像青年那样处在孤独之中,渴望着被人接近与理解。"大学生正处于此阶段,情感丰富,情绪尚不稳定,特别需要他人的关心和理解。通过良好的人际交往活动,可以拥有更强大的社会支持系统,进而获得较高的安全感和信任感。英国著名哲学家培根说过:"当你遭遇挫折而感到愤懑抑郁的时候,向知心挚友倾诉可以使你得到疏导,否则这种积郁会使人生病。"只有对朋友,你才可以尽情倾诉你的忧愁与欢乐,恐惧与希望,猜疑与劝慰。因此,人际交往活动是大学生保持心理平衡、促进心理健康的有效方式。

3. 自我认识功能

自我认识对每个人来说都不是一件容易的事。对于初涉人世的人来说,自我认识是需要通过人际交往,在与他人的相互作用中逐步实现的。人只有在人们之间才能认识自己。人的自我认知和自我完善过程是在一定文化环境中,通过个人和他人相互作用、相互认知而达到的认识自我、完善自我的过程。

人们对自己的观察评价是把别人当作认识自己的镜子,常以别人对自己的反应作为衡量的依据。因此,人在认识别人的同时就得到形成自我评价的必要知识。有些人对自己的估价过高或过低,这既可能是由于自我意识不够成熟,也可能与用于比较的对象或人群有关。例如,一个普通中学的优等生,往往会高估自己的实力,因为在交往对象中他总是佼佼者。而当他跨进大学校园,尤其是名牌大学时,突然不见昔日的辉煌,发现自己有些默默无闻,很容易一下子失去自我,由此走向另一个极端,低估自己的实际能力。所以,通过与更多、更广泛的对象交往和比较,人就能逐步形成较为恰当的自我评价,既避免盲目自大,又能克服自我贬低。

一般地说,在与他人交往的过程中,如果对方尊重自己、喜欢自己、愿意与自己交往,就表明自己身上具有使人愉悦的优点;反之,如果对方厌恶自己、疏远自己,那就要对自己的言行进行反思,改正自身的缺点。在交往过程中,大学生可以找到一把人生的尺子,量出自身的长处和短处,达到正确认识自我、合理评价自我的目的。由此可见,人际交往活动是促进大学生认识自我的基本途径。

4. 个性发展功能

人本主义心理学家罗杰斯认为,重大、积极的人格改造必须在某种关系中才会产生,人只有在与别人的沟通中,才能做到相互学习、取长补短、自我完善与发展。性格是一个人的主要心理特征,发展和完善自身的人格是大学生心理修养的一项重要任务。一个人的人格除了受到先天遗传因素的影响外,更重要的是受到后天环境的影响。大学期间是人格定型的关键时期,积极的人际交往有助于良好人格的养成。

在大学的集体生活中,人际交往可使大学生的生活丰富多彩,促进不同人格特点的学生互相学习。这种互相学习不仅有知识互补,还有个性互补。在集体生活中加强社交,有助于学生发现各自性格的优势和劣势,学会与人相处的艺术。另外,大学生人际关系处理的好坏能够进一步影响其个性的发展。如果长期生活在友好和睦的人际关系中,人的个性就会变得乐观、开朗、积极、主动。正如法国作家巴比赛说的那样,个性和集体配合起来不仅不会失去个性,相反,只有在集体中,个性才能得到高度的觉悟和完善。人人都期望自己的个性得到发展和完善,但它的实现正是在交往中完成的,在交往中理解生活、丰富知识、学会处事、锻炼能力,从而发展个性。很难想象,一个孤芳自赏、与世隔绝的人可以真正达到"独善其身"的境界。此外,人际交往还有助于促进大学生个体的社会化进程。如果说家庭是个体进行社会化的第一场所,那么学校就是现代人社会化的第二场所。不同类型、不同经历、不同习惯、不同爱好,以及不同个性、不同价值观的同学通过相互交往,不仅有利于信息沟通、培养个体的社会交往能力,也有利于提高大学生对社会问题的认识能力,从而大大加速其个体社会化进程。

二、人际交往的原则和艺术

(一)人际交往的原则

在交往过程中人们普遍依据六个原则来逐步建立人际关系。

1. 诚信原则

诚信也许是人际关系中最重要、最关键的一种品质和交往方式。心理学家对各种不同的对象进行调查发现,不同类型的人在回答诸如"在人际交往中,你最喜欢具有什么特征的人?""最希望别人采取什么样的方式同自己交往?""自己会采取什么样的方式与别人交往?"等问题时,真诚总会成为分量最重的一个答案。美国心理学家诺曼·安德森(Norman H. Anderson)对人们关于个性品质的喜爱程度进行研究后发现,在最受人们欢迎的个性品质中,排在最前面的、最受喜爱的六个品质是真诚、诚实、理解、忠诚、真实和可信。可以看出,后面的五个品质都与前面的"真诚"品质有关。而排在最后、最受排斥的品质包括说谎、虚伪、不诚实、不真实等,又都不同程度地与"不真诚"有关。由此可以得出这样的结论:"真诚"是最受人欢迎的个性品质,而"不真诚"则是人们最为厌恶的个性特征。一个人想要吸引别人,与别人建立良好的关系,真诚是必须具备的品质和交往方式。诚信原则可以说是最为基本的人际交往原则。

人际交往中的"信"包含以下五个含义:①"言必信,行必果",即与人交往要说真话,不说假话,还要说到做到,信守诺言,实践诺言;②信任,即不仅要信任别人,还要争取赢得别人的信任;③不轻易许诺,即不说大话,不做毫无把握的许诺;④诚实,即自己能办到的事可以答应别人的请求,办不到的事要讲清缘由,以获得对方的理解;⑤自信,即要有自信心,相信自己的能力,给他人信任感和安全感。讲信用反映了一个人的品德,每个人都应该讲信用。失信于人会让他人产生一种极强的不信任感,是人际交往中的大忌。

2. 平等原则

心理学家亚当斯在人际交往中,如果个体感觉被不公平对待就会降低交往的积极性。因此,大学生在人际交往中应该遵循平等相待、一视同仁的原则。在友谊建立过程中,个人的出身、容貌、才智、经济实力、教育水平、成长经历、职业等内部和外部条件虽然存在差异,但每个人在人格上是绝对平等的。事实证明,那些优越感强、喜欢表现自己、在人群中爱出风头、自认为高人一等的人在交往中是最不受欢迎的,也会被集体所孤立和排斥。另外,过分地关注自我,都不能使交往有效、顺利地进行下去。相反,有些人在与人交往的过程中,一味地帮助别人,这也违反了平等原则。如果想帮助别人,而且想和他人维持长久的关系,那么不妨适当地给他人一个机会,让别人也能有所回报,这样才能让人感觉到在交往中双方所处的位置是平等的,不至于因为内心的压力而疏远。

3. 宽容原则

在人际交往的过程中,不管人们如何谨慎、如何深谙交往之道,由于观念不同,在交往的过程中都不可避免地会出现不和谐的音符。宽容就是能够理解交往的对象,原谅并主动去帮助交往对象,从而达到心理上的和谐。"严于律己,宽以待人"是维持良好人际关系的一件法宝。每个大学生都有自己的个性、优点和缺点,在人际交往过程中难免会发生一些不愉快的事,不能因为意见不同就与同学产生激烈的冲突,甚至大动拳脚。要学会宽容、忍耐和克制,承认差异,允许不同思想、观点和行为方式的存在。要用宽容的心态去对待别人的错误与缺点,设身处地为他人着想,谨慎批评。宽容是维系友谊的一个重要原则,没有人愿意与心胸狭隘、多疑善变的人交往。因此,在人际交往中要能够站在对方的角度看问题,即所谓的"换位思考",设身处地为他人着想,要有宽阔的胸怀和坚强的意志,需要有正视自己心灵创伤的勇气和自控能力,容得下别人的不足与缺点,尊重与自己不同的兴趣和行为习惯。

4. 交换原则

人与人之间的交往本质上是一种社会交换,这种交换同市场上的商品交换所遵循的原则是一样的,即人们都希望在交往中得到的不少于所付出的。大多数人的交往都是互惠互利的。这里所指的"互利"并非完全是物质利益上的互利,还包括精神和感情层面的互利。人际关系的基础是人与人之间的相互重视和相互支持,交换性是人际交往的一项基本原则。人际交往过程中,喜欢和厌恶、接近与疏远都是相互的。我们知道,喜欢我们的人,也被我们喜欢;愿意与我们交往的人,也会受到我们的善待;对我们不屑的人,我们也会对他嗤之以鼻。交换原则要求我们在人际交往过程中,要考虑双方的共同价值和共同利益,使双方在交往中都能得到好处和利益,获得心理上的满足和平衡。

5. 情境控制原则

每个人都有情境控制的需要。如果情境不明确,或不能达到对情境的把握,便会引起焦虑。这种情境控制实际上体现了人际关系中的平等与自由。如果一个人感到在人际关系中自我表现受到限制,或者感到双方对情境的控制不对等,那么,个体可能会保持一定水平的自我防御,使交往双方很难产生深层的交流。

6. 自我价值保护原则

保护自我价值不受威胁并且不断提高自我价值,是个人预设的优势心理倾向。由于自我价值和他人评价关系密切,在交往过程中,一方面,对肯定自我价值的他人,个体会倾向于认同和接纳,并按照相互性原则给予对方肯定;另一方面,个体会倾向于疏远对自我价值否定的他人。在人际交往的过程中,只要威胁到个体的自我价值,个体就会警觉起来,自我价值保护的心理倾向就会引导其用防范、拒绝和贬低别人的方式来进行自我价值保护。这样,与别人建立和维持良好人际关系的目标就灰飞烟灭了。因此,在人际交往过程中,必须遵守自我价值保护的原则,即要对他人的自我价值加以肯定和支持。根据上面讲到的交换原则,只有肯定和支持了别人的自我价值,才能被别人接受、喜爱和支持。

(二)人际交往的艺术

在人际交往中,有的人得心应手,有的人步履维艰,这很大程度上取决于交往技巧和技术的问题。熟练掌握人际交往的艺术可以促进人际交往。

1.倾听的艺术

大学生在人际交往中要学会倾听。苏格拉底说:"上天给我们两只耳朵和一张嘴巴,本来就是让我们多听少说的。"倾听是对他人的尊重、理解,是真诚地接纳,是情感的传递。倾听是语言表达的前提,在学会说话之前,先做一个好的倾听者。倾听的艺术主要表现在以下几个方面。

①目光交流。

在倾听的时候应该与说话人交流目光。眼睛是心灵的窗户,让你的眼神和表情表达出你正在专心听对方说话。但是要注意不要一直盯着对方的眼睛,给对方造成压迫感。

②给出回应。

在倾听的时候要点头或发出"哦、嗯"等声音以示应答,既能表示自己在倾听,也能激发说话者进一步讲话的兴趣。否则,对方的"独角戏"很快就会谢幕。认真倾听,不等于一言不发,也不等于一味地附和对方的观点。从不表达自己观点的人,会被认为没有主见,或者是太圆滑。如果是前者,对方会觉得与这种人交往很无趣;如果是后者,对方不会敞开心扉,畅所欲言,双方的交往也不会太深入。所以,认真倾听的同时,得体地向对方表达自己的观点和意见,不但不会得罪人,反而会受到对方的欢迎。

③捕捉信息。

倾听对方讲话,并不只是让对方感觉到你在听他讲话、你尊重他,最重要的是你要从他讲的话中得到需要的信息。对于对方谈话中的要点,如果自己没有听清楚,可以要求对方谈得更详细一些,以表示对交谈的内容很有兴趣,也很重视,需要进一步了解,引导对方做进一步的阐述,便于获得更深入的信息。需要注意的是,当没有听清楚或没有理解的时候,要等对方的话说完之后再询问,不要在中途随意打断对方的话,这样有可能造成对方思路的中断,对方也可能因为被别人打断谈话而不高兴。

④适时提问。

适时提问有助于理解对方,也有助于控制谈话的方向和增加谈话的积极性。通过提问,可以让对方感觉到自己对他的谈话内容感兴趣,同时也能启发对方谈论彼此感兴趣的话题。并不是每个人都能对他人畅所欲言,尤其是首次见面的陌生人。当交谈出现冷场的时候,可以寻找一些新的话题,及时提问来缓解沉默和尴尬。再好的话题也有说完的时候,当交谈者的兴趣减弱的时候,仅重复一些没有新意的话题是令人乏味的,要敏锐地捕捉到对方对谈话的兴趣变化,以便及时将话题转移到新的内容上面。

2.沟通的艺术

良好的人际关系取决于良好的人际沟通方法。好的谈话方法可以促进人际关系的和谐,而不得体的话语则会伤害人与人之间的感情。大学生在人际交往过程中要学习提高与人交谈、沟通的能力,尤其是语言表达能力。事实上,善谈是知识的广博性、语言的组织能力和思维的流畅性等各种能力和素质的综合反映。

人际交谈中要特别注意的技巧是:每次表达意见时间不要太长,不仅需要有停顿,多使用短句,还要给对方插话和发表意见的机会;语言既要准确无歧义,言辞得体,吐词清晰,又要通俗易懂,富有幽默感;交谈时态度要友好热情,谦虚礼貌,多留些时间倾听别人的观点和意见,避免因为无谓的争辩而伤了和气;交谈和交往要把握好合适的频率,防止欲速不达;用友好的目光、肯定地点头和温馨的微笑将信任和鼓励传递给对方。倾听越多,就会越了解别人,也会赢得对方更多的喜欢和信任;渴望别人的肯定和赞赏是人的普遍心理需求,真诚的赞赏绝不是虚伪的阿谀奉承,而是实事求是地发现别人的优点。如果说赞美是融洽人际关系的语言技巧,那么,助人为乐就是融洽人际关系的最好行动。事实上,能付诸行动帮助别人的人不仅可以增强自信,而且可以赢得最好的信任。以下是沟通艺术中的三个基本内容。

①学会幽默。

幽默是一种非常有力的武器,在交往过程中恰当地使用幽默,不仅可以展示个人的才华和魅力,还能很好地处理与他人的冲突,建立良好的人际关系。

但幽默应该文雅得体,态度应该谨慎和气,避免伤害对方。

②学会说"不"。

一个"不"字,说起来容易,做起来难。拒绝做一件事情并不等于拒绝这个人,只对事不对人,否定事件不等于否定人;采取的方式既要尊重自己也要尊重别人,不能用指责的方式;态度温和但坚决,而不是生硬地拒绝。说"不",实际上是在给我们自己树立一个人际边界,平等、相互尊重才是维持友谊长久的秘方。

③学会赞美。

赞美能激发、鼓励和帮助他人建立自尊与自信,带来愉快、亲密和合作的关系。表扬他人在工作、生活、学习中使人满意的行为,会使他们更加热爱自己的工作,喜欢和你在一起,更愿意做使你满意的事情。赞美是一门艺术。其中最实用的技巧就是寻找与对方贴切的赞美点,这会使赞美显得真诚,更容易让对方接受,而且赞美点越是具体,赞美的效果越好。

3.优化个人形象,提高内外气质与修养

形象是信誉的重要标志。人的形象有内在形象和外在形象之分:内在形象包括人的性格、人格、学识、智慧、才能、处世态度等;外在形象是通过人的衣着、谈吐、办事方式等表现出来的。注意塑造好自己的形象,是要使自己的内在形象和外在形象一致,兼具内在的美和外在的美,以真实统一的自我同别人交往,这是保持良好人际关系的关键所在。

在与人交往的时候,要建立良好的自信,要勇于向别人展示自己的优点,大方地接受别人的夸奖。但要记住凡事都要有度,勇于向别人展示自己的优点,而不是痴迷于向别人炫耀自己的优点。要把握好这个度,需要在与人交往的过程中不断反省、调整自我。

4.自我暴露的技巧

良好的人际关系是随着自我暴露的增加而发展起来的。随着信任程度和接纳程度的提高,交往的双方会越来越多地暴露自己。因此,自我暴露的广度和深度是人际关系的一个晴雨表,如果想了解自己对某个人的接纳程度,只要了解自己在他面前的暴露水平就可以了。对一个人的接纳水平越高,就越期望对方对我们的暴露。但是,无论关系多么亲密,每个人都有自己不愿意暴露的领域。不能因为关系亲密就期待对方完全敞开心扉,更不应该随意侵入对方不愿意暴露的区域。否则,会让对方产生强烈的排斥情绪,从而降低对自己的接纳水平。

自我暴露的程度，由浅至深可以分为以下四个方面：一是爱好方面，比如饮食偏好、生活习惯；二是态度，如对某个人的看法、对时事的评价；三是自我概念与个人的人际关系状况，比如，自己的自卑感、与恋人的关系状况；四是最为隐私的内容，如自己不为社会接受的一些想法和行为。一般情况下，关系越密切，人们的自我暴露就越广泛、越深刻。但事情也不完全都是这个样子，彼此完全没有关系的人，也有可能达到完全的自我暴露。一个人不愿意告诉身边朋友的事情，可能会对自己素不相识的网友和盘托出。正是因为素不相识，而且以后对方介入自己生活的可能性很小，自我暴露对自己造成的风险就会减小，这个时候，个体的防御心理就会降低，从而有可能完全暴露。

自我暴露要坚持以下两条原则：①适宜原则，即自我暴露要和当时当地的环境相符合，切忌不分场合、不分时间、不分对象地暴露自己，那只会让人认为是肤浅甚至是愚蠢的表现；②适度原则，即根据交往对象熟悉程度的不同，不同程度地暴露自己的隐私。

三、亲密关系概述

虽然亲密关系是对人们日常生活影响最深远的一种人际关系，有关亲密关系的研究是在最近二三十年才发展成为一个令人兴奋的研究领域的。社会学取向的研究发展出一系列的情感理论，强调因为爱、亲密的情感而缔结的持久关系，即爱意味着关系。心理学取向研究从态度和人格发展角度研究亲密关系，认为爱是一种态度，一种有关人生的态度，爱上另一个人就意味着产生了一种思想，并且它一经形成，便十分稳固，很难改变。人格心理学家把亲密情感归入个人生命成长的发展过程，重视"人格"在爱情、友情中所蕴含的相对稳定性，也就是强调个人成长的持久、稳定的方向。已有研究使我们对爱情、婚姻、承诺、友谊、激情、理解、沟通、亲密、依恋、伴侣选择、忌妒等各个方面有了一个崭新的认识。

（一）亲密关系的内涵

所谓"亲密"（intimacy），是指亲近和了解。这个词的拉丁文来源是 intimus，意指内部，是最内在、最深层、最私密的意思。现代人常用"亲密"来委婉表述性关系，其实性关系常常完全与亲密无关。亲密这词有着性的隐含意义在内，但也包含着社交、情感、思想和心灵上更多更深的含义。亲密是一种存在的状态，是把自我最深处的部分向他人也向自己展现，而没有任何伪装或防卫。所以，亲密是通过自我袒露而呈现的脆弱和了解状态，不是经由一般人际关系中的角色和义务而达到的状态。只要任何两个人愿意承诺对彼此诚实，就可以产生深入的亲密关系。这不但对结婚的伴侣非常重要，也适用于亲子、手足、合伙人、同性朋友以及异性间的柏拉图式情谊。

所谓关系是指两个人彼此能互相影响对方，并且互相依赖。也就是说，只有当两个人之间互相影响与依赖的时候，我们才能认定他们之间存在着关系。关系双方在建立关系时，没有外在因素在起作用，只是因为可以从与另一个人的紧密联系中获得情感上的满足。只有在双方都对对方表示满意并在情感上有所收获时，亲密关系才能维持下去。

(二)亲密关系的特点

人们之间的关系可以分为四种：一是零接触（zero contact），两个人互相不知道对方的存在，彼此无任何关系；二是知晓（awareness），一个人知道另一个人的信息，但未发生任何直接接触；三是表面接触（surface contact），两个人开始互动，如借谈话或书信来往；四是共同关系（mutuality），两个人的依赖程度增加。在共同关系中，当两个人的互赖性很大时，我们把这种关系称为亲密关系（close relationship）。亲密关系的特点有三个：一是两人有长时间频繁互动；二是这种关系中包含着许多不同种类的活动或事件，共享很多共同的活动及兴趣；三是两个人相互影响力很大。依恋是亲密关系建立的内在需求。亲密关系有很多感情投入，这是我们自己内在价值的酬赏。

三、亲密关系的发展

亲密关系可以理解为一种特殊的互动关系，不但包括了一切关系所需要的发展过程，还需要两个重要的环节，即自我袒露与感情黏合。

1. 自我袒露

自我袒露（self-disclosure）即通过告诉别人不会随便透露的个人隐私，以向别人展示自己是谁。自我袒露在建立深入的亲密关系过程中非常重要，没有它亲密关系就无法建立起来。如果你和一个人聊天，一小时过去了，还停留在天气等公共话题上，你们的关系就很难推进。我们绝大多数人会向自己信任的人袒露自己的事情。而他人向自己袒露隐私，是示好和信任的符号。自我袒露清楚地表明沟通的相互作用本质。祖露是相互的,并且表示出理解和关心,而这样就是连续与同步的沟通和同等程度上的自我祖露。如果一个人单方面进行祖露,而对方则只是坐着听,祖露就不可能继续进行下去。研究表明,自我祖露的人比不自我祖露的人具有更好的适应性和更强的能力,更容易获得满足感,更开放,更值得信任,并且能更积极、宽容地对待他人。

2. 感情黏合

感情黏合是亲密关系在日常生活中最基础的相互反应。价值观、兴趣、信仰和需求相似,那么在建立亲密关系的定向阶段,即在选择和什么样的人交朋友阶段起作用,但关系的持久维持则需要感情黏合。感情黏合需要大量为增进感情而进行的日常共同活动。这些共同活动需要双方不断地提议和回应,比如旅行、运动、宴请,但更多的是日常细微到一个拥抱的发起与接纳,甚至是一个眼神的对视。在大多数积极的相互关系中,每天都有上千条的提议,这是保持情感沟通渠道畅通的重要途径,同时也维护和培养着双方被需要、有自我价值的亲密关系体验。

自我祖露的发展过程与感情黏合的维系过程决定了亲密关系是彼此交出自由和分享秘密的关系,处于双方在行为上受到约束的人际状态。当我们建立亲密关系时,我们便达成了一种默契,同意遵守共同制定的不成文的关系契约。这就是为什么强调自由独立价值的现代人会把婚姻和稳定的恋爱关系视为自由丧失的根源。著名作家钱钟书非常形象地把人们在婚姻关系中体验到的温暖和束缚比喻为尴尬的"围城"。如何保持相互的依恋和适度的距离成为困扰现代人的情感难题。

(四)维护亲密关系的方法

由于人们在亲密关系的处理方面难免面临各种困惑,现实的需求吸引了很多社会心理学家聚焦这一问题,同时也由于不同文化背景的人们在维持亲密关系上有着许多共同点,因此形成了一些普适的可操作原则。著名心理学家艾瑞克·弗罗姆(Erich Fromm)在其经典著作《爱的艺术》一书中,具体探讨了如何才能建构与维系爱和亲密关系。弗罗姆认为,爱必须满足下列四大条件。

1. 克服自恋

要维系良好的爱情关系必须排除自恋,建立良好的归因模式,懂得用客观的态度对待自己的爱人。所谓排除自恋,是指我们不能只从自己的立场出发,而应该学会用客观和善意的眼光去看待问题。从社会心理学的角度看,良好的亲密关系在很大程度上取决于人们对他人行为的归因模式。幸福的夫妻倾向于把对方良好的行为归结为对方的内在因素,而把对方的过失归结于环境因素即乐观型归因;而不幸福的夫妻则经常进行抑郁型归因,即把对方的良好行为看成是外在和环境因素的影响,而把不良行为归因于人格特质。

2.坚定信仰

弗罗姆把信仰视为任何深厚友谊和爱情的基础。信仰通常包括两个不同层面,即自信和对爱人的信心。换言之,爱的信仰是对自爱的信心、对他人产生爱的能力及可靠性的信心。信仰还包括对未来的坚定信念,相信爱会随着时间的推移而增长,会在关系双方的磨合过程中变得越来越好。

3.保持活动性

活动性指我们主动去爱的能力。弗罗姆认为,活动并非指具体的行为,而是一种心理活动,感受到"我在爱""我有能力去爱"。活动还应该包括另一层含义,即沟通。沟通在维系良好的亲密关系中占据着极为重要的地位。心理学研究发现,走向破裂的婚姻经常是由于夫妻双方不愿意向对方表达负面情绪造成的,即懒得与对方沟通。幸福的夫妻常常会通过与对方的争论来理解对方的观点。心理学家把这种沟通方式称为"摆观点",认为它对维系亲密关系的健康至关重要。

4.恰当理解"公平"

在亲密关系中,"公平"反映的主要不是一种等价的交换原则,而是情感上的诚实,即,不以欺骗的手段去获取他人的情感。只要能做到这一点,那么亲密关系就是公平的。

四、大学阶段的人际交往与亲密关系

(一)大学阶段的人际交往

1.大学阶段人际交往的特点

大学阶段的人际交往具有强烈性、广泛性、多样性、复杂性、多元性、自主性和双重性等特点。这些特点既为大学生提供了丰富的人际交往机会和体验,也给他们带来了一定的挑战和考验。

①交往需求的强烈性。

大学生正处于美好的青春年华,对友情、爱情和归属感有着强烈的需求。他们渴望结交新朋友,融入新环境,通过人际交往来满足自己的情感和社会需求。

②交往范围的广泛性。

大学校园是一个多元化的环境,汇集了来自不同地区、不同背景的学生。因此,大学生的人际交往范围相对广泛,可以接触到不同文化、不同思想观念的人,从而拓宽自己的视野和认知范围。

③交往方式的多样性。

随着科技的发展,大学生的人际交往方式也越来越多样化。除了传统的面对面交流,他们还可以通过社交媒体、即时通信工具等多种方式进行沟通。这种多样性的交往方式使得大学生能够更加方便、快捷地与他人保持联系。

④交往关系的复杂性。

大学生在人际交往中面临着多种关系,如同学关系、师生关系、恋人关系。这些关系相互交织,使得大学生的人际交往变得相对复杂。他们需要学会处理不同关系之间的冲突和矛盾,以保持人际关系的和谐稳定。

⑤交往动机的多元性。

大学生的交往动机多种多样,包括寻求帮助、获取知识、分享经验、寻找伴侣等。这些不同的动机使得大学生在人际交往中呈现出不同的行为和态度。

⑥交往过程的自主性。

与中学时期相比,大学生在人际交往中拥有更多的自主权和选择权。他们可以自由地选择交往对象、交往方式和交往内容,这使得他们的人际交往更加自主、灵活和个性化。

⑦交往结果的双重性。

大学生的人际交往既可能带来积极的影响,如建立深厚的友谊、获得情感支持、提升社交能力;也可能带来消极的影响,如陷入人际困扰、产生情感问题、影响学业成绩。因此,大学生需要谨慎地选择交往对象和交往方式,以避免不良后果的发生。

2.大学生常见的人际交往挑战

步入大学意味着离开原生家庭和熟悉的社交圈。随着学习和生活环境的改变,很多大学生在人际交往中面临着前所未有的新困惑和新挑战。与高中阶段相比,大学生更容易产生社交焦虑,并且在不同文化背景和生活习惯的冲击之下,难以平衡人际交往与学业发展。

①社交焦虑。

进入新环境,许多大学生会感到社交焦虑,担心自己无法融入新群体或被他人接受。这种焦虑可能源于对自我形象的过度关注、对他人评价的敏感以及对社交技巧的缺乏。

②文化差异。

大学校园汇聚了来自不同地域、文化背景的学生。在交往过程中,文化差异可能导致沟通障碍、误解甚至冲突。如何尊重和理解他人的文化背景,建立跨文化的友谊,是大学生需要面对的挑战。

③时间管理。

大学生需要平衡学业、社交和课外活动等多方面的时间需求。在繁重的学业压力下,如何合理安排时间进行人际交往,避免忽视朋友和伴侣,是一项不小的挑战。

3. 大学阶段人际交往能力的培养

"没有交际能力的人,就像陆地上的船,永远到不了人生的大海。"在大学阶段,培养人际交往能力是促进社会性发展的必修课,也是未来走向社会所必需的前提基础。提升人际交往能力可以从以下几方面入手。

①提升自我认知。

了解自己的性格特点、价值观、兴趣爱好等,是建立有效人际关系的基础。通过自我反思和心理测试等方式,学生可以更准确地把握自己在人际交往中的优势和不足,从而进行有针对性的改进。

②学习沟通技巧。

有效的沟通是人际交往的核心。学生应该学习倾听他人、表达自己的观点、处理冲突和差异等沟通技巧。参加沟通培训课程、阅读相关书籍或观察他人的成功交往案例等方式都有助于提升沟通技巧。

③拓展社交圈子。

积极参加各类社团、学生会、志愿服务等活动,是拓展社交圈子的有效途径。在这些活动中,学生可以结识志同道合的朋友,也可以接触到不同领域的人士,从而丰富自己的人际关系网络。

④培养同理心。

同理心是理解他人感受、处境的能力,也是建立良好人际关系的关键。学生可以通过参与团队项目、志愿服务等活动,学会站在他人的角度思考问题,培养自己的同理心。

⑤处理人际关系挑战。

面对人际关系中的冲突、误解等挑战,学生应该学会冷静分析、积极应对。通过寻求第三方帮助、进行坦诚沟通或采取适当的妥协策略,这些方法都可以有效地解决这些问题。

(二)大学阶段亲密关系的发展

1. 大学阶段亲密关系的特点

大学阶段的亲密关系具有深度与复杂性、自主性与选择性、亲密与独立并存、不稳定性和情感与理性交织等特点。这些特点反映了大学生在心理、情感和社会方面的成长与发展。

①深度与复杂性。

大学阶段的亲密关系往往比青少年时期更加深入和复杂。这是由于大学生在心理、情感和认知上更加成熟,能够处理更深层次的感情和更复杂的人际关系。他们开始探索自我、他人以及两者之间的关系,对亲密关系的理解和需求也更加深入。

②自主性与选择性。

进入大学后,学生开始脱离原有的家庭环境和社会联系,并在新环境中建立自己的社交网络。在亲密关系的选择上,他们拥有更多的自主性和选择性,可以根据自己的喜好、价值观和需求来选择伴侣或朋友。

③亲密与独立并存。

大学生在追求亲密关系的同时,也重视个人的独立性和自我成长。他们希望在建立亲密关系的同时,也能够保持一定的个人空间和自由,以实现个人的目标和理想。

④不稳定性与探索性。

由于大学生正处于人生的探索阶段,他们的亲密关系也往往具有不稳定性。他们可能会尝试不同类型的恋爱关系、友谊形式,以探索最适合自己的亲密关系模式。同时,由于生活、学习和未来规划的变化,他们的亲密关系也可能会面临挑战和变动。

⑤情感与理性交织。

在亲密关系中,大学生既注重情感上的联系和满足,也更多地运用理性思维来处理问题。他们会在感性和理性之间寻找平衡,以建立健康、稳定的亲密关系。

2. 大学生亲密关系的常见问题

大学生在发展亲密关系方面会面临多种多样的挑战。这些挑战往往源于个人成长、环境变化以及情感需求的复杂性。这些挑战并不是不可克服的,通过开放的沟通、相互理解、共同规划和寻求外部支持(如咨询朋友和家人的建议),大学生可以更好地应对这些挑战,并建立起更加稳固和健康的亲密关系。

①自我探索与身份构建。

大学生正处于自我认知和探索的关键时期,他们会不断尝试不同的角色和身份。这种自我探索的过程可能会对亲密关系产生影响,因为个人的变化可能会导致关系中的不稳定性和不确定性。

②情感波动与不成熟。

由于情感和心理上的不成熟,大学生可能经历较大的情绪波动,这会影响他们与伴侣的相处。此外,缺乏处理复杂情感的经验可能导致沟通不畅、误解和冲突等感情问题。

③学业压力与时间管理。

学业是大学生活的重心之一,繁重的课业负担可能限制了大学生投入亲密关系的时间和精力。如何在学业和亲密关系之间找到平衡是一个常见的挑战。

④未来规划的分歧。

大学生和他们的伴侣可能对未来有不同的规划和期望,比如职业选择、居住地、家庭组建计划。这些分歧可能导致关系中的紧张和冲突。

⑤社交圈子等外部影响。

大学是一个社交活动丰富的环境,学生可能会受到来自朋友、同学和社交媒体的外部影响。这些影响有时可能与亲密关系产生冲突,比如社交圈子的压力、对伴侣的负面评价。

⑥信任与承诺问题。

建立和维护信任是亲密关系中的重要方面。然而,由于大学生尚且缺乏长期关系的经验,他们可能在信任和承诺方面遇到困难。不忠、欺骗和背叛的风险在年轻的关系中相对较高。

⑦沟通与解决冲突的能力。

有效的沟通和解决冲突的能力对于任何关系都至关重要。大学生可能在这方面缺乏经验，导致小问题升级为大矛盾，甚至可能导致关系破裂。

3. 大学生如何发展健康的亲密关系？

大学阶段是学业发展的关键时期，也是情感发展的重要阶段。建立健康的亲密关系，不仅有助于大学生的心理健康与发展，更能促进自我认知与综合发展。建立健康的亲密关系，需要从多个方面进行自我培养与提升。

①自我成长与认知。

深入了解自己，在投入亲密关系之前，先花时间了解自己的价值观、需求、界限和期望，这将有助于更清晰地表达自己在关系中的需求和期望，保持和发展个人兴趣爱好，这不仅能提升个人魅力，还能确保在亲密关系中保持一定的独立性。

②学会有效沟通。

亲密关系中的沟通至关重要。学会倾听伴侣的观点，表达自己的感受和需求，同时避免攻击性语言和指责。理解并接受差异，认识到自身和伴侣之间的差异，并学会尊重和接受这些差异，这将有助于建立更加和谐的关系。

③信任与承诺。

信任是亲密关系的基石。通过诚实、坦率和一致的行为来建立和维护信任。在亲密关系中，做出承诺并信守诺言是至关重要的，这将增强与伴侣之间的信任感和安全感。

④时间与空间。

平衡时间投入，在学业、社交活动和亲密关系之间找到平衡点。确保为伴侣投入足够的时间和精力，同时也要关注自己学习和生活的各个方面。理解并尊重彼此的个人空间和独立性，这将有助于保持健康的亲密关系，同时避免过度依赖。

⑤学会解决冲突。

冲突是亲密关系中不可避免的一部分。学会以建设性的方式解决冲突，而不是逃避或冷战。面对挑战时，保持团结和支持彼此，共同制定解决方案，并相互鼓励以实现共同目标。

第三节　大学学习与心理调适

情绪伴随我们学习过程的每分每秒。好的学习情绪有助于获得良好的学习体验与效果。大学生应当学会及时进行心理调适，从而恰当应对和处理不同的任务和情境。

一、学会自信：拒绝"imposter syndrome"

进入大学后，很多人会有一种"imposter syndrome"（冒充者综合征），就是总感觉自己不够优秀，对自己的能力产生怀疑。其实，这是一种常见的感受，也是亟需调整的心态。考入大学需要的是比别人的分数高，这意味着在高中时，你是学霸、是优等生、是同学们羡慕的对象。但是，大学的同学中人才济济，难免会让曾经"鹤立鸡群"的你感觉没有了熟悉的存在感。如果你变得对自己越来越不满意，总是认为自己不够好，那么是时候正视你的自卑心理了，让自己能够自信地面对学业，面对生活，面对未来。

首先，正确认识自己，多角度地看待自己和他人。不要太过关注别人对自己的看法或想法，因为过度的在意是一种内耗，让自己产生一种不必要的敏感。很多时候，将关注放在当下，放在自己正在做的事情上，往往能够减轻焦虑，帮助你忘却是否能够获得他人的认可甚至掌声。认真做事，遵从内心，才能真正地走向自信。他人的看法或想法往往存在片面性，引起你不必要的自卑感。只要将做不好的事，反复多做几次，就会慢慢熟悉，事情能完成得很好，多给自己鼓励，相信自己有这个能力。

要有自信心，相信自己干什么事情都能行，只要通过不懈的努力，一定能达到目标。在心灵深处确认自己能行，不断给自己鼓劲。只要有心理准备，就不会为一点困难而退缩；相信自己的能力，就能充满信心完成任务。世界在发展，时代在进步，人也要随着时代的步伐前进。只有克服自卑心理，树立自信心，才能做自己幸福的缔造者。

人不能一遇到困难就退缩，虽然你也许非常努力过，但是人的一生中要遇到许多困难，必须想尽办法去克服，才能获得胜利。你要多学习他人的工作经验，将长处学来，观察他们的不足，吸取教训，然后打起精神再次努力奋斗。相信自己的能力一定能战胜困难,多给自己一些鼓励,好好奋斗。

当然,自信不是盲目的乐观,也不是不切实际的自我评价。一个人要正确认识自己,因为人与人性格差异很大,要了解自己的性格优势与不足,学会扬长避短,这样有助于形成自己独特的自信心。人是不断发展变化的,我们需要不断更新、完善对自己的认识,使自己变得更好和更完美。正确认识自己,就要作到用全面的、发展的眼光看自己,从而更好地完成自己的目标。

二、换位思考:突破"自我中心"

换位思考是人对人的一种心理体验过程。将心比心、设身处地是达成理解不可缺少的心理机制。它客观上要求我们将自己的内心世界,如情感体验、思维方式与对方联系起来,站在对方的立场上体验和思考问题,从而与对方在情感上得到沟通,为增进理解奠定基础。可以说,换位思考既是一种对他人的理解,也是一种对他人的关爱。

换位思考,是设身处地地为他人着想,即想人所想、理解至上的一种处理人际关系的思考方式。人与人之间要互相理解、信任,并且要学会换位思考,这是人际交往的基础。

换位思考,首先要做到对人对己同一标准,并且要宽人严己。立场不同,所处环境不同的人,是很难了解对方的感受的。因此,对他人的失意、挫折和伤痛,我们应进行换位思考,以一颗宽容的心去了解和关心他人。

换位思考,是自我学习的好方法。也就是说,与人处事,站在对方的立场上来全面考虑问题,这样看问题比较客观公正,可防止主观片面,用宽容的态度对待他人,将心比心,做到知足常乐。

在大学阶段,需要学会换位思考,体会老师的"恨铁不成钢",理解不同背景的同伴。大学和高中不同,在大学里会认识来自五湖四海的人。他们有着不同的背景、性格和生活习惯。地域的差异带来文化的差异,甚至是价值观的差异,因而平时相处时难免会有一些小的不舒服,甚至发生一些小摩擦,这都很正常。生活中要学会尊重和包容对方,不要拿对方的文化、习俗、信仰等开玩笑。

三、学会取舍:体验与践行"断舍离"

学会取舍,是一种智慧和美德。大学阶段的学习和生活充满了各种各样的选择,而每个选择都意味着放弃一些东西。必要的"舍",能够让人更加专注,而更加专注则更有助于减少焦虑。

"断舍离"是日本杂物管理师山下英子在《断舍离》一书中提出的理念。山下英子毕业于早稻田大学文学部,她在大学期间开始学习瑜伽,从瑜伽的修行哲学"断行·舍行·离行"中提炼出"断舍离"的思维方式,并将其应用于日常生活,逐渐建立起任何人都能做到的"自我探查法"。

"断"是断绝不需要的东西,"舍"是舍弃多余的东西,"离"是脱离对人与物的执念。所谓"断舍离",就是通过整理物品了解自己,理清心中的混沌,让人生舒适的行动技术。"断舍离",不仅是对杂物的一种"放下",更是对个人内心的整理,断掉心底的执念,减少对不必要事物的欲望。山下英子认为"断舍离"是刺激思维新陈代谢的有效方法,主张通过"断舍离"放下执念,专注于当下。

"断舍离"让人斩断、舍弃、脱离对物品、行为和人际关系的执念,即不买多余之物,舍弃无用之物,添置必要之物,如此循环往复,就能给生活带来新陈代谢,创造出让自己觉得舒适惬意的最佳环境,进而让心情变得舒畅,让人生变得美好。

践行"断舍离",最重要的是收拾。通过收拾家里的无用杂物、处理好身边的人际关系,从而让人生变得开心。收拾,是一个筛选必要物品的过程。在筛选的时候,应当考虑两个维度:关系轴与时间轴。关系轴是指"我"与事物的关系,时间轴是指在当下,"我"与某件事物是否确实有关。可以说,"断舍离"就是在关系轴和时间轴的基础上进行取舍和选择。

如果只是把用不上的东西放进垃圾袋再扔进储藏室的话,那只不过是把东西改变一下形态换个地方存放而已,是移动。而"断舍离"要做的是把用不着的东西扔出家门,彻底切断它们与自己的关系。如此以后,只有对当下的自己合适且必需的、正在使用的东西,才会留在自己的空间里。

"断舍离"不仅局限于人与物的关系割舍,还可以应用到人与人之间。山下英子建议,可以从距离和频率两个角度,重新审视人际关系。有些人,要么相隔甚远很少联络,要么想起就会带来不开心,那就不要因为执着于对过去的回忆而挣扎着维系与其的关系。不要害怕孤单与独处,而要勇敢地对无用社交说不。只有走出曾经,与过去挥手作别,才能与更好的人相逢。

老子说,大道至简。我们的一生都在给自己做加法,但"加"得越多,负累越多,只会让自己愈加迷茫。如果什么都想要,到最后只会什么都得不到。适时给生活做减法,学会断舍离,让自己轻装上阵,走出更精彩的人生。

四、与自己和解：学会悦纳与慎独

(一)学会悦纳

人生总会经历很多不如意的事情，如果一直纠缠过去不放，受伤的终归是自己。昨天的太阳，晒不干今天的衣服。正如电影《卧虎藏龙》中的那句经典台词所说的："当你握紧双手，里面什么都没有；当你张开双手，世界就在你手中。"坦然接受生命中的暗淡与荣光，而不执着于过去，努力耕耘现在而且满意现在，对未来充满憧憬而看淡未来，方能站在生活最高处。

做一个懂得悦纳自己的人，在四季轮回里，用一颗浪漫的诗心淡然前行，不管前方是风起云涌，还是雨雪交加，内心要坚信：闯过去，就一定会遇见春暖花开。在这个多彩多姿的世界里，深情地爱着，善良地活着，找一个可以让你欢笑余生、容纳你不完美的人，相互扶持，一路同行，以后的日子，只要你愿意创造，相信美好定会如约而至。你要知道，这个世界上不存在完美，完美不过是人们内心幻想出来的，是人就会有缺点，就不可能做到让他人事事满意。既然无法做到让所有人满意，不妨努力改掉自己的坏毛病，学会接纳自己，接纳眼中的一切不满。

只要你相信自己是最好的，那么世界也是美好的。唯有用一颗努力向上且容纳世间万物的心，穿破苦难，尔后坚毅地站立于众人之中，方能显出你的大智慧、大能量。古语云：海纳百川，有容乃大；壁立千仞，无欲则刚。生活有太多的层面，不是每一个层面的人都能融入到你的世界。用心去关注他人，关注生活，让自己更好地融入到喜欢的圈子里。

(二)学会慎独

"慎独"是儒家的一个重要概念，语出《礼记·中庸》中的"莫见乎隐，莫显乎微，故君子慎其独也"，意思是说从最隐蔽、最细微的言行上就能看出一个人的品质，所以君子要学会慎独。所谓"慎独"，顾名思义就是独善其身，在一个人独处的时候，即便没有任何人监督，也能严格要求自己，自觉地坚守道德准则，不做任何不道德的事情，时时处处提升自己的道德修养，不断地自我完善、自我强大。

"慎"，形声字，从心，真声。《说文解字》解释"慎"为"谨也"，《尔雅》解释"慎"为"诚也"，无论是"谨"还是"诚"，皆与心息息相关，即表示内心的谨慎、慎重，如《诗经·小雅·白驹》中的"慎尔优游，勉尔遁思"，后又引申指警惕，如《谏太宗十思疏》中的"载舟覆舟，所宜深慎"。"独"，繁体作"獨"，形声字，从犬，蜀声，本义是单独、独一，如《说文解字》中所说，"独，犬相得而斗也。羊为群，犬为独也"，后又引申为孤单、独特等义。

许多人的人生之所以一无所成，与周围人相比黯然失色，就是因为他们不讲究慎独，浑浑噩噩地混日子，别人怎么样，我也怎么样，随波逐流，就越来越平庸无能，一生不成气候，做什么事情都以失败告终。因此，只有学会慎独，严格自律，管控好自己，提升自己，自我强大，方可改变人生，有一番作为，功成名就。

慎独则心安。曾国藩曾说："慎独而心安。自修之道，莫难于养心；养心之难，又在慎独。能慎独，则内省不疚，可以对天地质鬼神。人无一内愧之事，则天君泰然。此心常快足宽平，是人生第一自强之道，第一寻乐之方，守身之先务也。"意思是说，一个人在独处时，也能做到思想和言行举止谨慎，沉淀心性，就能在处事过程中问心无愧，心安理得。修身养性最难的地方就是养心，磨炼心性，关键是做到"慎独"。能在独处中不断地自我反省，做到俯仰无愧于天地，内心光明圣洁，就接近了圣人的境界，那天地鬼神也很敬佩他。

慎独，即，无论群居或独处，都做到固守本心，克己复礼。慎独，需时刻心存敬畏，手握戒尺，勤于自省。古语有云，"凡善怕者，必身有所正，言有所规，行有所止。"只有心存敬畏，才会知道什么是"底线"，才不会心存侥幸、逾规越矩。元代通儒、学术大师许衡曾于盛夏途径河阳（今河南省孟州市），偶见路边有棵梨树，众人口渴便争先恐后地去摘梨吃，唯独许衡一人不为所动，并道"非其有而取之，不可也""人所遗，一毫弗义弗受也"。许衡不食无主之梨，正是他"慎独"的真实写照。他认为，纲常伦理国家一日不可废，如果在上者不履行，我们一般人也要履行。许衡一生克己复礼，坚守本心，据《元史》记载，他死后，"四方学士皆聚哭"，谥号"文正"。

慎独，需时刻心存敬畏，勤于自省。古语有云，"凡善怕者，必身有所正，言有所规，行有所止。"只有心存敬畏，才不会心存侥幸、逾规越矩。清朝有位官吏叫叶存仁，为官三十余载，严于律己、清正廉洁。在他离任河南巡抚时，本说好前来送别的僚属们迟迟未来。叶存仁一直等到深夜，才看到一艘小船缓缓驶来，原来叶存仁的僚属们以为他白日不收礼，是害怕被人撞见后嚼舌根，因此选择在深夜偷偷前来赠送离别礼物。叶存仁不愿收下，便赋诗一首婉拒："月明风清夜半时，扁舟相送故迟迟。感君情重还君赠，不畏人知畏己知。"诗中"不畏人知畏己知"，是叶存仁的操守，是他无论身处何时何地，始终心存敬畏、坚守底线的"慎独"表现。

最隐蔽的地方最能体现一个人的品质，最细微的东西也最能看出一个人的灵魂。不要以为是在私底下、无人时、细微处就可以随心所欲，更不要让私欲杂念侵扰内心。独自一人时也应谨言慎行、自重自爱，常掸心灵灰尘，常清思想污垢，不断培养和强化自我约束、自我控制的意识和能力，始终保持纯真本性。人的内心世界往往是错综复杂的，就好像"一粒沙里有一个世界"一样，当处在无人管束的时候，往往会产生放松甚至是放纵心理。而"慎独"就好比是一面盾牌，能帮助我们抵御诱惑、避开陷阱，使我们内心清爽、外形昂然。在人生这场旅途中，慎独的要求一刻都不能松，无论何时何地都需坚守原则，恪守道义，严格自律，不放纵、不越轨、不逾矩。

本章小结
SUMMARY

健康的情绪状态和良好的人际交往是大学生学业发展的心理基石。提高大学生的心理调适能力，培养积极的人际关系，建立健康的亲密关系，不仅能够促进身体健康，更是大学生未来走向社会、走上工作岗位所必需的准备。

第七章　加深自我认知

自我认知是一个人探索自己的过程，也是心理健康的基石。自我认知可以帮助我们了解自己的优点和缺点，正视自己的需求和价值观，同时也能帮助我们更好地与他人沟通和合作。在人类的历史上，自我认知的概念并不像今天这样普遍。在古代，人们通过对神的信仰和对社会地位的追求来认识自己。然而，这种方式并不能很好地理解自己，因为它们是基于外部标准而不是内部感受。相比之下，现代的自我认知是通过反思和内省来实现的。自我认知并不是一项容易的任务，需要我们从不同的方面去探索自我、挑战自我，从而提升自我。

第一节　探索学习风格

对于教师而言，"因材施教"才能帮助学生学有所成。其实，在成长的道路上，自我的培养也需要"因材施教"。可是怎样才能"因材"呢？这首先就需要了解清楚自身的个体特征和彼此的差异，只有这样才能给予个性化的"施教"措施。个体的差异包括很多内容，比如年龄、性别、智力、认知水平、学习动机、文化背景。在学习中，这些因素都与学习风格息息相关，因此，我们需要首先了解学习风格。

一、学习风格的定义

美国人格心理学家高尔顿·奥尔波特（Gordon Allport）为鉴别有差异的人格类型或行为类型，最先将"风格"（style）这一概念引入到了心理学。在随后的几十年中，尽管人们不断修正、发展"风格"的概念，但其核心思想始终是指"在任何活动中长期保持的、稳定的行为模式或所偏爱的做事方式"。美国教育学家哈伯特·塞伦（Herbert Thelen）在 1954 年首次提出了"学习风格"（learning styles）的概念。自此，对于"学习风格"的研究一直受到人们关注。人们对"学习"强调的重点不一样，这给"学习风格"带来了丰富的含义，甚至有学者说"对学习风格的界定差不多与对这一课题的研究者一样多"。综合学者们的定义，学习风格是指一个人喜欢或经常使用的学习方式以及表现出来的相应的学习特征。这些学习方式、倾向和特征表现出持续一贯性，即能够稳定地维持相当长的时间，在完成类似的任务时始终表现出这种稳定性。正是这些稳定、持久、一致而独特的学习方式和学习倾向，构成了学习者的学习风格。

学习风格也可以被定义为不随时间和学科内容而改变的、以特定的方式感知、思考和组织信息的偏好。例如，有些学生更喜欢考虑任务的本质，收集相关信息，并在采取任何行动之前制订详细的计划，而有些学生更倾向于坚持他们的直觉，并沿着这种直觉一直往下思考。一些学生喜欢同时处理任务的几个方面，而另一些学生则倾向于按逻辑顺序一次只处理一个方面。学习风格中的"风格"是指个人的偏好，而不是固化的行为模式。当情境需要时，个体可以暂时采用不同的偏好风格，尽管有些人能比别人转换得更好。

二、学习风格的特点

（一）独特性

学习风格是在学习者个体神经组织结构及其机能基础上，受特定的家庭、教育和社会文化的影响，通过个体自身长期的学习活动而形成的，具有鲜明的个性特征，所以它因人而异。人的个性，诸如能力、气质、性格等，对学习的影响和作用往往是间接的，而学习风格是学习者惯常使用的、有所偏爱的学习策略和学习方式，它直接参与学习过程，不仅确保了学习的顺畅进行，还影响着学习成果，反映出学习者的个性特征。

（二）稳定性

学习风格是个体在长期的学习过程中逐渐形成的。学习风格一经形成，便具有持久稳定性，很少因学习内容和学习环境的变化而变化。尽管随着年龄的增长，大多数个体会变得更善于分析、深思熟虑、内向慎重，但个体学习风格的特点在同龄人中所保持的相对地位不变,具有较高的稳定性。当然,学习风格的稳定性并不是说它不可改变。每一种学习风格既有其优势,也有其劣势。对学习风格的研究正是要扬长补短,改变或弥补学习风格中的劣势和短处。在看到其稳定性的同时注意其可塑性,可以增强学生对学习的信心。

(三)兼有活动和个性两重功能

具有鲜明个性特征的学习风格与个性特征本身的不同之处在于前者对学习活动的直接参与。气质和性格等个性因素对学习的影响都是间接的,它们都必须通过媒体作用于学习过程,而充当这一媒体角色的就是学习风格。学习风格以其活动的功能直接参与学习过程,又以其个性的功能直接影响这一过程及其成效。学习风格的这两重功能始终都是同步发生作用的。

三、学习风格的构成要素

关于学习风格的构成要素,不同的学者有不同的分类和解释。美国教育学家、心理学家邓恩夫妇(Kenneth Dunn 和 Rita Dunn)等人将学习风格分为五大类,每一类又包含生理、心理、社会、环境等若干要素。生理要素包括与外界(环境)刺激有关的要素成分(如学习条件、学习场所),指学习者对学习环境中若干要素的偏爱,包括声音、光线、温度、坐姿、学习时间、感觉通道等方面。心理要素包括认知风格,如归类、分析、综合。社会要素包括学习者的学习活动形式,如独自学习与结伴学习、竞争与合作等。环境要素包括声音、光线、温度等。美国学者吉姆·雷诺(Jim Reynolds)等人在此基础上也提出了六维度的分类模型,大致包括知识偏好、物理偏好、社会环境偏好、认知风格偏好、学习时间偏好、动机和价值观等。

综合邓恩夫妇、雷诺等不同学者的理论,学习风格大致可以分为生理、心理和社会三个层面。生理层面是指学习者对学习环境若干要素的偏爱,主要包括对学习时间的偏好、对学习环境中光线敏感及安静程度的偏好、对感知觉(视、听、动)通道的偏好等。心理层面是指学习者认知、情感和意志行动等方面的偏好。其中,认知方面包括知觉风格、信息加工风格、思维风格、问题解决风格等;情感和意动方面有理性水平、学习兴趣、成就动机、焦虑水平、学习意志力、言语表达积极性、动脑与动手、谨慎与冒险等。社会层面是指学习者的学习活动形式,包括独立学习、合作学习、游戏化学习、竞赛等。

四、学习风格的分类

(一)场依存与场独立

认知风格是学习风格的重要组成部分。对于认知风格最常见的分类是将其划分为场依存型(field dependence)和场独立型(field independence)。美国心理学家赫尔曼·威特金(Herman Witkin)在 20 世纪 40 年代研究知觉的个体差异时发现有些人易从视野中区分若干组成部分,而另一些人则不然。由此,他根据"场理论"把人划分为场依存型和场独立型两类。场独立者不易受外界因素干扰,能洞察出超越事物本身以外的事物间的相互关系,即能借助视觉线索或直觉顿悟。相反,场依存者易受外界因素的干扰,不善于作定向分析,倾向于以外部参照作为心理活动的依据。研究表明,场独立型和场依存型认知风格与学习有密切关系。场独立者偏爱自然科学学科,其学习动机以内在动机为主,学习自主性强,喜欢个人钻研或独自学习;善于运用分析的知觉方式,易适应结构松散的教学风格;而场依存者则偏爱社会科学学科,善于运用整体的知觉方式,喜欢结构严密的教学方式,乐于在集体中学习以取得互相促进、互为启发的机会。

(二)视觉型、听觉型、触觉型

人们通过不同的感官(senses)进行学习,人人都有自己偏爱的学习感官及学习方式。例如,有的人主要用"眼"学习(视觉学习者),而有的善于用"耳"学习(听觉学习者)。根据人的感官偏好,可以将学习风格分为视觉型(visual)、听觉型(auditory)、触觉型(tactile)等。视觉型学习者的典型特征是通过视觉刺激手段接受信息,直观形象的视觉材料能在学习者脑海里形成清晰的视觉表象,使其具有用此感官学习的优势。听觉型学习者喜欢接受听觉刺激进行学习,在听觉学习过程中,学习者常按继时加工的方式接受信息。触觉型学习者的主要特征是喜欢动手尝试,他们乐于在"做中学",往往在操作性技能的学习中表现突出。

(三)图形型、符号型、语义型

基于吉尔福特智力结构理论,学习风格是指个体在处理不同类型信息时的能力偏好。个体在学校学习活动中处理的信息主要分为三种类型:图形、符号和语义。个体在对以上三种类型的信息进行加工时,加工能力的水平通常是不同的,有的人更善于处理图形信息,有的人更善于处理符号信息,也有的人更善于处理语义信息。这就形成了不同类型的学习风格,即图形型、符号型和语义型。

图形型学习风格的人擅长处理图形—空间信息,对图形的识别、辨认、分类很敏感,空间识别和空间记忆能力也较强,喜爱和擅长从事需要动手操作的活动。在学校中,图形型学习风格的人,在数学和科学的学习中显示出较强的优势;在职业生涯中,图形型学习风格的人在许多需要处理图形信息的职业中,如工程师、建筑师、平面设计师、飞行员等,都会有很好的表现。符号型学习风格的人在英语拼读、拼写等方面都有较好的表现,在抽象的数符号系统(如代数)的学习中具有较强的优势。如果他们从事数学、科学、计算机等领域的工作都将会有较好的表现。语义型学习风格的人对语言的理解和运用的能力都较强。在职业生涯中,如果从事公共关系、演讲、撰稿、谈判等工作,都将会有突出的表现。

五、学习风格的影响因素

学生的学习风格是学生自身与其环境之间相互作用的结果,个人特质的影响产生了学生学习方式的一致性,环境的影响则对其变异性产生作用。

(一)遗传和家庭教育

父母的遗传因素、家庭饮食的营养状况、早期教育的情况、提供给子女实践动手的机会等,都可能影响学生对外界事物做出反应的方式,因而形成个体独特的学习倾向,即学习风格。学生所具有的独立或依赖型学习方式与父母的教育方式和家庭氛围都密不可分。

(二)学校教育

学生在学校教育中主要是参与课堂教学活动。在学校的受教育经历会潜移默化地影响学生对某些特定学习能力的积极态度,通过教会学生如何学习等方式在一定程度上塑造了学生独特的学习风格。教师的教学方式和课堂气氛是促进或抑制学生学习的重要因素。

(三)社会文化因素

共同的社会文化可能使同一民族或种族人群的学习风格具有某种共性。

大量研究表明,不同种族人群的学习风格有很大不同。例如,亚洲文化培养的学生更具场依赖性,欧美文化培养的学生更具场依存性。

六、学习风格的测量

(一)所罗门学习风格量表

美国学者菲尔德(Richard. M. Felder)和所罗门(Barbara. A. Soloman)编订了学习风格量表(详见附录),从知识的加工、感知、输入、理解四个方面将学习风格分为四个组对和八种维度。

1. 知识的加工:活跃型与沉思型

活跃型学习者倾向于通过积极地做一些事,如讨论、应用或解释给别人听,来掌握信息。沉思型学习者更喜欢安静地思考问题。"来,我们试试看,看会怎样"是活跃型学习者的口头禅,而"我们先好好想想吧"是沉思型学习者的通常反应。活跃型学习者比沉思型学习者更喜欢集体工作。每个人都是有时候是活跃型、有时候是沉思型的,并且这种倾向的程度是动态变化的。

2. 知识的感知:感悟型与直觉型

感悟型学习者喜欢学习事实,而直觉型学习者倾向于发现某种可能性和事物间的关系。感悟型的不喜欢复杂情况和突发情况,而直觉型的喜欢革新不喜欢重复。感悟型的比直觉型的更反感测试一些在课堂里没有明确讲解过的内容。感悟型的对细节很有耐心,很擅长记忆事实和做一些现成的工作。直觉型的更擅长于掌握新概念,比感悟型的更能理解抽象的数学公式。感悟型的比直觉型的更实际和仔细,而直觉型的又比感悟型的工作得更快更具有创新性。感悟型的不喜欢与现实生活没有明显联系的课程;直觉型的不喜欢那些包括许多需要记忆和进行常规计算的课程。每个人都是有时是感悟型的,有时是直觉型的,只是有时候其中某一种的倾向程度不同。要成为一个有效的学习者和问题解决者,要学会适应两种方式。如果过于强调直觉作用,会错过一些重要细节或是在计算和现成工作中犯粗心的毛病。如果过于强调感悟作用,则会过于依赖记忆和熟悉的方法,而不能充分地集中思想理解和创新。

3. 知识的输入:视觉型与言语型

视觉型学习者很擅长记住他们所看到的东西,如图像、影片中的内容,言语型学习者更擅长从文字的和口头的解释中获取信息。当通过视觉和听觉同时呈现信息时，每个人都能获得更多的信息。在传统课堂教学中，教师讲授、学生听讲非常普遍。然而，由于大部分学生都是视觉型学习者，仅依靠听课的方式很难深度加工所学信息。因此，借助多媒体技术呈现可视化材料更有助于促进知识学习。

4.知识的理解：序列型与综合型

序列型学习者习惯按线性步骤理解问题，每一步都合乎逻辑地紧跟前一步。综合型学习者习惯大步学习，吸收没有任何联系的、编排随意的材料，然后通过综合理解获得知识。序列型学习者倾向于按部就班地寻找答案；综合型学习者或许能更快地解决复杂问题或者一旦他们抓住了主要部分就用新奇的方式将它们组合起来，但他们却很难解释清楚他们是如何工作的。许多人读到这段描述会倾向于认为他们是综合型学习者，因为每一个人都有恍然大悟的经历。序列型学习者可能没有完全了解材料，但他们能通过推理完成一些学习任务（如做家庭作业或参加考试），因为他们掌握的信息是逻辑相连的。总体而言，那些缺乏顺序思考能力的综合型学习者虽然对材料有了大概的了解，但可能对一些细节还是很模糊的，而序列型学习者虽然对主题的具体内容知道许多，但联系到同一主题的其他方面或不同的主题时，他们就表现得很困难。

(二)Kolb 学习风格量表

美国心理学家戴维·科尔伯(David Kolb)认为，学习风格是一个人偏好的感知与加工信息的方法。他从两个维度来考虑学习风格，即"具体经验—抽象概括"的感知方法维度和"反思观察—主动实践"的信息加工活动维度。他由这两个维度构成了一个坐标系，确定出四种学习风格：发散型、同化型、集中型和顺应型。

1.发散型

与发散型风格相关的主要学习能力是具体经验和反思观察，具有这类学习风格的人善于多角度观察具体情境，擅长发散思维，因而在"头脑风暴"等需要产生大量想法和创意的活动中表现得比较出色。这类学习者有广泛的兴趣，喜欢收集信息。研究表明，他们对人比较感兴趣，想象力和情感都很丰富，擅长文科类课程，在课堂中，这类人喜欢小组活动，开放地倾听别人的观点，喜欢接受他人的反馈。这种学习风格类型的学习者提出的典型问题是"为什么"，他们对与其体验、兴趣和未来职业相关的学习材料能很快地做出反应并予以解释。

2.同化型

与同化型风格相关的主要学习能力是抽象概括和反思观察，具有这类学习风格的人最善于把大量的信息变得简练而有逻辑性。与发散型学习风格的人相比，同化型学习风格的人对理论和抽象的概念感兴趣，而不是对人感兴趣。通常这类人认为一种理论的逻辑合理性比它的实践价值更重要。同化型学习风格对于从事信息和科学等职业非常重要，在课堂中，这类人喜欢阅读、演讲，喜欢探索和分析理论模型，希望有时间思考问题，得出结论。这类学习风格类型的学习者的典型问题是"什么"，他们能对有组织的、逻辑的信息呈现方式以及给予他们思考时间的学习活动做出较好的回应。

3.集中型

与集中型学习风格相关的学习能力主要是抽象概括和主动实践，具有这类学习风格的人最善于发现思想和理论的实际用途，他们能够找到解决问题的方案，做出决策，进而解决问题。他们喜欢执行技术任务和处理技术问题，而不是社会问题或人际关系，这些学习能力对于从事专家型和技术型岗位等是很重要的。

4.顺应型

与顺应型风格相关的主要学习能力是具体经验和主动实践，具有这类学习风格的人最善于从实际体验中学习。他们喜欢执行计划，喜欢体验新的、有挑战的经历。他们依靠直觉的情感体验而行动，而不是依靠逻辑思维。顺应型学习风格的人在解决问题时，依赖人与人的沟通来获取信息，而不是依靠他们自身的技术分析。这种学习风格对于行动导向的职业是非常重要的，如市场营销。在正式的学习情境中，这种类型的学习者喜欢与他人合作完成任务，喜欢设定目标，进行调查研究，能够寻找各种方法来完成项目。这种学习风格类型的学习者提出的典型问题是"如果……会怎样"。他们喜欢将课堂中学到的知识运用到新的环境中去解决实际的问题。

七、学习风格的重要性

学习风格对于有效学习至关重要。它有助于学习者找到最适合自己的学习方式，提高学习效率，增强学习动力，提升记忆力，并实现个性化学习体验，从而发掘自身潜力和优势。

(一)提高学习效率

学习风格是个体在长期学习过程中逐渐形成的,因而具有稳定性。当学习者了解自己的学习风格后,可以选择最适合的学习方法和资源,使学习变得更加高效和有针对性。

(二)增强学习动力

采用适合自己的学习风格,学习者能够更好地理解和掌握知识,这将激发他们的学习动力,提高学习兴趣和投入度,使学习过程更加愉快和有意义。

(三)提升记忆力

使用符合自己学习风格的方法可以帮助加强记忆力。无论是通过图像、声音、实践还是阅读写作,当学习任务与自己的学习风格相匹配时,记忆和回忆信息变得更加自然和有效。

(四)个性化学习体验

了解自己的学习风格使学习者能够根据自己的喜好和需求来个性化设计学习体验。可以选择适合自己的学习材料、学习环境和学习活动,使学习过程更符合自己的偏好和学习方式。

(五)发掘潜力和优势

通过了解自己的学习风格,学习者可以更好地发现自己的潜力和优势,从而更加专注于发展和应用自己的优势领域,提高学习效果和学术表现。

第二节　培养学习兴趣

"知之者不如好之者,好之者不如乐之者。"兴趣是最好的老师。学习兴趣不仅是学习的动力源泉,还能使学习者享受学习带来的快乐。培养学习兴趣是大学学业发展中不可或缺的重要环节。

一、学习兴趣的内涵

(一)学习兴趣的定义

兴趣作为个体积极探究某种事物或进行某种活动、并在其中产生积极情绪体验的心理倾向,贯穿于学习的整个过程,不仅有利于改善学习过程与学习结果,更能促进质与量上更优越的学习,因此被视为影响学生学业成就的关键要素之一。

学习兴趣是指学生在学习活动中表现出的一种积极心理状态和重复参与相关活动的倾向。学习兴趣大体上可以分为直接学习兴趣和间接学习兴趣。前者是由所学材料或学习活动,即学习过程本身直接引起的,后者是由学习活动的结果引起的。

(二)学习兴趣的特点

学习兴趣具有以下三个主要特点。

1. 学习兴趣是情境性与稳定性的综合

情境兴趣是指个体活动过程中形成的对当前环境的一种即时性的、积极性的心理状态,包括诱发阶段和维持阶段;个体兴趣是指个体在一段时间内重复参与相关学习活动的倾向,是个体在相对长时间内形成的对固定客体、活动或知识领域的反应倾向,具有跨时间发展和相对稳定的特点,包括初步阶段和稳定阶段。情境兴趣和个体兴趣二者并非完全割裂,而是相辅相成的,经过长时间维持的情境兴趣可能发展成为稳定的个体兴趣,而具有个体兴趣的个体仍然可以多次感知和体验情境兴趣。

2. 学习兴趣具有对象指向性

学习兴趣是指个体对具体对象或内容的倾向,可以包括具体主题(如话题兴趣)、活动(如阅读兴趣)或学习内容(如数学学习兴趣)。

3. 学习兴趣具有结构的多维性

兴趣的发展阶段和程度可以通过个体在情绪、价值、知识和投入四个方面的表现来区分。情绪是个体在学习过程中体验到的积极情绪,如趣味性、愉悦感。知识是个体掌握的知识量以及对获取更多相关知识的渴望程度。价值是个体对兴趣客体的重要性和与个体相关性的认识,如实用性和重要性。投入是兴趣活动的内在特点,如自主独立参与相关活动,而不需要外在条件的支持。

(三)学习兴趣的作用

1. 学习兴趣有利于提高学生的创造力

学习兴趣可以优化智力活动过程。脑神经科学研究表明,浓厚的学习兴趣可以使大脑中有关学习的神经细胞处于高度兴奋状态,而无关的部分则高度抑制,神经纤维信道的有关部分会保持高度畅通,"神经噪声"大大降低,信息传递达到最佳状态。这时人的思维最活跃,想象力最丰富,创造潜力处于最佳状态。

2. 学习兴趣有利于提升学生的主体性

首先,浓厚的兴趣能推动个体以积极的态度参与学习活动,能动地建构自己的知识结构,为全面发展奠定牢固的根基。其次,强烈的学习兴趣能驱动个体去千方百计地寻找问题解决的方法和途径,在问题解决的过程中培育起坚韧的意志品格,进而增强主体的本质力量。最后,培养学习兴趣意味着对个体独特性的尊重。

3. 学习兴趣有利于增强学生的成就感和学习动机

学习兴趣能增强学生成就感,原因在于由它启动的学习系统相当于一个能量的自激励系统。在这个自激励系统里,当学习过程进行当中和结束之后,学习者所获得的某些心理上的满足(如获得知识的愉悦、自信心的满足、成就感的满足等)作为一种内部产生的奖励成为系统的正反馈,又重新融入内在动机当中,增强了动机的推动力,为系统的循环运行提供了源源不断的能量。在这样的系统当中,由于整个过程能量流动是自循环的正反馈过程,能量的消耗是很少的,使学习系统不需要更多的外力推动,就可以持续进行下去。

二、专业学习兴趣的发展

专业课的学习是学生将来进入社会从事专业工作所必备的基础。专业课牵涉到的知识面比较广,既有系统的专业基础知识,又有丰富的实践经验,同时还涉及当今最新发展方向。

不同于公共课,专业课更侧重专业知识的讲授以及专业技能的指导与训练。如果说公共课是为了提升学生的人文素养,让其掌握基础的公共知识,那么专业课的学习旨在提升学生的科学素养。专业课程是专业领域内知识的浓缩讲解，大学生专业知识的学习使得其在某个领域有独特的见解，从而正确对接某一职业，带动其就业。专业知识的学习是由浅入深的，专业学科素养的提升也是循序渐进的，当代大学生必须认识到专业课的重要性，掌握专业技能，解决专项问题，更好地提升和发展自我。除了专业知识的掌握外，专业课学习也有助于学生的健康成长与发展。让学生用更科学的思维去发现并解决问题。掌握专业解题思路和方法，也能实现其他科目的指导性学习。专业课是大学学习的重点内容，只有学习好专业课，才能提升自己的专业技能和综合素养。

瑞士心理学家皮亚杰说过："所有智力方面的工作都要依赖于兴趣。"一项对大学生的调查却表明，14％的人对所学专业不感兴趣。究其原因，主要是对所学专业不了解，对所学专业不喜欢，对学习困难感到害怕，对就业前景感到悲观。其实，心理学研究表明，兴趣的发展是逐步深化的，专业学习兴趣的产生和发展一般要经历"有趣—乐趣—志趣"三个逐步深化的过程。从认为专业"有趣"开始，通过一定的学习、研究而进入"乐趣"，并在深入钻研中转为"志趣"。这是一个较为复杂而又必经的深化过程。在志趣阶段，学生明显地表现出向专、精、深的方向发展，并力求在自己的专业学习和研究上有较高深的造诣，从而更积极、自觉地为取得成就不懈努力。大学生可以通过以下几点来提高自己的专业兴趣。

（一）培养良好的兴趣品质，巩固专业兴趣

有的人虽然兴趣广泛，但同时"朝秦暮楚"，不能持之以恒。这种短期兴趣往往使我们对一个问题无法做出深入全面的了解，也就不易取得一定的成就。在多种兴趣中，我们应该确立一个中心兴趣并坚持下去。另外，有的人对某种事物有强烈的兴趣，但是只停留在想象阶段，从不付之于行动。例如，小刘同学的专业是心理学，他却认为自己的兴趣并不在此，他认为宏观经济学才是自己的"真爱"。但是，他却从来没有辅修过与经济学相关的课程，也没有真正自学过相关的内容。这样的兴趣其实只是小刘同学的想象而已，并不是他真正的兴趣。真正的兴趣会推动我们做出实际行动。不少成功者的兴趣都是通过转移和调整才被发现的。马克思原先爱好的是诗歌，但在当时的社会背景下，随着阅历的增加，他越来越关注经济问题，并进入政治经济学领域。同样，我们也可以既拥有爱好，也根据自身实际情况，将兴趣转移到某个专业领域的学习上来。

(二)把专业学习与社会发展需要联系起来

三百六十行,行行出状元。无论所学专业是"冷门"还是"热门",都与社会发展密切相关。只要认真、投入地去学习,总会有用武之地。如果明确了自己所学专业的价值,了解了自己所学专业的未来发展与就业方向,就更容易对专业学习产生间接兴趣。而一旦集中精力地学习,就会获得一定的成就感,也会发现学习的乐趣。这样一来,对专业学习的间接兴趣就会逐渐转变为直接兴趣,进而提高学习热情和学习效率。

(三)了解学科的发展史和前沿知识

在浩瀚的知识海洋中徜徉,个体常常会感觉自己对专业知识的了解非常肤浅。这种感受有时会让大学生对专业学习望而生畏,甚至会让大学生对专业学习失去兴趣。要系统地了解一门学科,最好的方式是了解这门学科的发展史和前沿知识。历史是一面镜子,学科发展史能够使学习者认识到学科的发展变化以及学科在社会发展中的地位。同时,前沿知识又能够激发学习者的好奇心和求知欲,激发学习动力。大学开设了许多专业选修课,也会有一些专业方面的讲座,大学生可以充分利用这些机会了解专业的前沿知识,也可以去其他院校旁听或者辅修一些课程,以增强自己对专业知识的了解。

(四)勇于挑战学习困难,应对学习挫折

在专业学习中,一些大学生很有可能会遇到困难和挫折,但是,无论学习的过程有多少困难,都不要轻言放弃。不能把困难和挫折当作拦路虎,而要把它们当成垫脚石。当我们在专业学习中遇到困难而苦恼时,要想办法多给自己一些积极的暗示,多付出一些努力。例如,对会计专业的学生来说,统计学的知识相对比较难一些,这时可以给自己一些积极暗示,如"学统计对今后的工作很有帮助,虽然有些吃力,但我相信自己一定可以学好"。同时,也可以多向教师和同学请教统计学的学习方法。

(五)正确看待考试成绩

在大学里面,成绩的评定往往不是仅依靠最后的期末考试,而是会结合学生平时的表现、作业的质量、学习的态度等方面。这种评价方式虽然相对公平,

但是也不能保证准确无误,毕竟任何考试都不可能测查到学生所学知识的所有方面。因此,无论考试成绩高低,大学生都要正视并积极面对。比成绩更重要的是自己在学习中收获了什么,是否能够在未来的生活和工作中灵活运用所学知识解决问题,是否具有了专业的视角和思维方式。适时对自己的学习结果进行总结和评价,也可以使大学生对自己的学习有准确的把握,增强对专业的热爱和兴趣。

第三节　提升专业认知

一、了解专业的内容与发展定位

了解专业的内容与发展定位有利于提升专业认知,学生可以通过了解专业的培养目标、课程设置、就业方向以及毕业生就业情况来把握专业的内容与发展定位。

(一)了解专业的培养目标

每个专业都有自己的培养目标,而且每个专业的培养目标不尽相同。大学专业的培养目标和课程设置是教学中的重要环节。例如,会计学专业的培养目标是培养具备会计学、管理学、经济学、法学等方面的知识和能力,能在企、事业单位及政府部门从事会计实务以及教学、科研方面工作的工商管理学科高级专门人才。又如,新闻学专业的培养目标是培养德、智、体全面发展,面向现代化、面向社会、面向世界、面向未来,具有现代新闻传播专业能力和媒介经营管理知识与实际能力,掌握党和国家的新闻传播政策和纪律,党性原则强、业务水平高、具有国际新闻传播竞争能力的专门人才。可以看出,不同专业的培养目标具有其研究领域的特色和要求。从一个专业的培养目标中我们能大致了解该领域的人才需要具备哪些基本素质。

(二)了解专业的课程设置

想要了解一个专业,仅凭其专业名称很难做到。很多专业仅凭名称是无法了解到它的真实情况的。一般情况下,很多人是根据自己的主观猜测或社会的普遍看法来认识一个专业的,这样容易造成错误的理解。假如一个考生高考报志愿时本想填报"园林"专业的,却因一字之差误报为"园艺"专业,之后他的学习方向就完全改变了。因为园林专业需要学习的是生物学、林学、建筑学、设计艺术学学科的基本理论、基本知识;掌握风景名胜区规划、森林公园规划、城市绿地系统规划、各类园林绿地规划设计、园林植物栽培、养护管理的技术等。而园艺专业是学果树、蔬菜、花卉及观赏树木的栽培与繁育技术的专业。该专业培养的是园艺师,其工作主要是园艺作物的生产、栽培等。这两个专业从字面上看,只有一字之差,但日后所学习的专业课程、内容、就业方向却是相去甚远。如果该考生当初知道了这两个专业的课程设置,就不会有这样错误的判断了。为了避免这种情况的发生,在选择专业的时候应该了解专业的具体课程设置,这样才能根据自己的学习兴趣、学习成绩来确定专业。每个高校的课程设置几乎都可以在学校的教务处网站上查到。应该要注意的是,不要以为只要专业名称相同,该专业在所有大学的课程设置都一样。以临床医学专业为例,北京协和医学院是八年制本硕博连读的,毕业后拿到的是博士学位;而首都医科大学的临床医学专业是五年制本科,毕业后拿到的是学士学位。在不同的大学读相同的专业,可能所需要的学习时间不同,毕业后所得到的学位也不一样。另外,即使是同一个名称的专业,在各个学校内的侧重点很有可能也是不一样的。这与学校本身的办学特色、办学实力水平、师资力量、设施配备、国家补贴等因素有关。

(三)了解专业的就业方向

学生应该考虑清楚自己毕业后的职业定位,然后再根据这个职业定位选择适合自己的专业。比如,如果希望毕业后进入银行、证券公司之类的金融中介机构工作,报考志愿时就可以选择金融学或财会类的专业。很多专业会分化出多个职业方向,但最适合本专业的职业方向是有一定的范围限制的。了解该专业的就业方向,可以在报考志愿时提前做好心理准备。选好了职业方向并学好了相关专业,毕业后才能够在职业发展道路上走得更从容。

(四)了解该专业毕业生的就业情况

用人单位在招聘时通常是根据岗位的具体情况,确定招聘人员的学历层次、毕业学校层次、适合该岗位的专业范围等。毕业生的就业情况是社会对各个专业的人才需求的直接体现。目前,很多高校每年都发布毕业生就业质量年度报告,向社会公布本校毕业生的就业情况,其中就有各个专业毕业生的就业率。参考这些报告有助于了解该专业的发展和就业情况。

二、培养专业认同感

(一)什么是"专业认同感"?

专业认同感是指学习者对自己所学专业的认同,并将自己与专业及未来职业角色逐步同一化的过程,学习者在该过程中逐步形成了与专业一致的观念与价值体系。专业认同感主要包括专业认知、专业情感、专业行为和专业培养四个方面。其中,专业认知指学习者对所学专业的规范与要求、课程设置、培养目标、就业状况等的认知与了解;专业情感指学习者对所学专业的情感、态度、价值观以及专业发展前景的预测;专业行为既包含学习者对所学专业的学习行为,又包含其在专业见习和实习中的表现;专业培养指学习者对自身教育需求的关注,更多地集中于专业培养是否有利于其就业及职业生涯的发展。

专业认同感与学习动机之间存在着密切的联系。首先,专业认同感是自主学习动机的预测因子。一般来说,专业认同感强的学生,自主学习动机也较高。其次,学习者的自主学习动机水平越高,其专业认同感越高。追求成功动机对大学生专业认同起正向预测作用。自主学习动机越强的学生,自我控制一般来说也更高,因而更可能在学业上获得成功,进而对专业的认同感更高。最后,专业认同感与自主学习动机之间形成循环反复的互动过程。专业认同感高可以促使学习者自主学习动机的提升,而随着学习者自主学习动机的提升,其对专业的认同感也不断提升,从而形成了"高专业认同感—高自主学习动机—高专业认同感—高自主学习动机"的良性互动循环;反之,专业认同感较低的学习者其自主学习动机较低,较低的自主学习动机阻碍了学习者专业认同感的提升,从而进入"低专业认同感—低自主学习动机—低专业认同感—低自主学习动机"的恶性互动循环。

(二)专业认同感的培养

专业认同感的发展是一个动态过程,受学生自身的特点、学校环境以及社会大环境的影响非常大。大学生作为促进专业认同感的主体,其个人特质、价值观等方面的特点直接影响其专业认同感的程度。因此,大学生可以从以下几方面入手,积极提升自身的专业认同感,为以后的职业规划和发展做好充分的准备。

1. 结合自身特长合理选择专业,做好职业生涯规划

大学生应该结合自身特点选择专业,首先要对自我有一定的认识,对自己要追求什么、实现怎样的人生理想有一定的概念,然后结合自己的兴趣点和自身的性格特点确定报考什么专业,避免盲目跟风,选择适合自己的专业。此外,在刚进入大学的时候就应该建立一个合理的学习规划,在专业学习中不断地提升自己以适应社会发展需求。如果能够合理规划大学学习,充分利用四年的学习时间,随着专业学习的深入将会越来越喜欢自己的专业,最终形成良好的专业认同感。

2. 积极参加专业实践活动,提升自身的专业能力

在专业学习中,不仅要掌握基本的专业知识,还要通过参加各种专业实践活动提升专业能力,在毕业的时候才能拥有更大的就业优势。通过参加专业实践,在社会实践中领悟知识的真谛,在专业学习中发挥学习的主动性。

3. 建立良好的社会支持系统,主动向他人求助

很多学生在专业学习中一开始满腔热血,但是一旦在学习中遇到困难后就开始退缩。此时,如果不向老师、学长、朋友求助,任由自己陷入低迷的情绪,不仅专业学习的困惑得不到解决,最终还会失去专业学习的信心,更难以形成专业认同感。所以,在学业发展中遇到问题,应学会及时倾诉,主动向老师、同学等求助,构建适合自己的专业支持系统,为专业发展保驾护航。

4. 保持积极乐观的专业学习心态,提升自己的专业素养

保持积极乐观的专业学习心态,前提是相信自己的专业素质,在自己的专业领域进行正面的自我评价。建立对专业的自信是提升学生专业认同感过程中的一大挑战,这需要学生对自己的专业要有理性乐观的学习心态,对专业发展的前景抱有足够的信心。大学生应在专业学习中保持积极乐观的心态,不断提升自己的专业能力与素养。

(三)专业认同与转专业

专业认同并不是一蹴而就的。很多学生在迈入大学校门的时候,对于专业的选择比较懵懂，因此，要么是听从父母长辈的建议，要么是从字面意思和经验常识上来进行判断。然而，当真正开始专业学习之后，一些学生会发现自己对所学专业兴趣寥寥，对未来发展前景深感迷惘。其实，这种感觉很正常。相比于十几年前的大学生，互联网、移动设备等让现在的学生有了更多的信息源，这些可以帮助他们尽量避免专业选择后的"悔不当初"。但是，专业选择是一个重大决定，对于十八九岁的人来说，难免力不从心。所以，专业认同的第一步，很多时候是"既来之，则安之"。

如今，转专业是一些学生入学后操办的第一件大事儿。现在高校的管理体制让转专业的灵活性逐渐变大。在十几、二十年前，这基本上是很难实现的。所以，能够受益于现行体制而对适合自己的专业进行二次选择，无疑是一件好事。但是，其实大多数学生对于专业的认识很少，也并没有充分想清楚转专业的目的，便一味追求尽快"跳槽"。这最终很容易变成一个弊大于利的选择。毕竟，对于一个专业领域的学习需要时间，而爱上这个专业需要过程。

大一新生对于一个专业的了解，除了院系组织的各种专业活动、专业教师的讲解，应当主动去收集专业相关信息，了解所在专业领域最新的发展情况。通过系统整理专业相关信息，把握专业领域的发展动态，能够有效地提高专业认知。也许你会认为，听老师、学长的介绍应该会更省时省力，但这种"道听途说"也同样削弱了信息内化的深入程度。只有"亲力亲为"的探索才更有助于引发对专业的好奇和兴趣。

决定是否留在一个专业，一个很重要的因素是"归属感"。归属感来源于他人，也来源于自己。他人能够提供的是一种氛围，这种氛围是否符合自己的预期，是否契合自己的展望，都决定着心中是越来越多的憧憬还是失落。当憧憬或是失落达到一定的阈限，便会让一个人想要作出"留"或是"去"的决定。换言之，我们是很难改变来自他人的归属感的。但是，归属感也可以由自己来生成。试问，你能否在本专业中找到自己的榜样，那个你"长大后想成为的人"？榜样的力量是强大的。因为一个人、一件事而喜欢一个专业、热爱一个行业，这是美好的，也是现实的。这个榜样可以是你的家人长辈，身边的老师、学长，也可以是一个领域当中赫赫有名的中外学者、企业家。榜样也可以是身边平凡敬业的工作者，你很少留意但忽然肃然起敬的劳动者。无论你选择了怎样的榜样，只要能想明白你真正欣赏、敬佩对方什么，那么，这种认可会慢慢转变为一种模仿的欲望，一种学习的动力，驱使你的内心更富有好奇心和探索欲地去了解一个专业及其呈现给你的一片新世界。当然,如果经过对专业的深入了解仍然无法激起学习的兴趣,转专业不失为一个解决办法。尽管如此,转专业之前一定要深入了解新专业,从而让自己能够实现专业之间的平稳过渡。

三、探索职业兴趣

(一)什么是职业兴趣?

兴趣是一个人无论能力高低以及受到外界评价如何,乐此不疲从事某件事情的动力,是内心动力和快乐的源泉。具体来说,兴趣是指一个人力求认识、掌握某种事物,并经常参与某种活动的心理倾向。职业兴趣是指个体对某种类型的工作和活动的心理偏好程度,是心理能量对该类工作和活动的具体指向。职业兴趣是职业选择中最重要的因素,是一种强大的精神力量。职业兴趣可以提高一个人在工作活动中的积极性,是职业生涯选择的重要依据,是保证职业稳定发展的强大基础。当然,一种职业往往不能满足一个人的所有兴趣。随着社会的不断发展,很多人成为"斜杠青年",即通过兼职等方式,同时涉足不同职业来满足自己不同方面的职业兴趣。

(二)职业兴趣在职业活动中的作用

爱因斯坦曾说过,兴趣是最好的老师。人的兴趣在职业活动中起着十分重要的作用。在选择职业或岗位时,不仅需要了解自己的性格,还需了解自己的兴趣。兴趣是一个人在工作中取得成功的重要推动力,它能将一个人的潜能最大限度地发掘出来,并且经过艰苦努力最终取得令人惊叹的成绩。但是,兴趣并不代表能力,一个人对某个特定职业有兴趣并不表示就能干好这个职业。同样,如果一个人具备了从事某项工作的能力,但是对这项工作缺乏兴趣,这样在该职业上取得成功的可能性并不大。

具体而言,职业兴趣在职业活动中的作用主要表现为影响一个人的职业定向和职业选择、开发人的能力、激发人的探索与创造、增强人的职业适应性和稳定性。首先,职业兴趣能够影响职业定向和职业选择。在选择职业时,人们会考虑自己对某种工作是否感兴趣,以自身的兴趣作为选择的重要参考标准。其次,职业兴趣有助于促进智力和潜能的开发。浓厚的职业兴趣能够激发一个人主动探索、创新的热情,最大限度发挥自己的潜力。第三,职业兴趣有助于提高

第八章　拓展综合实力

> 想别人不敢想的，你已经成功了一半；做别人不敢做的，你就会成功另一半。
>
> ——〔美〕阿尔伯特·爱因斯坦

综合素质是一个人自身所具有的知识水平、道德修养以及各种能力等方面比较稳定的特点的总称，既包括健康的身心素质、坚定的思想信念，还涵盖灵活的应变能力、积极进取的品格等。综合实力的养成并非一朝一夕。大学生的综合实力集学习能力、专业素养、适应能力、处事能力、身心素质等于一体，与提升未来的职业竞争息息相关。四年的大学生涯不仅需要积累扎实的专业知识，更应当在各个方面练就过硬的综合素质。在综合素质的各个方面中，最为根本的是思维素质，尤其是创新与批判的意识与能力。

第一节　创新与创新能力

创新是一个民族的灵魂，是一个国家兴旺发达的不竭动力。纵观当代社会，只有不断创新，才能在竞争中处于主动，进而立于不败之地。没有创新就缺乏竞争力，没有创新也就没有价值的提升。

一、什么是"创新"？

"创新"是指能为人类社会的文明与进步创造出有价值的、前所未有的精神产品或物质产品。创新过程就是创造性劳动的过程。人类要生存和发展就必须创新，必须进行创造性劳动。因为创造了生产工具才使人类脱离原始人的蒙昧状态，逐渐发展成为有高度智慧的现代人，人类与自然界作斗争的每一次胜利都离不开创新。从方法论的角度来说,创新涉及两个层面的内容:其一,从无到有;其二,新的排列组合。"从无到有"是指原来没有的东西,我们把它发明出来;"新的排列组合"是指已有两个或多个事物,我们把它们通过一定的手段组合在一起。

国际社会公认的"创新(innovation)"一词由约瑟夫·熊彼特(Joseph A. Schumpeter)首先在其著作《经济发展理论》一书中提出。到目前为止,对创新比较权威的定义认为,创新是在生产过程中产生的一种创造性"毁灭",同时能够创造出新的价值。2000 年联合国经合组织(OECD)《在学习型经济中的城市与区域发展》报告中提出,"创新的含义比发明创造更为深刻,它必须考虑在经济上的运用,实现其潜在的经济价值。只有当发明创造引入到经济领域,它才成为创新"。2004 年美国国家竞争力委员会向政府提交的《创新美国》计划中提出:"创新是把感悟和技术转化为能够创造新的市值、驱动经济增长和提高生活标准的新的产品、新的过程与方法和新的服务。"

二、创新、创造、发明与发现

创新是人类极为宝贵的品质。世界发展的动力来源于创新,科学技术的生命也在于创新。可以说,人类的文明史就是一部创新的历史。创造(creation)是把以前没有的事物给创造出来,是一种典型的人类自主行为。发明(invention)通常是指人类通过技术研究而得到的前所未有的成果。《中华人民共和国专利法》指出,发明是指"对产品、方法或者其改进所提出的新的技术方案"。发现(discovery)是对客观世界中前所未知的事物、现象及其规律的一种认识活动。"发现"常被作为"科学发现"的简称,这是因为发现的结果本身是客观存在的,是不以人的意志为转移的,而科学研究的目的就是发现这些客观存在的、尚未被人类掌握的规律,所以也称为"科学发现"。

创新、创造、发明和发现的区别主要在于以下几个方面。首先,发现所涉及的事物,是客观世界中已经存在的,而其余三者所涉及的事物都是客观世界未曾存在过的。其次,创造所涉及的范围比较广,上至天文下至地理,无所不含。而发明一般特指技术领域,常用于"技术发明"的情境中。创造和发明皆停留在思想及过程阶段,倘若这种前所未有的思想一旦转变为结果并具备了经济及社会价值,就成为创新。创新具备目的及结果两个特点,或者说创新就是把知识和能力成功地转换为直接和间接的市场价值的过程。简单点说,创新是指人类提供前所未有的、有价值的事物的一种活动。这里的事物很广泛,既包括自然科学,也包括社会科学,上至国家政权,下至百姓生活,从天文到地理,无所不有。这种"前所未有"就是"首创"。任何的创新都必须是首创。不过,首创因为参照对象的不同而有两种不同的含义:第一,相对于其他人或全人类来说,发明者是第一,这属于首创;第二,虽然相对于其他人我们不是第一个,但相对于我们自己来说,是第一,这也算作首创。第一种情况是"狭义创新",第二种情况则为"广义创新"。凡事先易后难,今天的创新学习更提倡从广义创新开始,也就是说,一个人对某一问题的解决是否属于有创造性的,不在于这一问题及其解决方法是否曾有他人提出过,而在于对个人来说是不是新颖的、前所未有的。只要相对于自己,我们有新的想法、做法,新的观念、设计,新的方式、途径,这就是创新。

三、创新的特点

所谓创新,既是"无中生有",也是"有中生无"。"无中生有"是指科学发现和技术发明。"有中生无"是指对现有事物的改进。我们可以将创新的特点总结为以下几个方面。

(一)普遍性

创新存在于一切领域,没有哪个领域是一成不变的。不要以为创新就非得轰轰烈烈、惊天动地。把细小的工作做好同样也可以是一种了不起的创新。

(二)永恒性

创新是人的本能,只要有人类,就有创新,这种活动受人类自我实现本能的支配。另外,人类的其他活动有可能终止,但创新永远不会终止。最好的创新永远是下一个。

(三)超前性

由于创新本身是突破"已知"而进行的首创行为,因此社会认识必然滞后于创新,创新总是超前的。这种超前应当是从实际出发、实事求是的超前。

(四)艰巨性

在影响创新的诸多因素中,有两个主要因素导致了创新的艰巨性。其一是由创新的超前性所致,因为超前,所以可能得不到他人的理解和支持,甚至遭到反对,给创新者造成很大的压力,并制造了艰难的创新环境;其二是由于创新是做前人或他人没有做过的事情,实现创新的过程和方法都需要探索,因此带有不确定性和技术难度导致了创新的艰巨性。

(五)社会性

完成一次创新,不但要想还要做,要真正加以实施。实施过程中就要与社会发生联系,进而产生社会性。在现代社会中,随着分工的细化,"单打独斗"的时代已经一去不复返。

四、创新的过程

创新既是一个思考的过程,也是一个实践的过程。所以,创新就是"想"和"做"。想,就是要敢于想前人所未想;做,就是要敢于做前人所未做。鼓励"敢想",是因为创新的本质是做"非共识"的事。鼓励"敢做",是因为创新的本质是开辟出一条不曾有过的新路。

(一)创新的四个阶段

人类创新活动的过程一般可分为善观察、勤思考、广合作和多实践四个阶段。

1. 善观察

"善观察"是创新活动的观察问题和发现问题阶段,即创新观察阶段。创新观察是人类创新活动的起点,是人类认识事物的开始,是获得感性材料的基础,是获取创新信息、知识、经验、技术和方法等的手段,是人类从事创新思维活动的基础和源泉。

2. 勤思考

"勤思考"是创新活动中分析问题和提出解决问题的初步方案阶段,即创新思考阶段。创新思考是贯穿创新活动的主线,是创新活动的核心和灵魂。

3. 广合作

"广合作"是创新活动的修改和完善解决问题的方案阶段,即创新合作阶段。创新合作是创新活动的助推力,是扩大和完善创新成果的保障。

4. 多实践

"多实践"是创新活动的实施解决问题的方案并检验、推广和应用创新成果阶段,即创新实践阶段。创新实践是创新活动的收获阶段,是创新成果的检验和推广应用阶段,是创新成果获得社会认可的根本保证。

无论是自然科学领域的创新还是社会科学领域的创新,无论是新兴学科的创新还是交叉学科的创新,无论是知识创新还是技术创新,无论是管理创新还是方法创新,无论是个人创新还是集体创新,创新活动的过程一般都可以分为上述这四个阶段。

(二)创新的七个步骤

创新过程的四个阶段又可以进一步划分为观察问题、发现问题、分析问题、提出解决问题的方案、修改和完善解决问题的方案、尝试着解决问题、检验创新成果等七个步骤。

创新观察阶段包括"观察问题"和"发现问题"这两个步骤。观察问题是指通过创新观察,了解现有事物的构成要素及功能;发现问题是指通过创新观察和创新思考,找出现有事物构成要素的结构和功能中的不和谐和不完善的地方。

创新思考阶段包括"分析问题"和"提出解决问题的方案"两个步骤。分析问题是通过创新思考,从现有事物构成要素中挑选出拟进行新的组合或分解所需要的要素;提出解决问题的方案是指通过创新思考,设计出新的组合或分解的计划和方案。

创新合作阶段是"修改和完善解决问题的方案"的一个步骤。通过广泛的合作,争取支持和帮助,拓宽创新视野,集思广益,博采众长,汲取全人类一切相关成果的精华"为我所用",修改和完善拟进行新组合或分解的计划和方案。

创新实践阶段包括"实施解决问题的方案"并"检验、推广和应用创新成果"两个步骤。尝试解决问题是指试验新的组合或分解方案。然后,对新组合或分解的产物进行多形式、多途径、多层次、多角度、多用途地创新性实践、检验、发展和进一步完善新组合或分解的事物,使其构成要素的结构和功能达到新的和谐,并检验其是不是在现有事物基础上的进步或发展,是不是在现有事物基础上的发明和创造。

五、创新能力

(一)创新能力的定义

创新能力,又叫创新才能,是创新人才的智慧资源,也是创新学研究的重要问题之一。创新能力与创造力是两个既紧密联系又相互区别的概念,二者都是推动社会进步和经济发展的强大动力,也是正常人能力结构中最核心的部分。但是两者的侧重点不同:创造力侧重于创造活动的独创性、新颖性,旨在追求与众不同、标新立异;创新能力特指创造者进行创新活动的能力,也就是产生新想法、新事物或新理论的能力。创新能力是人的潜在心理品质,在顺利完成以原有知识、经验为基础的新事物的创建活动过程中所表现出来。具体来说,创新能力就是个体运用已有的基础知识和可以利用的材料,基于所掌握的相关学科的前沿知识,产生某种新颖、独特且有社会价值或个人价值的思想、观点、方法和产品的能力。

(二)创新能力的构成

创新能力作为一种综合能力,既是智力特征和个性素质的综合,也是智力因素和非智力因素结合下的多方面综合能力的体现。这种综合不仅具有独特性,而且具有鲜明的个性色彩。创新能力主要包括以下几个方面的能力:发现问题的能力、流畅的思维能力、变通的能力、独立创新的能力、制订方案的能力和评价的能力。

1. 发现问题的能力

发现了问题,就等于是发现了创新的对象。爱因斯坦曾说:"提出一个问题往往比解决一个问题更重要,因为解决一个问题也许仅仅是一个数学上的或实验上的技能而已,而提出一个新问题则需要创造性的想象力。"很多时候,答案往往就在问题当中。一个问题的提出通常是有一定背景和原因的,意味着事情已经发展到需要进行改变的程度。

2. 流畅的思维能力

思维是个空间。培养好的思维方式,就是填满这个空间。只有像烟雾一样弥漫开来,才能调动和运用好思维。所谓"尽最大可能地发散思维",就是说,要用普遍联系的观点看待变化着的事物。更好的流畅思维需要我们跨专业、跨行业、跨文化地思考问题。跨越式的发展,首先源于跨越式的思维。"他山之石,可以攻玉",尝试调动其他学科的知识解决本行业的问题,就是要跳出本专业、本行业的范围,摆脱习惯性思维,将注意力引向更广阔的领域,从其他领域中的事物的特征、属性、机理等方面得到启发。

3. 变通的能力

变通的能力是创造性思维的重要组成成分,它反映了创造过程中思维的自由转换和灵活应变的特征。变通是指处理事情时,对有关规定等斟酌后做非原则性的变动,也就是权变和通融的意思。思维的变通性即灵活性,是指根据事物的变化,运用已有的经验,灵活地进行思维活动,适时调整原来拟定的方案,协调和处理事物之间纵横交错的各种经济关系和人际关系。这种思维的变通性表现在能力上就是思维变通的能力。思维变通能力强的人,其思维活动触类旁通、灵活多变,不受定式和固有功能的束缚。

4. 独立创新的能力

独立创新也可称为率先创新。独立创新的能力体现在各个方面。我们可以通过以下几种方式提高自身独立创新的能力:①激发求知欲和好奇心,培养敏锐的观察力和丰富的想象力,特别是创新性想象力,以及培养善于进行变革和发现新问题及新关系的能力;②重视思维的流畅性、变通性和独创性;③培养求异思维和求同思维;④培养急骤性联想能力,即以集思广益的方式在一定时间内极迅速地联想,引发新颖而有创造性的观点产生,从而有效地发挥创新才能的方法。

5. 制订方案的能力

制订方案是每个活动必备的前期准备工作,制订方案者能力的高低决定了方案的可行性。在工作学习中,常常存在这样的情况:事实证明该活动项目可行,但制订方案者能力有限,导致该方案效果不佳。相反,那些制订方案能力强的人则能高效利用手中的资源,进而制订更加合理、可行的方案。因此,提升自我制订方案的能力很有必要。为了提高制订方案的能力,在制订方案时应做到以下几点:①注重方案制订的整体性、系统性、协调性,全方面、多层次地分析方案是否有效、可行;②明确要解决的问题,任何的方案,必须说明"到底要解决什么问题"以及"如何解决问题",如果问题并不明确,那么所有的任务清单就毫无意义;③符合经济性原则,合理配置资源;④在制订方案时,应全面考虑问题,在必要时可以制订备选方案。

6. 评价能力

评价能力是比较复杂的一种技能,既涉及获得信息、分析信息的能力,也涉及用自己的标准来判断信息的能力。评价能力包括自我评价能力和评价他人的能力,在评价任何人、任何事的时候,都应保持客观、公正、理性的态度。自我评价能力是自我意识发展的主要成分和主要标志,是在分析和评论自己的行为和活动的基础上形成的。评价他人的能力是在自身拥有一定评价能力的基础上形成的。同时,提高评价能力对于自身发展有着巨大的推动作用。因此,我们可以通过参加各种活动以及阅读书刊来拓宽自己的知识面,提高评价能力。

(三)创新能力的特点

1.综合独特性

创新能力往往是由多种能力综合而成的,这种综合是独特的,具有鲜明的个性色彩,是其他人无法轻易复制的。

2.结构优化性

创新能力的构成成分具有紧密的关联性和互促性,只有将它们在足够的深度上进行有机结合,才能实现创新能力的结构优化,形成真正的创新。

3.普遍性

创新能力不是一部分人所特有的,而是人人都拥有的。只有充分开发创新潜能,才能使其得以凸显。

六、大学生创新能力的培养

创新能力是现代优秀人才不可缺少的一项技能。对于创新能力的培养,可以从创新思维的逆向思维与横向思维入手,有针对性地训练创新能力。

(一)逆向思维训练

1.逆向思维的定义

逆向思维也叫求异思维,它是对司空见惯的、即将或已成定论的事物或观点反过来进行思考的一种思维方式。要敢于反其道而思之,让思维向对立面的方向发展,从问题的相反面深入地进行探索,树立新思想,创立新形象。

2.逆向思维的特点

逆向思维具有普遍性、批判性、新颖性等特征。

①普遍性。

逆向思维具有普遍性。任何两个事物都具有两面性，是对立统一的。在这种领域，各种活动中我们都需要对任一事物进行思考，而逆向思维适用于任何事物，因此，逆向思维具有普遍性。不论在何种时间、何种情况下，只要是从一个事物的一面找到与其对立的另一面的思维方式，都称为逆向思维。

②批判性。

逆向思维具有批判性。人们考虑事情时往往已经习惯于运用常识与经验，以一种正面的、固定的思维模式去思考，这种思考往往是最快捷的、最便利的，但这也是致命的。大部分事情依靠常识与经验得出的结论往往都是片面的、残缺不全的。逆向思维建立在与经验、常识相对立的基础上，要求人们打破固有的传统思维与僵化认识，形成批判性精神。这样可以更加全面地认识与诠释一件事物的优点与缺点，形成更加趋向完美的结论。

③新颖性。

逆向思维具有新颖性。运用固有思维来思考答案固然简单，但往往缺乏创新，无法打破陈规，思维也无法得到升华。借助逆向思维得出的结果往往更具有创新性，由此诞生出在这之前从未有过的发明或者思想，因此逆向思维也是推动世界进步的重要力量之一。

3. 运用逆向思维进行创新

①方位逆向法。

方位逆向法是指对立的两个事物之间交换位置，各自到与其对立的位置上。这种换位不只有一次，还可多次换位，从而得到新的想法、新的启发。

②属性逆向法。

属性往往是多方位的，而站在一个视角看问题是片面的、残缺的。我们需要站在多个视角看问题，以不同的眼光和不同的心态去理解、去感悟，这样也可以体会到不同事物的属性，而这些属性也是可以相互逆转的。

③心理逆反法。

心理逆反法是指在思考过程中摒弃自身的局限，先探究对方的思想，然后"反"对方的思路而行事。我们在这里说的"反"并不是方位逆向法中的"反"，而是反其道而行之的"反"。虽然在方位逆向法中你已经仔细地琢磨了对方的心理，跟随其心理做出反击。但在这里，就得更高一筹，让别人来揣摩你的心理，让别人做出的选择刚好是你想让他做出的。

④对立互补法。

对立互补法又称为"雅努斯式思维法",要求人们在解决问题时,自觉遵守逆向路径研究问题,善于将正向思考和逆向思考有机地结合起来,要求人们在处理问题时既要运用正向思考又要运用逆向思考,发挥两者的互补性。学习这个方法首先是建立逆向意识,每当思考问题时都必须时刻注意与这个问题或者这个事物的正面相对立的反面。然后则是把握对立面之间相互渗透的关系,以达到问题之间质的飞跃。

(二)横向思维训练

1. 横向思维的定义

横向思维,也称水平思维,是英国心理学家爱德华·德·波诺(Edward de Bono)教授针对纵向思维所提出的一个新的看待问题、解决问题的思维模式。纵向思维是指在一种结构范围内,按照有顺序的、可预测的、程式化的方向进行思考的形式,这是一种符合事物发展方向和人类认识习惯的思维方式,遵循由低到高、由浅到深、由始到终的规律。横向思维与纵向思维相反,横向思维是指将思维横向地往更宽、更广阔的空间延展,可以针对一个问题举一反三。

2. 横向思维的特点

①断裂性。

所谓"断裂",是指两个事物之间具有空隙,相互之间没有联系。思维的断裂就是需要打破传统思维的惯性,迫使自己的思维从 A 跳到 B,从上跳到下,要刻意远离当下的思考焦点,逼迫自己逃离到与此事物完全不相关的新事物上。断裂的程度越厉害,断裂的频率越高,创新的可能性就越大。

②拓展性。

横向思维与其他思维方式不同的是它以寻找更多更优的创意为核心,不像逻辑思维,一旦发现一个好创意、好想法就立即停止思考;相反,它会将这个发现和创意暂时搁置,继续从另一个方向甚至更多方向去拓展,试图找到更多更佳的新方法,这种多点思考法在横向思维中就叫做前进式思考。横向思维的拓展性,就是不停地寻找新的创意,从而提出更好的方案。

③偶然性和多变性。

偶然,意味着不符合逻辑,不在预设的模式之内。偶然是不可预料的、突发性的,但是偶然之中蕴含着必然,蝴蝶效应便是一个很好的例子。一只蝴蝶翅膀的振动,能够引发一系列的巨大反应,这看似偶然,其实也存在必然性。因此,横向思维要求人的思维具有灵活多变性,从而更好地应对偶然与必然。

3.如何训练横向思维

①移植法。

移植法可以看见发展一个事物的全过程,其中所需要的、所准备的是可以提前预算和计划的,它不需要我们在黑暗中逐步摸索,大大减少了碰壁带来的浪费,并且能使我们获得最大的效益。

②模拟法。

模拟法可以对人类无法控制或无法直接认识的事物进行研究,通过模拟可以对实际问题解决给出一定的指导,帮助我们做出正确的决策与预测。

③仿真法。

仿真法是以控制论的结构和功能相关性原理为指导的,模拟是通过模型达到对原型的科学认识,而仿真的目的则是通过对原型的认识,制造出与原型结构和功能相一致的机器系统。仿真广泛应用于当代高新科技领域的技术创造和开发,它对推进高新科技的发展十分重要。

④隐喻法。

隐喻法是横向思维的基本方法。隐喻具有将不同领域或不同学科加以联系和沟通的功能。首先,隐喻所传达的信息使不同领域中的对象具有一致性和同一性。这样就在不同学科的对象之间架设起联系的桥梁和纽带,从而有利于将一个领域对象的知识推移至另一个领域对象,使已有概念的外延和内涵得以推广。其次,隐喻具有构建科学新概念、创立科学新理论的功能。隐喻的应用使人们不断突破已有的认识领域的界限,开辟认识的新领域和新天地,它在概念方面往往会突破原有概念的狭窄界限,扩大概念的外延,从而衍生出一系列的新概念,在新概念的基础上对某一学科领域进行重构和整合,建立起相应的新体系和新学科,从而大大改变学科的原有面貌。再次,隐喻具有科学启发和解释的功能。隐喻的启发功能,主要表现在隐喻能够开阔人们的视野,拓宽人们的信息通道,增加信息量,从而活跃人们的思维,激发出新的灵感。隐喻的解释功能则主要表现为它能改变人们观察、解释和说明问题的原有视角,这不但能增强解释的新颖性、深刻性,大大提高解释力,还会带来新的科学发现。所以隐喻的启发功能和解释功能是科学进步的重要动力。

第二节　发展批判性思维

创新是我国现阶段教育发展的核心目标之一,而批判性思维是创新发展的驱动力。培养学生批判性思维已成为高等教育的核心任务之一。批判性思维作为核心素养的重要构成要素,是创新型人才所必备的思维能力和品质。

一、批判性思维的内涵

批判性思维主要指人们在推理或判断事物的过程中所拥有的敏锐的辨别力、洞察力和判断力,这些能力的获得主要与人们在面对问题情境时能否根据已有的一些条件审慎地分析、判断、评价此事物与彼事物之间关系的思维活动有关,而思维的分析、判断、评价等属于批判性思维的高级要素的范畴。因此,批判性思维作为一种高层次的思维,是人们理性生活的基础。批判性思维包括批判性精神和批判性智力技能。批判性精神具体包括寻求真理、思想开放、系统有序、成熟自信等品质,同时具备灵活性、坚持性、自我纠正性等特点。批判性智力技能具体包括逻辑推理、数据分析、问题解决、反思和学习等能力。

批判性思维不可能凭空产生,它与创造性思维是相辅相成的。批判性思维只有立足在创造性思维为其提供的所有替代方案的基础上进行评价、判断的时候,批判性思维才是高质量的;而创造性思维也必须时刻以批判性思维为基础,只有立足在批判性思维为其提供的分析、评价的根基上,创造性思维的质量才能够得以保障。因此,批判性思维和创造性思维的完美结合是人类认知活动不断深化的动力。尽管批判性思维和创造性思维是两种不同形式的思维,但是批判性思维和创造性思维却具有互为基础、相辅相成的特征。

总体而言,批判性思维是个体对产生知识的过程、理论、方法、背景、证据和评价知识的标准作出自我调节性判断的一种个性品质,包括批判性思维的个性倾向性和个性心理特征两个方面。个性倾向性反映个体的批判性精神,个性心理特征反映个体的批判性能力。

二、批判性思维的特征

批判性思维可以分为"体""用"两个方面。所谓"体"意味着本体、宗旨、核心;所谓"用"意味着功用、技巧。从"体"的角度来说,批判性思维体现为一种求真精神,一种道德信仰,一种人文情怀;从"用"的角度来说,批判性思维体现为一种思维模式,一种探索途径,一种推理技巧。批判性思维具有批判性、逻辑性和反思性三大特征。

(一)批判性

批判性思维泛指个人对某一现象和事物之长短利弊的评判,它要求人们对所判断的现象和事物有其独立的、综合的、有建设性意见的见解。批判性思维是从客观中立角度出发,对事物作出合理判断和评价的思考能力。这种批判不只针对他人或他物,也包括对自身作出客观公正的判断和评价。批判性思维的本质是公正客观地质疑,进而推理反思并进行自我调控、判断,它不是一种专门的学科或技能,而是一种思维技能和人格品德的组合,是一种管理学习和生活的工具。"批判"不仅是对个人和他人的思维技能进行反思推理和评价,也是对个人的人格完善提出挑战。批判性思维是人们综合运用形式逻辑和非形式逻辑及其他相关技能对观点、判断、命题、论证及方案等初阶思维进行再思维的工具,是关于思维的思维,它始于质疑,但并非"找碴思维",更非一味否定,而是运用逻辑和相关技能,追求论证的逻辑明晰性和证据材料的可靠性,使人的观念和行为建立在理性慎思而非自然心理倾向或情感偏好上,避免思维谬误,帮助人们做出可靠的决策。批判性是思维活动中善于严格地估计思维材料和精细地检查思维过程的智力品质,具有分析性、策略性、全面性、独立性和正确性。

(二)逻辑性

批判性思维既是一种分析性思想,也是一种综合性思维。它既需要科学思维,也需要道德思维;既需要逻辑思维,也需要辩证思维。可以说,批判性思维是对多种思维方法和思维方式的综合运用。只有在具体的批判性思维过程中,才能考虑各种因素、各种条件和各种情况,从而做出最好的选择。运用批判性思维不仅意味着发现错误,而且需要对某事给出公平和公正的意见,而这些意见需遵循证据、逻辑和科学推理。所以,批判性思维不只是一种技能,更重要的是指向由此而产生的结果。批判性思维的形成过程不仅能帮助人在一定条件下做出最佳决策,更能使人慢慢具备自律、自我指导、自我监控和自我纠错的能力。

作为一种评估性思维,批判性思维不仅包括评估陈述或断言的真假,还包括评估演绎逻辑的有效性、非演绎逻辑的合理性,尤其涉及对谬误的识别训练,对道德、法律乃至美学等价值推理的评估。有学者将批判性思维与分析思维、综合思维、创新思维及多元化思维等并列为最主要的工程思维,但实际上批判性思维是包含了多种具体思维形式在内的复合型思维,而非某种仅强调质疑或分析的单一型思维。

批判性思维首先是一种形式逻辑思维,需要进行归纳推理和演绎推理。其次,批判性思维的逻辑基础既有形式逻辑又有非形式逻辑,说明了逻辑现代化方向的准确性。批判性思维高出形式逻辑思维之处在于,批判性思维更关注思维的真实性、精确性、意义和价值,更强调思维的见识性和实用性。形式逻辑思维的结果是符合逻辑的,但未必是有意义的。形式逻辑思维的高明并不能弥补间接认识上的不足。非形式逻辑强调日常推理的真实性,因此,批判性思维指向实际问题的分析和重建。有意义和价值的思维结果离不开批判性思维。

(三)反思性

批判性思维是为决定相信什么或做什么而进行的合理的、反省的思维。批判性思维不仅是个人对某一现象和事物之长短利弊的评判,更要求人们对所判断的现象和事物有其独立的、综合的、有建设意见的见解与反思。哈贝马斯将批判性思维等同于"解放性学习",即个体学会从阻碍自身洞察新趋势的、支配自己生活的那些个人的、制度的或环境的强制力中解放出来。

(四)生活性

批判性思维不是一种僵化的、仅仅注重逻辑学名和概念的学术知识训练,而是根植于我们内心理性的、基于现实生活的实践性训练。美国著名教育家杜威指出,批判性思维是一种依据具体的认知内容而变化的"实质逻辑",不是静态、抽象、不变和脱离内容的形式逻辑。批判性思维是以日常生活为内容的,但不局限于日常生活。批判性思维意味着基于理性的反思以获得关于自然现象和社会现象本质的洞见。

三、批判性思维的意义和作用

对于大学生而言,批判性思维是一把利刃,用来理性应对各种蜂拥而至的信息和资源。在中国传统教育和文化的影响下,步入大学前的十年寒窗主要是一种接受式的学习,批判与反思在升学、考试的压力下很容易被忽视。然而,大学阶段的学习亟需批判性思维。只有批判和反思,才能独立思考、去伪存真、避免盲从。批判性思维要求人们在接受信息的时候,不只是简单依靠直观的感受,而是要先辨别信息来源、探究信息真伪,在综合分析的基础上,形成理性的结论和决策。面对不同的观点和意见,批判性思维能够有助于减少非理性的纷争,在逻辑推理和论证的基础上,达成最佳方案。

批判性思维还是创新意识与创新思维的源泉和基石。没有批判的创新仿佛是无本之木,容易陷入天马行空式的不切实际。只有对已有经验和智慧的理性剖析,才能帮助人们打破固有的思维定势,在反思现有观点、理念局限性的基础上,转换视角,从而为新的观点和看法提供载体,为创新方案的提出带来契机。

四、大学生批判性思维的培养

批判性思维能力并不是一种天生的能力,它是需要每个人通过学习或努力才可以掌握的技能。我们生活在一个复杂、多变的世界,这个世界上有许多相互冲突的观点,有许多问题没有现成的答案。在这样的环境中,仅有知识是远远不够的,只有那些能够清楚地思考复杂问题的人才能在这样的社会游刃有余。提升批判性思维除了需要熟练掌握相关的思维技巧、思维技能外,更要注重塑造理性的精神内核。从前以课堂为中心、教师为中心和书本为中心的学习模式压抑了学生学习的主动性,容易造成学生批判性思维能力不足。基于批判性思维的课堂教学策略将普适性的教学策略同培养学生批判性思维的目标相结合,能够有效提升学生的批判性思维。

(一)教学模式灵活多样

传统的教师讲授式教学模式不再适应当今教育的培养要求,既无益于学生主动地参与学习过程、成为学习的中心,也无益于学生批判性思维的培养。在课堂教学中,教师应当依据学生学习的不同阶段、根据不同主题来选择不同的教学模式和设计具体的课堂活动流程,在实现课堂目标的同时提升学生的批判性思维。例如,翻转课堂重构了教学流程,在课前自学、课中答疑、课后巩固升华的认知过程中,学生可以在面对问题时有充分时间思考,并进行多视角的探讨,促使学生在分析、评价、应用活动中锻炼批判性思维;混合式学习方法将传统学习的优势与在线学习的优势结合起来,在课堂中使用多样化的教学材料、教学方式以及教学平台以促进学生积极思考;问题式教学法将问题解决过程置于课堂活动的中心地位,鼓励学生积极参与问题解决的过程,审慎地提出问题和思考解决方案,并辩证地分析和评定他人的观点,这对学生批判性思维的提升有显著影响。

(二)教学内容注重应用与综合

首先,应提高课程目标的高阶性,坚持知识、能力、素质有机融合,培养学生解决复杂问题的综合能力和高级思维。大学课程的教学内容应体现前沿性与时代性。在教学过程中,将教学重点后移到对知识的评价、应用层面,其典型方法就是案例教学。其次,课程内容应强调广度和深度,突破习惯性认知模式,培养学生深度分析、大胆质疑、勇于创新的精神和能力。教师可以结合学科知识和领域前沿话题,以生活应用为切入点,以解决真实世界的问题为学习目标。课程设计增加研究性、创新性、综合性内容,加大学生学习投入,增强学生经过刻苦学习收获能力和素质提高的成就感。另外,教师应重视学科相互渗透、有机结合。跨学科课程能够帮助学生建构跨学科知识体系,开展复杂的思维活动。跨学科教学能够促使学生多维度思考问题,在自行分析、评估的基础上形成自己的认识和观点,并提升知识迁移能力,对培养学生高阶思维能力有突出优势。

(三)评价方式兼具持续性和反思性

提高思维评价在学生评价中的比重,改变以书面测试和总结性评价为主要评价方式的倾向,强调使用持续性的评价方式,更多地关注学习的过程性、发展性,而不仅仅是关注考试结果,用表现性评价来推动高阶思维课堂。教师总结课程内容、学生总结学习内容的过程等都是培养知识迁移、综合梳理、分析判断等高阶思维能力的好时机。

(四)学习环境体现开放性、合作性

要注重课程设计的多元性,以实际情境激发学生主动参与课堂教学的积极性,促使学生在开放的氛围中参与课堂互动和探究。在课堂教学过程中,教师

需要有效地鼓励学生开展批判性的思考,引导学生提出问题、做出判断并进一步找到解决问题的办法。另外,要创设合作性的学习环境,在互动式的教学过程中可以促进学生的主动参与,有助于学生在开放的互动过程中接受和学习教师和同伴解决问题时的不同思路和方法,这是提升学生的批判性思维和学习效果的一个重要过程。

本章小结 SUMMARY

批判性思维有助于大学生更深入地理解和分析学术问题,促进对知识的探索和创新。创新能力的培养能够有助于大学生勇于挑战传统观念,探索未知领域,为未来的科学研究和技术发展开辟新的方向。提升创新能力和批判性思维能力,能够有效促进大学生综合实力的发展。

第九章　掌握学术规范

第一节　学术道德与规范的重要性

一、学术道德的内涵

(一)什么是"学术道德"?

道德是在一定社会条件下形成的人们共同生活和行为的准则。道德存在于社会成员的思想意识中,主要依靠舆论的力量以善恶、好坏、对错等观念对社会成员的行为进行评判,从而对社会成员的行为产生褒扬或约束的作用。作为一种社会意识形态,道德往往代表着社会的正面价值取向。学术道德是在从事学术研究的主体(或称为学术共同体)中形成的,是学术研究主体在从事学术研究活动过程中,处理人与人、人与社会、人与自然关系时所必须遵守的行为准则,是约束学术研究主体的基本价值规范。学术道德作为社会道德的组成部分,既是由学术研究主体组成的学术共同体为了保证学术研究事业健康发展而形成的自我约束规范,体现了学者这个群体特殊的生命境界,又代表全社会对学术研究者的价值期望。

(二)学术道德的重要性

我们应当从学术研究的基本客体,即探索科学知识(包含自然科学和社会科学)和人文知识所要求的"精神气质",出发探讨学术道德的基本内容。这种

"精神气质",是指用以约束学者的、有感情色彩的一套规则、规定、惯例、信念、价值观的基本假定的综合体,它们在内容上与通常所论的"科学精神""人文精神"乃至更广泛的"学术伦理"相契合。实际上,如果每个学者都能始终坚持"科学精神""人文精神"和"学术伦理",那么现在社会上出现的学术不端、学术腐败等问题就可以根除。因此,学术道德作为一种道德要求和职业操守,把坚持"科学精神""人文精神"和"学术伦理"作为其基本内容是必要的。

(三)科研活动的道德追求与伦理原则

1. 强调科技活动的客观性和无偏见性

科学研究是可错的,是一个在不断试错中改进的过程。科技共同体所能寻求的是科学研究中的相对而非绝对的客观真理性。科学研究中的客观性建立在研究对象的客观性之上,而研究对象的客观性又是通过社会知识论意义上的客观性实现的。科学研究是一个探究世界奥秘和解决现实难题的过程。寻求规律性知识和有效方案的前提是科技共同体在对研究对象的描述、分析、解释、操作和控制中应尽可能减少研究者的主观因素对研究对象的影响。然而,研究对象不可能绝对保持客观性,很多科学研究必然涉及对研究对象的干预,科学观察也负载着理论假设甚至文化价值倾向。实际上,科学研究中的客观性是在社会知识论意义上实现的;科技共同体力图将不同研究者的主观差异对研究结果的影响降到最低,从而使科技共同体乃至整个社会相信科学研究过程和成果的真实性、可靠性及有效性。

一般认为,科技共同体已经形成了一套系统的科学方法,科学方法的运用成为其研究范式的一部分;若遵循科学方法,虽未必能达到绝对的客观性,却可以通过同行评议、重复实验等途径,为克服研究中的错误与偏见提供开放性的空间。严谨、审慎等科学态度应该贯穿于科学研究的各环节。克服研究中的偏见要从研究设计着手,采取加强研究样品或样本的代表性或随机性、引入实验组和控制组、进行双盲法实验等方法。在科技共同体层面,克服偏见的重要途径是坚持研究的开放性并倡导批判性的讨论。

2. 避免科学不端行为、病态科学与伪科学

现代社会中的科学共同体原则上是一个自治的共同体,这种自治权一方面来自其对客观知识的探求符合公共利益,另一方面则在于其内部的学术制度使其具有自我纠错能力。科学不端行为的出现表明科技共同体的自治存在一定

问题,不适应当前大科学时代的知识生产模式。因此,各国正在致力于建立合理应对科学不端行为的机制。

病态科学有一些共性的症状,如,理论新奇、应用前景超乎寻常、难以重复实验、高度排斥批评、研究群体相对封闭等。伪科学一般指违背科学方法和通常程序,将非科学的理论当作科学传播推广并以此追逐名利的活动。伪科学大致可以分为文化类伪科学、迷信类伪科学、未知领域的伪科学和江湖骗术类伪科学四类。为了抵制伪科学,科技共同体应当积极参与正面的科技传播。

3. 走向客观公正性与公众利益优先

科技活动的基本价值追求应该是对科技共同体的社会规范的伦理拓展。鉴于科学的社会规范的目标是拓展确证无误的知识,它强调科学研究的认知客观性和科学知识的公有性。由于科技活动的基本价值目标是增进人类的福祉,我们应该将科技活动在知识探索中对客观性的追求进一步拓展为客观公正性,将知识的公有性拓展为公众利益的优先性,由此产生科技活动的两大核心价值或伦理原则。客观公正性作为科学活动的基本原则,反映了科学和伦理的内在统一。公共利益优先性体现了科学应该是一项增进人类共同福祉和生存环境可持续性的事业。一切危害当代人和后代人的公共福利以及有损环境可持续性的科学活动都是不道德的。

二、学术规范的内涵

(一)什么是学术规范?

学术规范是从事学术活动的行为规范,是学术共同体成员必须遵循的准则,是保证学术共同体科学、高效、公正运行的条件,它从学术活动中约定俗成地产生,成为相对独立的规范系统。学术规范涵盖研究方法、数据收集和分析、论文和研究成果的写作和出版等方面。就学术知识生产主体及其行为而言,规范源于学术的合作、竞争、组织和互动,它为这些相互关系提供框架,通过给个人施加约束来提高整个知识生产的效率和质量。学术规范化可保证知识分子在知识生产活动中的严肃性,提高学术共同体的社会公信力。共同体成员必须熟悉和掌握学术研究的行为准则,即学术规范,并在实际行动中遵守这些规范。只有遵守学术规范,才能在学术共同体中得到认可;如果违反了学术规范,就要受到否定。

(二)学术规范的重要性

学术规范在学术界具有重要的地位和作用。首先,它保证了研究过程的透明度和公平性,减少了不诚实和不道德行为的发生。学术规范规定了科学研究所需要遵循的准则,严格遵守这些规范可以减少偏见和误导,确保科学研究的严谨性和可信度。其次,学术规范维护学术界的声誉和质量,促进学术交流的公信力与合作的深入发展。学术研究是一项集体努力的工作,学术规范确保了研究人员之间的相互尊重和理解,有助于在互相信任的学术环境中加强学术交流,分享学术思想与科研成果,加速知识传播和创新发展。此外,学术规范也为学术成果的评价和利用提供了可靠的依据,对于学术研究的进步和发展具有重要意义。

(三)学术规范的具体内容

1. 基本准则

(1)遵纪守法,弘扬科学精神

科技工作者应是先进生产力的开拓者,是科技知识和现代文明的传播者,科技工作者的言行在社会上具有较大的影响。科技工作者应当严格遵守我国的法律法规,不得有任何危害国家安全和社会稳定、损害国家荣誉和利益的行为;应积极弘扬科学精神、传播科学思想和科学方法;正确对待各种自然现象,不得参与、支持任何形式的伪科学。

(2)严谨治学,反对浮躁作风

科技工作者应坚持严肃、严格、严密的科学态度,要忠于真理、探求真知,自觉维护学术尊严和学者的声誉,不得虚报教学科研成果,反对投机取巧、粗制滥造、低水平重复等盲目追求数量而不顾质量的浮躁作风和行为。在项目设计、数据资料采集分析、公布科研成果以及确认同事、合作者和其他人员对科研工作的直接或间接贡献等方面,必须实事求是。研究人员有责任保证所搜集和发表数据的有效性和准确性。科技工作者不应参加与本人专业领域不相关的成果鉴定、论文评阅或学位论文答辩等活动。

(3)公开、公正,开展公平竞争

在保守国家秘密和保护知识产权的前提下,应公开科研过程和结果的相关信息,追求科研活动社会效益最大化。开展公平竞争,对竞争者和合作者做出的贡献,应给予恰当认同和评价。在评议、评价他人贡献时,必须坚持客观标准,避免主观性和随意性。不得以各种不道德和非法手段阻碍竞争对手的科研工作,包括毁坏竞争对手的研究设备或实验结果、故意延误考察和评审时间、利用职权将未公开的科研成果和信息转告他人等。

(4)相互尊重,发扬学术民主

尊重他人的知识产权,通过引证、承认和尊重他人的研究成果和优先权,反对不属实的署名和侵占他人成果;尊重他人对自己科研假说的证实和辩驳,对他人的质疑采取开诚布公和不偏不倚的态度;要求合作者之间承担彼此尊重的义务,尊重合作者的能力、贡献和价值取向。在各种学术评价活动中,要认真履行职责,发扬学术民主,实事求是,客观公正,不徇私情,自觉抵制不良社会风气的影响,杜绝"权学交易""钱学交易"等腐败行为。

(5)以身作则,恪守学术规范

教师和科技工作者要向青年和学生积极倡导求真务实的学术作风,传播科学方法。要以德修身、率先垂范,用自己高尚的品德和人格力量教育和感染学生,引导学生树立良好的学术道德,帮助学生养成恪守学术规范的习惯。学术规范既有普适性又有学科的特殊性。科技工作者应遵循相应学科的不同要求和学术共同体约定俗成的专业惯例。

2. 基本要求

(1)研究对象规范

以人类为实验对象:凡涉及以人类为对象的实验,包括进行涉及个人隐私的调研,实施实验的课题负责人应事先对研究做出评估,并按规定向学校主管部门和国家授权的管理机构报告,获得审查与批准。实验只能由具备科研资格的人员操作,如果有学生参加研究,应有相关教师负责安排和监管,以保证所有实验步骤高度完善且充分体现人道主义精神。在所有涉及人类被试的实验中,研究过程本身应体现对人的尊重和保护,包括:①禁止在实验中让被试人承受不适当的或本可以避免的危险;②除某些研究方法的需要外(主要针对医学、心理学研究),所有实验必须在被试人或其合法代表人知情同意的前提下进行;③不得使用强迫、欺骗或利诱等手段使被试人参与实验;④必须尊重被试人的隐私权和自由参加或退出实验的权利;⑤不得协助或者参与外国科研团队在我国开展在其本国违法的、有悖伦理的实验;⑥必须根据国际上相关规定的更新,及时制定和更新我国在人类实验方面的规定条款;⑦对于涉及个人信息的统计研究工作,包括个人的医学信息和网络电子信息,不得单方面公开披露所掌握的他人信息,更不得用于非法交易。

以动物为实验对象:实验动物是指经人工饲育、对其携带的微生物实行控制、遗传背景明确或者来源清楚的用于科学研究、教学、生产、鉴定以及其他科学实验的动物。科技工作者要认真学习科学技术部下发的《关于善待实验动物的指导性意见》,善待实验动物,维护动物福利,促进人与自然的和谐发展。

（2）研究过程规范

科技工作者要忠实于观察、记录实验中所获得的原始数据,禁止随意对原始数据进行删裁取舍;不得为得出某种主观期望的结论而捏造、篡改、拼凑引用资料、研究结果或者实验数据,也不得投机取巧、断章取义,片面给出与客观事实不符的研究结论。利用统计学方法分析、呈现和表述数据时,不得为夸大研究结果的重要性而滥用统计方法;不得有抄袭他人作品、剽窃他人的学术观点、学术思想或实验数据、调查结果等行为。

（3）学术成果发表规范

不得代写论文或成果造假:由他人代写学术论文是学术不端行为。学术论文应该是作者亲自进行深入研究、周密思考、精心写作、反复核查后获得的创新性知识成果。

不得一稿多投:学术成果的发表应严格遵守《中华人民共和国著作权法》等法律法规,不得将同一研究成果提交多个出版机构出版或提交多个出版物同时评审和重复发表;不得将本质上相同的研究成果"改头换面"发表;在未经正式出版的学术会议论文集上刊登的稿件,可以在正式刊物上发表;论文公开发表后收入论文集的,应注明论文的发表出处。

成果署名:研究成果发表时,只有对研究成果做出实质性贡献者（在从选题、设计、实验、结果计算到得出必要结论的全过程中完成重要工作）,才有资格在论文上署名;对研究有帮助但无实质性贡献的人员和单位可在出版物中表示感谢,不应列入作者名单;对于在可署名成果（含专利）中做出重大贡献者,除应本人要求或保密需要外,不得以任何理由剥夺其署名权;对于合作研究的成果,应按照对研究成果的贡献大小,或根据学科署名的惯例或约定,确定合作成果完成单位和作者（专利发表人、成果完成人）的署名顺序;署名人应对本人做出贡献的部分负责,发表前应由本人审阅并署名;反对不属实的署名和侵占他人成果;署名要用真实姓名,并附上真实的工作单位,以示文责自负。

参考文献规范：参考文献是为撰写或编辑论文和著作而引用的有关文献信息资源，一般集中列于文末；应罗列自己阅读过且确实有参考价值的参考文献，避免掺杂和遗漏；不得为了掩盖事实，冒充首创，故意删除重要参考文献；参考文献的书写格式按不同期刊的要求和国家标准《信息与文献——文后参考文献著录规则》(GB/T 7714—2015)进行编排。

(4)学术评价规范

同行评议：是由同一学术共同体的专家学者来评定某特定学术工作的价值和重要性的一种评估方法，通常为一项有益于学术发展的公益服务，相关专家有义务参加同行评议活动。

回避和保密制度：评议专家与评议对象存在利益关系时，为保证评审的公正性，评议专家应遵守评审机构的相关规定采取回避措施或及时向评审组织机构申明利益关系，由评审机构决定是否应予以回避。评议专家有责任保守评议材料秘密，不得擅自复制、泄露或以任何形式剽窃申请者的研究内容，不得泄露评议、评审过程中的情况和未经批准公布的评审结果。

科研立项、科技成果的评审、鉴定、验收和奖励等：应当本着对社会负责的科学态度，遵循客观、公正、准确的原则，给出详细的反馈意见，不可敷衍了事，更不可心存偏见；科技工作者不应担任不熟悉学科的评议专家；长期脱离本学科领域前沿而不能掌握最新趋势和进展的人员，不宜担任评议专家；为保证评审的公正性，评议专家不得绕过评议组织机构而与评议对象直接接触，不得收取评议对象赠予的有碍公正评议的财物、服务等。

三、违反学术规范的行为

违反学术规范的行为主要包括学术失范行为、学术不端行为和学术腐败行为三类。

(一)学术失范行为

学术失范行为是指技术层面违背规范的行为，或由于缺乏必要的知识而违背行为准则的做法。如数据核实不足、文献引用出处注释不全等，其动机与情节较学术不端行为要轻一些。很多学术失范行为处于灰色地带，它们虽然违背了基本的学术规范，但又没有像抄袭、剽窃行为那样突破学术道德底线，所以又被称为有问题的研究行为。

（二）学术不端行为

学术不端行为是指严重违背学术道德的不正当的研究行为，指学术共同体成员违反学术准则、损害学术公正的行为。教育部相关文件对学术不端行为的定义是：①抄袭、剽窃、侵吞他人学术成果；②篡改他人学术成果；③伪造或者篡改数据、文献、捏造事实；④伪造注释；⑤没有参加创作，在他人学术成果上署名；⑥未经他人许可，不当使用他人署名；⑦违反政党程序或者放弃学术标准，进行不当学术评价；⑧对学术批评者进行压制、打击或者报复等。

（三）学术腐败行为

学术腐败行为是一种极端的学术不端行为，指学术权力的行使者滥用学术权力的行为。例如，利用学术权力不正当获取名利、不正当地获取学术资源、侵占或剥夺他人的学术资源，对学术批评者进行压制、打击或者报复。有些学术腐败行为已经触犯法律且超出学术研究活动的范围，如大肆挪用科研经费，这类行为需要通过法律手段加以制裁和惩戒。

第二节　大学生学术道德与规范

一、高等教育中的基本学术规范

（一）考试和作业环节的规范

所有的考试都应独立完成。开卷和闭卷考试应遵守考场纪律，服从考场工作人员的安排与要求，正确填写个人信息。以论文形式完成的考试，需直接引用或同义表达他人观点时，必须做出正确的引用说明。实验类考试，应遵守考场实验室的安全规定和各项要求。同样，所提交的作业应独立完成。对于任课教师明确说明需要合作完成的工作，应严格按照关于合作的具体要求完成。

（二）论文写作的规范

论文是用文字、数字、图表等将有关科学研究的过程、方法和结果通过书面形式与他人共享信息的方式。学术论文和学位论文作为个人学术成果的汇报，在内容上应做到观点清晰、内容详实、论据充分、数据可靠、文字简练，并具有创新性、探索性和较高的学术价值；在形式上应做到要素完整、格式规范。论文一般应包括题名、署名、摘要、关键词、正文、参考文献等部分。论文写作应遵守一定的引用与注释规范，具体包括：引用、注释、参考文献规范等。

1. 引用

引用是指把别人说过的话（包括书面材料）或做过的事作为根据。在科学研究中，以抄录或转述的方式利用他人的著作，借用前人的学术成果，供自己著作参证、注释或评论之用，推陈出新，创造出新的成果，称为"引用"。"引用"是在自己本身有著作的前提下，基于参证、注释和评论等目的，在自己著作中适当使用他人著作的某一部分。因此，必须以自己著作为主，利用的他人著作仅为辅佐而已。

引文应以原始文献和第一手资料为原则。凡引用他人观点、方案、资料、数据等，无论是纸质或电子版，均应详加注释。凡转引文献资料，应如实说明。学术论著应合理使用引文。对已有学术成果的介绍、评论、引用和注释，应力求客观、公正、准确。引用分为直接引用和间接引用。

直接引用是指所引用的部分一字不改地照录原话，引文前后加引号。直接引用必须：①用引号把他人的观点、作品和自己的文章、著作区分开来；②通过夹注、脚注或尾注注明引号范围内的信息来源，诸如作者姓名、文章或者著作的标题、出版商、出版年月和页码；③引用量应保持在合理限度。

间接引用是指作者综合转述别人文章某一部分的意思，用自己的表达去阐述他人的观点、意见和理论，也称为释义（paraphrase）。间接引用往往注入作者自身对原文的理解而形成一种独特的表述，因此它也是一种知识创造活动。如果只是把别人的句子改动一两个单词、变动句子的结构次序而让原文的词汇原封不动或者只选择一些同义词去替代原文的词汇，这类做法并非创作而是简单重组别人的文句，因此不能算作间接引用，而应被视为剽窃。间接引用对注明出处的要求与直接引用相同。

一般而言，自己的论文中只适量地引用了他人作品中的观点、论据或内容，而不构成自己作品的主要观点及论据或主要内容，则属于适当引用的范畴；若是在自己的作品中大量地引用他人作品的观点、论据或内容，从而使自己作品的大部分或主要观点、论据或内容是照搬他人作品的结果，则属于抄袭的范畴。

从质上看，"所引用部分不能构成引用人作品的主要部分或者实质部分"，可以理解为：即使在量上没占主要部分，但是该作品的实质内容即主要观点，也可说是一篇文章的核心论点是他人的，即使没有引用他人的原话或引用内容较少且注明了来源，也违反了引用规范。

2. 注释

注释亦称注解，是指对书籍、文章中的词语、引文出处等所作的说明。注释是论著的附加部分，其作用是说明引文出处，或者对需要加以解释的地方予以说明。注释的目的是帮助读者理解。在著作权法术语中，注释指对文字作品中的字、词、句进行解释。注释包括夹注、脚注和尾注。

①夹注：在正文中或图释中注释，即要在注释的字、词后面加上括号，在括号内写明注文。夹注有以下几种情况：一是直接引文，在引文后注明出处；二是间接引文，在表述后面注明他人的姓名及其见解发表的年份；三是对文中某个词语做简单说明或标出其另外一种提法；四是引文为短语，在引文后注明（某某语）即可。

②脚注：也叫页下注，即在需要注释的地方用①、②之类的标示，把注释的内容置于本页下端。

③尾注：把注释集中于全文、全书或书中某一章的末尾。

3. 参考文献规范

参考是指参照他事他说而考察之。文献是指有历史价值的图书文物资料，亦指与某一学科有关的重要图书资料，今为记录有知识的一切载体的统称，即用文字、图像、符号、声频、视频等手段记录人类知识的各种载体（如纸张、胶片、磁带、光盘等）。参考文献是撰写或编辑科技论著时引用的有关图书资料，是学术论著的重要组成部分，正确的引用注释和参考文献能体现科学性和严谨性，反映论著的起点和背景、深度和广度，同时反映了作者承认和尊重他人研究成果及著作权的科学态度与学术品质。参考文献的选择遵循原创性、必要性、重要性的原则，一般放在论著尾末，编排格式可按国家标准局制定的《信息与文献——文后参考文献著录规则》（GB/T 7714—2015）或相关刊物的要求执行。

二、高等教育中常见的学术不端情况

（一）抄袭和剽窃

根据《中华人民共和国著作权法》，抄袭和剽窃侵权与其他侵权行为一样，须具备四个条件：①行为具有违法性；②有损害的客观事实存在；③和损害事实有因果关系；④行为人有过错。由于抄袭物在发表后才产生侵权后果，即有损害的客观事实，所以通常在认定抄袭时都指已经发表的抄袭物。

我国司法实践中认定抄袭和剽窃一般来说遵循三个标准。首先，被剽窃（抄袭）的作品是否依法受《著作权法》保护。其次，剽窃（抄袭）者使用他人作品是否超出了"适当引用"的范围。这里的范围不仅要从"量"上来把握，而且更主要的还要从"质"上来确定。这里所说的引用"量"，国外有些国家做了明确的规定，如有的国家法律规定不得超过四分之一，有的则规定不超过三分之一，有的规定引用部分不超过评价作品的十分之一。"适当引用"范围从"质"上来衡量，主要是判断使用他人作品的内容和性质。第三，判断引用是否标明出处。

（二）篡改和伪造

篡改和伪造往往同时发生，都属于无中生有、弄虚作假的行为。篡改是直接省略或改变研究材料、仪器、数据或实验过程等，以致研究结果不再具有真实性。伪造是凭空编造实验数据和结果并将其在研究报告中记录和报告。这两种行为都是科学研究中最恶劣的行为，它们会阻碍科学研究向前发展，也会导致许多人在一条"死路"上浪费大量的时间、精力和资源，更会让公众对与某项研究有关的人和事的可信性产生怀疑。

（三）一稿多投和重复发表

1. 构成"一稿多投"行为的四个条件

①相同作者：对于相同作者的认定，包括署名和署名的顺序。鉴于学术文章的署名顺序以作者对论文或者科研成果的贡献而排列，调整署名顺序并且再次投稿发表的行为，应当从学术剽窃的角度对行为人进行处理。因同一篇文章的署名不同，应认定为"剽窃"，不属于"一稿多投"。

②同一论文或者这一论文的其他版本：将论文或者论文的主要内容，以及经过文字层面或者文稿类型变换后的同一内容的其他版本、载体格式再次投稿，也属于"一稿多投"。

③在同一时段故意投给两家或两家以上学术刊物，或者非同一时段但已知该论文已经被某一刊物接受或发表仍投给其他刊物。

④在编辑未知的情况下"一稿多投"。

2.不属于"一稿多投"的行为

①在专业学术会议上做过的口头报告或者以摘要、会议墙报的形式发表过的初步研究结果的完整报告,可以再次发表,但不包括以正式公开出版的会议论文集或类似出版物形式发表的全文。

②在一种刊物上发表过摘要或进行了初步报道,而将全文投向另一种期刊的文稿。

③有关学术会议或科学发现的新闻报道类文稿,可以再次发表,但此类报道不应通过附加更多的资料或图表而使内容描述过于详尽。

④重要会议的纪要,有关组织达成的共识性文件,可以再次发表,但应向编辑部说明。

⑤对首次发表的内容充实了50%或以上数据的学术论文,可以再次发表;但要引用上次发表的论文(自引),并向期刊编辑部说明。

⑥论文以不同或同一种文字在同一种期刊的国际版本上再次发表。

⑦论文是以一种只有少数科学家能够理解的非英语文字(包括中文)已发表在本国期刊上的属于重大发现的研究论文,可以在国际英文学术期刊再次发表。当然,发表的首要前提是征得首次发表和再次发表的期刊的编辑部的同意。

⑧同一篇论文在内部资料上刊登后,可以在公开发行的刊物上发表。

以上再次发表均应向期刊编辑部充分说明所有的、可能被误认为是相同或相似研究工作的重复发表,并附上有关材料的复印件;必要时还需从首次发表的期刊获得同意再次发表的有关书面材料。

(四)引用不规范

引用不规范是指在论著或科研成果中标注不是自己的原创且标注位置需清楚显示时,并未把这个引文或成果的出处严格标注出来,未标注需要注明的原论著的出处(刊物名称、出版时间、原文的页码),未标注需要注明的原论著的作者署名。

(五)作业作假

作业作假是指为了骗取成绩或评价,通过作假手段完成作业的一种严重欺骗行为。作业作假主要表现在以下几点。

①抄袭他人作业或者让他人抄袭自己的作业。

②作业内容存在篡改和伪造实验过程、数据、图片等现象。

③在不允许合作完成或者在未充分告知有合作完成行为的情况下,将与其他学生合作完成的作业作为自己独立完成的作业提交。

④请人代写作业或代替他人写作业。

(六)考试违纪

考试违纪是指不遵守考场纪律,不服从考场工作人员的安排与要求,扰乱考试秩序等行为。根据我国《国家教育考试违规处理办法》,有以下行为之一的,应当被认定为考试违纪。

①携带规定以外的物品进入考场或者未放在指定位置的。

②未在规定的座位参加考试的。

③考试开始信号发出前答题或者考试结束信号发出后继续答题的。

④在考试过程中旁窥、交头接耳、互打暗号或者手势的。

⑤在考场或者教育考试机构禁止的范围内,喧哗、吸烟或者实施其他影响考场秩序的行为的。

⑥未经考试工作人员同意在考试过程中擅自离开考场的。

⑦将试卷、答卷(含答题卡、答题纸等,下同)、草稿纸等考试用纸带出考场的。

⑧用规定以外的笔或者纸答题或者在试卷规定以外的地方书写姓名、考号或者以其他方式在答卷上标记信息的。

⑨其他违反考场规则但未构成作弊的行为。

(七)考试作弊

考试作弊是指以不正当手段获得或者试图获得虚假考试成绩的欺骗行为。根据我国《国家教育考试违规处理办法》,有以下行为之一的,应当被认定为考试作弊。

①携带与考试内容相关的文字材料或者存储有与考试内容相关资料的电子设备参加考试的。

②抄袭或者协助他人抄袭试题答案或者与考试内容相关的资料的。

③抢夺、窃取他人试卷、答卷或者强迫他人为自己抄袭提供方便的。

④在考试过程中使用通信设备的。

⑤由他人冒名代替参加考试的。

⑥故意销毁试卷、答卷或者考试材料的。

⑦在答卷上填写与本人身份不符的姓名、考号等信息的。

⑧传、接物品或者交换试卷、答卷、草稿纸的。

⑨其他作弊行为。

三、大学学习与学术规范

学术道德与规范是大学生必备的重要素质。树立正确的学术道德与规范，首先应从培养自身诚实守信的社会价值观念开始。大学生应当意识到学术与科学研究的真实性和严肃性，追求真理，尊重学术作品的原创性和独立性，相信只有通过诚实与守信的行为才能取得真正的学术成果，并且在学术活动中树立诚信意识。

大学生应当认真学习并遵守学术规范，包括遵守学术规章制度、学术论文写作规范和学术交流礼仪，了解学术规范的基本原则和要求，学会正确引用他人的观点和研究成果，并在学术交流中尊重他人的知识产权，这样不仅能够提高学术水平，还能树立良好的学术形象。

本章小结
SUMMARY

大学生在大学阶段掌握学术道德与规范至关重要。提升自身的学术修养，严格遵守学术规范，自觉抵制学术不端行为，才能真正为日后的学术生涯打下坚实的基础，掌握学术道德、树立学术诚信、践行学术规范对于每个大学生的学业规划和职业规划都具有不可忽视的价值和意义。

第十章　开启职业规划

在这个人才济济的时代,职业规划比以往任何时期都更为重要。对于大学生而言,在大学阶段开启职业规划,能够促进个人的长远发展,让自己在求职、就业以及职业发展中夺得先机。

第一节　认识职业规划

清晰、合理的职业规划是职业发展的前提基础。大学阶段是职业生涯的前站,能够助力未来职业发展。因此,大学生应当有意识地提高自身的职业规划能力,为应对未来挑战做好准备。

一、职业规划的内容与意义

(一)职业规划的定义

职业规划,又称职业生涯规划,是指个体根据对自身和外部因素的综合分析,探索职业方向、定位具体职业目标、设计职业发展路径的系统性过程。职业规划贯穿人的一生,对个体的职业理想、人生目标起着方向性的指导作用。职业规划是一个持续不断的探索过程。每个人都在根据自己的天资、能力、动机、需要、态度和价值观等慢慢地形成较为明晰的与职业有关的自我概念。

随着自我概念的不断清晰,个体在职业规划过程中会逐渐形成"职业锚"。所谓"职业锚",是指当一个人不得不做出选择的时候,无论如何都不会放弃的职业中那种至关重要的东西或价值观。正如"职业锚"中"锚"所蕴含的意义,职业锚实际上就是人们选择和发展自己的职业时所围绕的中心。一个人对自己的天资和能力、动机和需要以及态度和价值观有了清楚的了解之后，就会意识到自己的职业锚到底是什么。想要对职业锚进行预测是很困难的，因为一个人的职业锚是在不断发展变化的，是一个在不断探索过程中所产生的动态结果。

(二)职业规划的内容

职业规划是一种系统性的、有计划地安排个人职业生涯的过程。职业规划一般包括以下几个方面的具体内容。

1.确定志向

志向是事业成功的基本前提。没有志向，事业的成功也就无从谈起。"志不立，天下无可成之事。"立志是人生的起跑点，反映着一个人的理想、胸怀、情趣和价值观，影响着一个人的奋斗目标及成就的大小。所以，制订生涯规划时，首先要确立志向，这是制订职业生涯规划的关键前提。

2.自我评估

自我评估的目的是认识自己、了解自己。因为只有认识了自己，才能对自己的职业作出正确的选择，才能选定适合自己发展的职业生涯路线，才能对自己的职业生涯目标作出最佳抉择。自我评估涉及的方面主要包括兴趣、特长、性格、学识、技能、智商、情商、思维方式、道德水准等。

3.职业生涯机会的评估

职业生涯机会的评估，主要是评估各种环境因素对自己职业生涯发展的影响。每一个人都处在一定的环境之中，离开了这个环境，便无法生存与成长。所以，在制订个人的职业生涯规划时，要分析环境条件的特点、环境的发展变化情况、个人与环境的关系、个人在这个环境中的地位、环境对个人提出的要求以及环境对自己有利的条件与不利的条件，等等。只有对这些环境因素充分了解，才能做到在复杂的环境中避害趋利，让职业生涯规划具有实际意义。

4.职业的选择

职业选择的正确与否，直接关系到人生事业的成功与失败。选择正确的职业，需要考虑性格与职业的匹配、兴趣与职业的匹配、特长与职业的匹配、内外环境与职业相适应。以下为几个选择职业时应考虑的主要因素。

①社会需求度：选择职业要选择社会需求度高的职业。

②竞争性：如果某个职业的社会需求度很高，但是选择这个职业的人也很多，已经呈饱和状态，那么应该考虑是否要选择另一个职业。

③个人适合性：如果个人选择的职业各方面都很好，但是因为本人的性格或能力根本不适合从事这个职业，那么不应该选择此职业。

④职业发展潜力：如果某个职业当下发展势头很好，但是预计不久就会沉寂下去，那么最好不要进入这个职业。

⑤环境因素：环境因素是指个人所在的环境能否让其在所选的职业上取得成功。

5. 设定职业生涯目标

职业生涯目标的设定是职业生涯规划的核心。一个人事业的成功，很大程度上取决于正确、适当的目标。没有目标如同驶入大海的孤舟，四野茫茫，没有方向，不知道自己走向何方。只有树立了目标，才能明确奋斗方向，犹如海洋中的灯塔，引导你避开险礁暗石，走向成功。目标的设定，是在继职业选择、职业生涯路线选择后，对人生目标做出的抉择，是以自己的最佳才能、最优性格、最大兴趣、最有利的环境等信息为依据的。

6. 制订行动计划与措施

在确定了职业生涯目标后，行动便成了关键的环节。没有达成目标的行动，目标就难以实现，也就谈不上事业的成功。这里所指的行动，是指落实目标的具体措施，主要包括工作、训练、教育、轮岗等方面的措施。

7. 评估与回馈

俗话说，计划赶不上变化。影响职业生涯规划的因素众多，有的变化因素是可以预测的，而有的变化因素则难以预测。在此状况下，要使职业生涯规划行之有效，就需要不断地对职业生涯规划进行评估与修订，包括职业的重新选择、职业生涯路线的选择、人生目标的修正、实施措施与计划的变更等。

(三)职业规划的意义

开展大学生职业生涯规划指导，主要是让学生认识职业，自觉开展职业生涯规划，树立正确的职业待遇观、苦乐观和地位观，更新择业观念。通过指导大学生职业生涯规划，可帮助其发现与了解自己的专长和兴趣，根据社会需求树立与时代背景相适应的职业生涯观。

　　大学生择业心态的调整离不开职业生涯规划指导。受应试教育、工具教育的影响，有相当一部分大学生欠缺主体意识，认为学习是为了父母、教师，却唯独没有考虑自己今后职业生涯发展的需要，对自己的特长和兴趣并不了解，对社会的需求也知之甚少，对就业前景茫然并且缺乏自信。因此，职业生涯规划应该从大学生入学就开始引导和训练。

　　开展大学生职业生涯规划指导是新形势下高校学生思想政治工作的一种行之有效的新形式、新方法。随着社会主义市场经济的不断发展和现代化事业的不断推进，社会经济成分、组织形式、就业方式、利益关系和分配方式的多样化，大学生思想的独立性、选择性、多变性、差异性明显增强。开展大学生职业生涯规划指导，不仅使高校学生思想政治工作更贴近学生的需要，而且使国家利益、社会利益与学生个体的利益有效地统一起来，是提高学生思想政治工作的针对性、有效性、系统性和规范性的有效途径之一。

　　1. 有助于大学生正确认识自我，避免盲目就业

　　通过职业生涯规划，大学生能够正确地认识自身的特点和潜在优势，能对自己进行正确的定位。由于许多大学生对自己并不了解，尤其是不了解自己的优势和不足，在职业选择的过程中具有比较大的盲目性和不切实际性。

　　行之有效的职业规划可以使大学生充分认识到自身的个性特征以及现有和潜在的资源优势，以便对自身的不足进行弥补；可以使大学生正视自身的价值并使其持续增值；可以促使大学生发挥自身优势，着力培养某些职业特质，满足职业要求，树立职业理想和职业生涯目标，尽早消除大学生就业过程中的错误观念；可以使大学生尽早转换角色并对自己的大学生涯做出规划，为理想职业做好各种准备，从而避免就业过程中出现高不成、低不就的现象。

　　2. 有助于大学生进一步了解社会，提升社会竞争力

　　社会的发展促使职业选择成为一项复杂的社会历程。职业生涯规划有助于大学生未雨绸缪，提前为找到适合自己的工作而做好准备。生活在校园里的大学生常常缺乏对社会和职场的了解，而职业生涯规划能够有助于获得诸如社会、职业、礼仪等多方面的信息，这些信息又能够进一步引导其更加全面地考虑社会需求和自身优势之间的关系，更好地兼顾眼前利益和长远利益，从而找到适合自己发展的职业和平台。

　　3. 有助于大学生培养自信心，提高自身的综合素质

　　职业生涯规划的过程是大学生不断学习的过程。科学的职业生涯规划能够促进大学生提高动手能力和沟通能力,增强合作意识,从而构建更加丰富的知识体系,建立良好的人际关系。随着专业知识的不断积累、专业实习和社会实践经验的不断丰富,大学生不仅能够不断加深对职业的认识,更将会在学业发展的过程中不断树立自信,为未来进入职场打下基础。

4. 有助于大学生走向职业成功,实现人生目标

事业成功、职场顺利是很多人梦寐以求的人生理想。想要实现这一理想,仅仅依靠主观努力并不足够。职业生涯规划可以帮助学生认清内外部环境因素,努力发挥自身价值,从而实现人生目标。

二、如何进行职业生涯规划?

职业生涯规划具有明显的个性化特征,职业生涯规划可以用一个公式来加以体现,即职业生涯规划＝知己＋知彼＋抉择。由于职业生涯规划发展阶段和历程不同,每个人的职业生涯规划重点也有所不同。不同的人在做职业生涯规划时所考虑的因素也因此有所不同,但有些要素是必须考虑的。

(一)科学选择适合自己的目标

职业目标的确定是个体充分认识自我后,在全面评估职业机会的基础上对职业发展方向做出的抉择。这个抉择的过程离不开科学分析自身的实际情况和外界条件。

1. 充分认识自我

要想确定自己的职业目标,就必须对自己有一个深入的了解,对自我进行探索。认识自我,包括认识自己的兴趣、能力、特长、性格、气质、技能和价值观等方面。正所谓"知己知彼,百战不殆"。只有对自己有了客观的认识之后,才能制定出符合自己实际情况的人生发展目标,才能让自己在更有利的条件下走出适合自己的人生发展道路。

虽然不同学者对职业生涯规划的概念有不同的界定,但也有共同之处。职业生涯规划的目的绝不仅仅是帮助个人按照自己的资历条件找到一份合适的工作,实现个人目标,更重要的是帮助个体对自身职业生涯的主、客观因素进行分析、总结和测定,并编制相应的工作、教育和培训的行动计划,对每一步骤的时间、顺序和方向做出合理的安排,是对职业生涯进行设计、规划、执行、评价、反馈的一个综合管理过程。

2.正确认知社会,对职业机会进行评估

正确认知自身所面对的职业环境,全面评估职业发展的机会和制约因素,实时了解社会发展的需要,是个人进行职业生涯规划的前提条件。如果不了解社会就进行职业生涯规划,很容易陷入虚无的凭空想象。只有不断深入了解自己感兴趣的职业,实时关注其发展趋势,注重积累领域前沿资讯,才能切实地为自己的职业选择做好准备。

3.设定合适的职业目标

在充分了解自我和对职业生涯机会进行评估之后,就可以根据评估的情况和自己在性格、兴趣、能力等方面的特点来确定适合自己的职业目标。恰当、合理的职业目标有助于确立努力的方向,进而促进未来事业的成功。

(二)分解职业生涯目标

目标分解就是根据实际的知识、能力等方面的情况,将职业生涯目标分解为长、中、短期目标,直至分解的目标为某个确定的、可以采取具体行动的日期为止。职业生涯最终目标的实现可以通过一系列阶段性的目标来表述。为了顺利达到每一个阶段的目标,需要根据阶段的特点再制定短期的分目标。目标分解是将目标清晰化、具体化的过程,是使目标具有可操作性的有效手段。

职业生涯发展的长远目标是沿着个人职业理想指引的方向所确立的最长远的奋斗目标,是一个人职业生涯发展的框架,是决定职业生涯规划成功与否的关键性因素。长期目标是一个总的方向,通常不具体,而是只有一个时间范围,随着内、外部因素的变化而变化。长期目标一般为五年以上。中期目标一般为3~5年,是结合自己的志向和外部环境要求而制定的目标。与长期目标相比,中期目标更为具体,并且可以评估。短期目标是中期目标中的一个阶段,一般为1~2年内的目标,必须清楚、具体、现实可行而且能够客观评估。

当人们的行动有了明确目标,并能把自己的行动与目标不断地加以对照,进而清楚地知道自己的行进速度和与目标之间的距离,人们行动的动机就会得到维持和加强,就会自觉地克服一切困难,努力达到目标。想要达到目标,就要像上楼梯一样,一步一个台阶,把大目标分解为多个易于达到的小目标,脚踏实地前进。每前进一步,达到一个小目标,就会体验到成功的喜悦,这种感觉将推动人们充分调动自己的潜能去达到下一个目标。

(三)不同时期职业生涯发展目标的选择

职业生涯分为不同的阶段,每个阶段的目标各有不同。了解职业生涯发展的不同阶段有助于做好职业规划与准备。具体而言,职业生涯发展包含职业准备期、职业选择期、职业适应期、职业稳定期、职业衰退期和职业结束期。在职业准备期,需要科学地确定职业生涯发展的长远目标,积累专业基础知识,训练基本专业技能,获得职业资格。职业选择期是以长远目标为导向,根据当前社会需要及自身情况,进行初次职业选择,并在职业适应期中,通过调整、弥补、转换等方式,积极适应所选职业。随着职业适应期的不断深入,逐步进入职业稳定期,在所选职业中发挥自身潜能,拓宽职业视野,提升职业素养,并在实现职业长远目标中,将自己的经验不断传授给他人,在职业结束期中做好角色转换与工作交接。

(四)职业生涯目标的评估与反馈

确定自己的职业生涯目标后,还需要在实践中进行检验和不断完善。当然,正如俗话所说,"计划赶不上变化"。职业目标的确定离不开实时评估与调整。影响职业生涯决策的因素很多,除了个人自我认知的偏差之外,还有一些外界环境因素,有的变化因素是可以预测的,而有的变化因素则是难以预测的,这就要求我们及时关注外部环境的变化,不断审视自己、调整自己。不断地修正职业生涯的策略和目标,使之更符合当时的客观环境,这就是评估与反馈的过程。

职业的重新选择、实现目标的时限调整、职业路线的设定以及目标本身的修正,都属于评估与反馈的范畴。进行职业生涯目标评估的目的就是让自己时刻保持最佳状态,在通向最终目标的职业生涯道路上一路畅通,从而更好、更快地实现自己的人生目标。

三、职业规划的误区

大学生在制订职业生涯规划时通常会存在许多误区。概括来说,这些误区主要包括以下几个方面。

(一)职业生涯规划目标过高

一个人应该树立远大的志向。但是,在现实生活中,每个人都应该对自己有充分的认识,当设置的目标与自己的能力相差太远时,一定要重新审视自己的目标,要从实际出发,让自己的目标定位符合自身的实际情况,否则会错误地把职业规划等同于职业目标和学习计划。明确职业目标时,不仅要考量自身知识的积累,更需要全面判断综合技能和素养。

(二)误将兴趣当作职业

在现实生活中,很多大学生都认为自己的兴趣就是未来职业方向所在。其实,兴趣并不等同于职业。大学生在选择职业时,应该将自己的兴趣作为重要的参考因素,但兴趣不能作为唯一的衡量标准。一旦将兴趣视作选择职业的唯一标准,就很有可能在长期的职业生涯发展过程中屡屡碰壁。毕竟,如果仅仅依靠兴趣,只是通过网络等间接渠道去了解一个职业,很难对其有一个明确的认识,更难以在职场上充分发挥自身潜能。职业生涯规划应是动态的、紧密结合实际的,在兴趣的基础上深入了解相关职业和自身情况,才能更好地进行规划。

(三)缺乏正确的自我评估

进行职业生涯规划时都需要进行自我评估,以便找出自己的优势和不足,从而确立适合自己发展的职业目标。但很多人并没有真正认识到自己的优势所在,对自己过分否定,从而丧失信心,制定的职业目标过低,不利于个人职业的发展。自我分析不够全面,甚至过于片面,表现为高估自己的能力或者放大自己的不足,这是非常不利的。与其过分低估自己的实际能力,耗费大量的时间、精力去改造自己的缺陷,倒不如用同样的时间、精力去锻炼和提升自己,坚持不懈一定会有所收获。与此同时,人无完人,正视自己的不足,认清自身的劣势,才能做到在自我成长过程中,扬长避短,更好地适应未来职场的挑战。

(四)认为职业生涯规划是一成不变的

职业生涯规划是一个不断发展的过程,保持灵活、适时地评估与调整是必要的。有效的职业生涯规划必须处理好灵活性与稳定性之间的关系。当然,调整也应适度、适时,绝不能朝令夕改。如果规划不断地修订与变化,也将难以发挥其引领作用。盲目地借鉴高年级学生或他人的职业生涯规划,缺乏对自己与他人之间所存在差异的认识,很难充分发挥自己的特长,彰显自身优势。

(五)认为职业生涯规划可以随时随意变动

有些学生在制订职业生涯规划时,盲目跟风,看到这种职业收入高就想从事这种职业,看到那种职业收入高又想从事那种职业,从而导致职业生涯规划根本不起作用,违背了职业生涯规划制订的初衷,不能很好地执行已经制订的行动计划,更不能实现行动与规划的真正统一。在这种情况下通过事后采取措施去补救,则会事倍功半,最终导致职业规划如同纸上谈兵,并没有起到实际的效果。

(六)认为职业规划是"坐等时机"

有些大学生受到周围观点的影响,坚信成功者是由于有好的运气,碰上了好的机遇。因此,他们就如同守株待兔中的那个农夫一样,天天等待着"兔子"的到来,而不是主动地提高自己、武装自己,去寻找"兔子"。如果采取这样的态度,即使有"兔子"出现在面前,也会因为自身的准备不足而与它失之交臂。机会是留给有准备的人的。好的运气固然重要,但是,孜孜不倦、久久为功,才能终有收获。

第二节 职业目标与实施计划

一、职业目标的内涵

(一)职业目标的定义

职业目标,就是指个人在选定的职业领域内确立的未来将要达到的具体目标,以促使其明确规划自己的学习和实践,为实现它而进行积极准备并付诸实际行动。

(二)职业目标的分类

1.根据时间划分

职业目标按时间可以分为短期目标、中期目标和长期目标。一般来说,短期目标服从于中期目标,中期目标服从于长期目标。确定职业目标通常是先设定长期目标,然后再对其进行分解,根据个人的具体情况制定相应的中期目标和短期目标。而具体实施时,则是从短期目标开始的。

①短期目标。

通常是指每日、每周、每月、每季度、每年的目标,是中期目标和长期目标的具体化、现实化和可操作化,是最明确的目标,其主要特征包括:目标切合实际,具有可操作性;明确规定具体的完成时间和实施步骤;服从于中期目标。

②中期目标。

中期目标一般为三到五年内的目标,在整个目标体系中起着承上启下的作用,也是职业生涯能否有效实施和实现的重要节点。对大学生来说,中期目标就是在大学学习期间应该实现什么目标。例如,毕业时找到一份满意的工作、成为理想学校和专业的研究生。中期目标在长期目标的基础上确立,中期目标相对长期目标要更具体一些,并且通常与长期目标保持一致。中期目标的主要特征包括:根据实际情况制定目标,有一定的可操作性;对目标有一定的定性、定量说明;有比较明确的时间和计划,并且可以做适当的调整。

③长期目标。

长期目标是指时间为五年以上的目标,它会随着自身情况和外部形势的变化而变化,存在一定的不确定因素。长期目标通常是不具体的,其主要特征包括:目标制定立足现实,有一定的可实现性;目标具有一定的前瞻性和挑战性;目标是基于全面考虑的情况下慎重选择的,并愿意为之努力奋斗。

2. 根据性质划分

职业生涯目标按照性质可以分为外职业生涯目标和内职业生涯目标。外职业生涯目标是指侧重于职业过程的、外在的、可看得见的目标,它主要包括工作内容、职务目标、经济收入目标、工作环境和工作地点等方面的目标。内职业生涯目标则是指在职业生涯规划中的知识与经验的积累、观念的转变、能力和素质的提高,以及成就感、价值感等内心感受。这些目标必须通过自己的努力才能实现。职业生涯的内外目标不是截然分开的,两者是相辅相成、相互促进的。内职业生涯目标的发展可以推动外职业生涯目标的发展,而外职业生涯目标的实现又可以促进内职业生涯目标的实现。同时,内职业生涯目标要靠自身努力才能实现,而一旦实现就成了别人拿不走的"个人财富"。因此,我们应该充分重视内职业生涯目标的实现,特别是在职业生涯早期,要认清内职业生涯目标在个人职业生涯中的关键性作用,相比外职业生涯目标要更加重视对内职业生涯目标的追求。

3. 按实现难度划分

职业目标有难易之分,需要根据个人的实际情况,制定难易度合理且具有实际指导价值的职业目标,由易到难、由低层次到高层次,从而循序渐进、步步为营。

(三)职业目标的实施

在确定了职业生涯目标后,应制订相应的行动计划并付诸实践,这是实现目标的重要保证。我们需要明确职业生涯目标分解后的各个阶段的实施计划。同时,各阶段的实施计划应当有一定的连贯性,结合之前对自身的评估情况,做到有的放矢。例如,为达成目标,在工作方面你计划采取什么措施来提高工作效率?在业务素质方面,你计划学习哪些知识、掌握哪些技能提高业务能力?在潜能开发方面,你打算采取什么措施开发自身的潜能?只有具备具体的实施计划与明确的措施,才便于加以执行和监控。

二、职业目标的实施计划

一般来说,大学四年可以分为探索期、定向期、成长期和冲刺期四个阶段,大学生可以分阶段实施职业生涯的行动方案。

(一)大学一年级:探索期

在这一时期,大学生应迅速实现角色转换,确定自己的学习目标,调整自己的学习方式,尽快适应大学生活,同时树立职业生涯规划意识。具体实施策略如下。

1. 了解本专业人才培养要求

专业人才培养要求是学校按照国家政策和人才市场导向制定的符合专业教育培养目标的综合素质要求,是对各专业人才培养的方向和所要达到的目标的概括性描述。一般来讲,各个高校都会根据自身的学术水平、社会影响等确定专业人才培养要求。大学生通过了解本专业的人才培养要求,能够明确所学专业在所有学科中的地位、专业的发展现状及未来的发展空间。

2. 培养自己的学习兴趣

在大学第一年中,大学生必须完成由被动学习向主动学习的转变。只有完成这种转变,才能主动地掌握新的知识,从而开阔自己的视野。兴趣是一个人最好的老师。兴趣会帮助大学生打开通往理想的大门,并成为其主动学习的动力。现代化的教学手段及网络的广泛应用为大学生学习兴趣的培养创造了良好的外部环境。

3. 探索适合自己的学习方式

大学时期的学习带有很强的专业定向性,这就要求大学生必须在某个专业领域内进行有针对性的学习。大学的学习方式多种多样,包括听报告、参加讨论、发表演讲、参与社会实践等。相对于中学教育而言,大学阶段的上课时间较少,自学时间较多,老师在上课的时候一般只讲重点、难点,而且讲课进度比较快,许多内容都需要大学生在课后自行消化。因此,大学生应该综合分析自己的实际情况和专业情况,主动探索合适的学习方式。

4. 树立职业生涯规划意识

大学生应在大学一年级就开始对自我和职业进行探索,树立职业生涯规划意识。可以通过职业兴趣测评工具科学、客观地探索自己的职业兴趣,思考有哪些职业与自己的性格、兴趣及所读的课程、专业相吻合,然后通过多渠道搜集资料和信息进一步了解这些职业。

(二)大学二年级:定向期

在这一时期,大学生应培养相应的专业技能,并提高综合素质。具体实施策略如下。

1. 主动学习专业知识

大学生应掌握扎实的专业基础知识,提高英语应用能力和计算机操作能力,掌握现代职业人所应具备的最基本技能。同时,应根据自己的职业发展意愿选定专业领域的主攻方向并有选择地辅修其他相关领域的课程。可以考虑通过辅修、申请双学位等方式拓宽未来的就业优势。

2. 积极参加社会实践

大学生不仅应熟练掌握本专业的理论知识,还应在实践中熟练运用这些知识。换言之,大学生应实现理论与实践的紧密结合,以便更好地适应社会。积极参加社会实践活动,尝试兼职、实习等活动,这些都有助于了解自己未来可能从事的职业,积累一定的职业经验,增强自己的责任感和抗挫折能力,从而提高自己的综合素质。

(三)大学三年级:成长期

在这一时期,大学生应进一步提升专业技能,积累职业经验。具体实施策略如下。

1.全面打牢专业基础

大学生应明确自己所学专业的知识体系,完善自己的知识结构,注重专业能力的培养。在加强专业知识学习的同时,报考与职业目标相关的职业资格考试并获取相关证书。在大三后期,应查漏补缺,检查自己对专业知识与技能的掌握情况,明确当前状况与毕业目标之间的差距,并及时采取弥补措施,为大四期间职业目标的顺利实现打下坚实的基础。

2.锻炼独立思考能力

独立思考是指个体自主思考,是一种不仰仗他人意志、不受他人干扰、对某个问题所进行的较为深刻而周密的思维活动。大学生锻炼独立思考能力,有助于改变盲从的学习态度和方式,也有助于培养健全的人格。大学生应有意识地通过系统学习、广泛阅读、多角度思考、提出疑问、参与讨论、归纳总结、撰写论文等方式锻炼自己的独立思考能力,进而提高独立解决问题的能力。

3.主动学习社会技能

大学生应有意识地扩大自己的交际圈,加强与职场人士的交往,学会与不同类型的人沟通、交流,培养独立处理人际关系的能力;学会尊重自己、尊重他人,培养自己的抗挫折能力;学会制订计划(包括生活计划、学习计划和日常活动计划),培养自己独立生活的能力。

(四)大学四年级:冲刺期

在这一时期,大学生应确定就业意向并做好充分的求职准备。具体实施策略如下。

1.科学地明确就业意向

大学生应科学地确定自己的就业意向。例如,根据自己的学历和所学专业考虑就业的领域、行业、职业和职位;结合自身的性格、气质类型、兴趣特长及其他客观条件,考虑就业的地域、单位的性质等。

2.做好充分的求职准备

大学生应关注学校就业指导中心等就业指导渠道发布的招聘信息,通过登录招聘单位网站、电话或网络直接咨询等方式,了解招聘单位的相关信息,为面试做好准备。同时,还应准备好求职材料,如求职信、简历、相关证书、成绩单和推荐信等。

3.掌握求职面试技巧

大学生应积极参加招聘活动,在实践中检验自己的综合能力。在参加招聘活动之前,应从就业指导中心了解招聘单位的相关信息,强化求职面试技巧,了解职场礼仪并进行面试模拟训练。应尽可能在做好充分准备的情况下进行求职演练,以保证求职面试的真实性,进而提高应聘成功的概率。此外,大学生还应主动了解劳动政策和法规,学会维护自己的劳动权益。学会调适就业心理,在求职和就业过程中保持平和积极的心态。

第三节　职业决策

一、职业决策概述

(一)职业决策的内涵

职业生涯决策,简称职业决策,源于经济学中的决策理论在职业行为研究方面的应用。凯恩斯经济学理论认为,职业生涯决策是个人以收益最大化及损失最低为标准,对职业生涯目标或职业进行"理性选择"的过程,其中收益与损失不限于金钱,也包含社会声望、人身安全、社会流动等任何对个人有价值的事物。

职业生涯决策是个体对自己将要从事的职业做出的选择,是个体了解自身与职业特点,并实现两者最佳组合的过程。职业生涯决策是一个复杂的认知过程,在这一过程中,决策者搜集有关自我和职业环境的信息,仔细考虑各种可供选择职业的前景并做出职业行为的公开承诺。职业生涯决策是人们根据自身特点和社会需要做出合理职业抉择的过程,而非只是一种结果,并且这个过程涉及很多因素。总体而言,职业生涯决策是一个依据决策者自身的特性,参照外在环境的现状与发展趋势,通过合乎逻辑的分析,最终确定适合自己的职业领域的过程。

(二)职业生涯决策的特点和原则

1. 职业生涯决策的特点

职业生涯决策具有目的性、选择性、满意性、过程性、动态性的特点。

①目的性。

职业生涯决策是根据一定的目的做出的,此目的是个人在未来特定时期内预期达到的目标。没有目标,人们就难以制订未来的活动方案,评价和比较这些方案也就没有了标准,对未来活动效果的检验也就失去了依据。个人根据预先确定的目标来选择和调整未来特定时期内活动的方向、内容或方式。因此,职业生涯决策是一种理性的决策。

②选择性。

职业生涯决策因选择而生,没有选择就没有决策。而做出选择的前提,一是要有可替代的多种方案,使选择成为可能;二是要有选择的依据,提供选择的标准和准则。

③满意性。

职业生涯决策只是一种满意化决策,而非最优化决策。要想做出最优化决策,决策者必须了解与活动有关的全部信息,正确评估全部信息的有用性和可靠性,并据此制订出较为严密的行动方案,同时应准确预测出每一个方案的风险和执行结果。由此可见,最优化决策往往只是建立在理论上的假设。事实证明,职业生涯决策只是一种相对的最优化决策。

④过程性。

职业生涯决策是一系列决策的综合,包括前期的决策(职业生涯规划)、中期的决策(职业生涯规划的实践)和后期的决策(现实的择业决策)。从决策目标的确定,到决策方案的制订、评估和选择,再到决策方案执行结果的评价,诸多步骤和过程构成了完整的决策。

⑤动态性。

职业生涯决策是一个不断循环的、动态的过程。决策的主要目的之一是使决策者的活动适应外部环境的变化。为了达到这一目的,实现自身与环境的动态平衡,决策者必须不断分析和研究外部环境的变化,从中找到可以利用的机会,并在必要时做出新的调整或新的决策。

二、职业生涯决策的原则

(一)社会需求原则

社会需求原则是职业生涯决策最基本的原则。每个人都生活在大的社会环境中,职业生涯决策必须与社会需求相结合,以社会需求为基本出发点的职业生涯决策才具备现实性和可行性。时代在快速发展,新的职业不断涌现,旧的职业不断消亡,这就要求大学生在职业生涯决策过程中不能忽视社会背景和社会需求,紧跟时代步伐。

(二)兴趣发展原则

职业生涯决策第二个重要的原则就是兴趣发展原则。当人在做一件自己喜欢的事情时,即使很忙、很累,也不会感觉压力太大,反而会觉得很充实。如果一个人打算从事某个职业,就应该以该职业对人才各方面能力要求为依据,努力发掘和培养自己的兴趣和素养,从而为从事该职业打下坚实的基础。

(三)能力胜任原则

大学生在职业生涯决策过程中,不仅要找到自己感兴趣的职业,更重要的是要找到自己擅长的职业。每个职业都需要相应的知识和技能,大学生在做职业生涯规划时,需要对自己的能力有所探索和了解,根据自身实际情况来判断自己能否胜任这个职业。若发现自己的能力有欠缺,可以尽早通过努力学习来提升。

(四)利益整合原则

职业生涯决策不仅要考虑个人的兴趣、特长和性格,还需要权衡相关职业的报酬、发展前景等方面的情况。因此,大学生在进行职业生涯决策时,要深入了解该职业所涉及各方面的利弊,然后对其进行综合评估,从而为充分发挥自身潜能做好充分的准备。

(五)动态目标原则

职业生涯决策是一个动态的过程。在做决策时,决策者会发现自己现在的目标可能和几年前的目标完全不一样。也就是说,各时期的目标是动态变化的。这种动态变化与社会的快速发展和决策者自身因素的变化有关。动态调整职业目标是为了更好地适应这些变化。但是,动态目标并不是随时都要变化的。确立目标后应当持之以恒,但可以根据具体情况适当调整。

三、职业决策的方法和工具

(一)SWOT 分析法

SWOT 分析法又称为态势分析法,是由旧金山大学管理学教授梅因茨·韦里克(Heinz Weihrich)于 20 世纪 80 年代最先提出来的管理学理论。SWOT 是四个英文单词首字母的组合:S 代表 strength(优势),W 代表 weakness(劣势),O 代表 opportunity(机会),T 代表 threat(威胁),其中 S 和 W 是内部因素,O 和 T 是外部因素。由于 SWOT 分析法具有强大的分析功能,因此常用来进行职业生涯规划。使用 SWOT 分析法进行职业规划时,应遵循以下六个步骤。

1. 评估自己的优势和劣势

不管是从遗传学的角度,还是从后天成长环境来分析,每个人的气质类型都注定不同,性格特征相异,天赋、能力也各不相同,但是每个人都会有自己擅长的领域。有的人喜欢整天坐在实验室里做科研,而有的人不能忍受缺乏人与人之间交流的工作;有的人对数字敏感,细心细致,而有的人则是看到数字就头疼。具体剖析自身的优势和不足,可以有助于扬长避短。

2. 评估行业的机会和威胁

每一个行业的发展都是机遇与挑战并存。清楚剖析行业发展情况能够有助于自我能力的发挥。在评估行业情况的过程中,也可以先锁定自己最感兴趣的几个职业,然后再具体比较其所面临的发展机会和存在的风险。

3. 列出今后 3~5 年内个人的职业目标

列出自己从学校毕业后 5 年内最想实现的 3~5 个职业目标,这些目标可以包括想要从事的具体职业和岗位、希望拿到多少薪水等,并列出这些职业目标对个人和环境的要求。

4. 选择和自己的优势以及外部机会最匹配的职业目标

在了解了自己的优势和劣势以及外部环境的机会和威胁以后,可以利用机会因素,化解威胁因素。此时,可以使用SWOT对策组合矩阵,做出效益最大化的决策。SWOT对策具体包括四种:①WT对策,考虑弱点因素和威胁因素,目的是努力使这些因素都趋于最小;②WO对策,着重考虑弱点因素和机会因素,目的是努力使弱点趋于最小,使机会趋于最大;③ST对策,着重考虑优势因素和威胁因素,目的是努力使优势因素趋于最大,使威胁因素趋于最小;④SO对策,着重考虑优势因素和机会因素,目的在于努力使这两种因素都趋于最大。SO对策是四大策略中最重要的,因为很多劣势是难以弥补的,与其着重于弥补劣势,还不如突出优势。因此,在几个自己感兴趣的职业目标中选择与SO对策最匹配的职业目标,往往会事半功倍。

5. 列出一份今后3~5年的职业行动计划

无论多美好的愿望,只有付之于行动才可能成为现实。这一步主要涉及一些具体的内容,尤其是要达到自己的职业目标而需要提高的内容。列出一份与现实最匹配的职业目标的行动计划,并且详细地说明为了实现这一目标需要做的每一件事,以及完成这件事的时间节点。

6. 寻求帮助

在执行自己制订的行动计划时,很多时候需要寻求帮助来克服自身的缺点和不足,为执行计划提供监督和反馈,并且在遇到挫折困难的时候提供心理和精神支持。提供帮助的人既可以是父母家人、同学朋友,也可以是所在领域的专家、从业人员等。

(二)生涯决策平衡单法

平衡单(balance sheet)最早是由欧文·詹尼丝(Irving Janis)和里昂·曼(Leon Mann)提出并设计的。平衡单技术是一种卓有成效的职业生涯决策方法。人们在进行职业生涯决策的时候总是面临着许多这样或那样的困扰和干扰,使得原本就很棘手的决策变得更加复杂而难以操作。平衡单技术恰好给人们提供了一面镜子,帮助人们把复杂的情况条理化、模糊的信息清晰化、错误的观念正确化,尽可能具体的从各个角度评价分析所有可供选择的方案,预先对各个方案实施以后可能带来的后果进行利弊得失分析,还要对于其结果的可接受性进行检验,最终做出成熟的决策。

"决策平衡单"经常被应用于决策问题解决和职业选择咨询中,其实施程序主要为:①建立"职业生涯决策平衡单",列出可能的职业选项。在平衡单中列出 3～5 个有待深入评估的个人偏好较强的职业选项。②判断各个职业选项的利弊得失。平衡单中提供咨询者思考的重要得失，集中于四个方面，分别是自我物质方面的得失、他人物质方面的得失、自我赞许（精神方面）的得失、他人赞许（精神方面）的得失。根据每个因素的得失程度，给出 1～5 分。③各项考虑因素的权重。选择者在各个方面的利弊得失之间，会因身处不同情境而有不同的考量。因此，在详细列出各项考虑层面之后，应当再进行加权计分，对每个考虑因素按照自己的情况设置权重 1～5 分，1 分表示不看重，5 分表示最看重。④计算出各个职业选项的得分。把各因素的权重和利弊得失分数相乘后再累加，计算各个生涯选项的总分。⑤排定各个职业选项的优先顺序。依据各职业选项总分的高低排定优先次序。这样，职业选项的优先顺序就可作为咨询者职业生涯决策的依据。

（三）CASVE 循环法

美国心理学家盖瑞·彼德森（Gary Peterson）、罗伯特·里尔登（Robert Reardon）等提出了 CASVE 决策分析法，可以帮助我们提高决策能力。该分析法认为一个良好的决策需要经历五个步骤：沟通（Communication）、分析（Analysis）、综合（Synthesis）、评估（Valuing）和执行（Execution）。该方法可以在整个职业生涯问题解决和决策制定过程中使用，决策者可以根据影响因素的变化，适当调整自己的决策结果，且需循环往复多次。

1. 沟通（Communication）

沟通，包括内部和外部的信息交流，通过交流使个体意识到理想和现实之间存在的巨大差距。内部的信息交流是指个体自身的身心状态，比如在毕业找工作时的焦虑、抑郁、受挫等情绪，疲倦、头疼、消化不良等反应。外部的信息交流是指外界的一些对你产生影响的信息，比如，当宿舍里其他同学开始准备简历时，就是给你提供了一种外部信息，你也需要开始准备找工作了；又如，在求职过程中，父母、老师和朋友给你提供的各种建议等，都可以视作外部信息。通过内部和外部信息的交流和沟通，个体将能够意识到自己需要解决哪些问题。沟通阶段需要回答的最基本的问题是：此刻我正在思考并感觉到的自己的职业选择是什么？

2. 分析（Analysis）

分析，是通过思考、观察和研究，对兴趣、能力、价值观和人格等自我知识以及各种环境知识进行分析,从而更好地理解现存状态和理想状态之间的差距。在分析阶段,首先是自我认知分析:我喜欢做什么? 我擅长做什么? 我都掌握了哪些专业知识? 我看重什么? 我希望工作可以带给我什么? 我是内向的还是外向的? 我关注宏观抽象的事物还是具体细节性的事物? 我倾向于理性思考还是感性体验? 我习惯于有条不紊还是随机应变?

然后是环境认知:每一个选择处于什么样的环境? 带来什么样的生活? 需要付出怎样的努力? 比如,对于考研来说,需要付出什么努力? 花多长的时间准备? 读研之后的生活是什么样的? 研究生毕业之后的求职情况如何?

3. 综合(Synthesis)

综合,是根据分析阶段所得出的信息,先把职业选择范围扩展开来,然后再逐步缩小,最终确定 3~5 个最可能的选项。这个先扩大后缩小的过程非常重要。通过分析阶段,我们对自我的各方面都有了很多的了解,每一个方面都分别对应着很多职业选择,会得到一个范围很广的选择列表;随后,选取其中的交集,得出缩小的职业选择范围;然后,把最可能从事的职业限定到 3~5 个;最后,可以问自己"假如我有这 3~5 个选择,是否可以解决问题?"

4. 评估(Valuing)

评估,对于综合阶段得出的 3~5 个职业进行具体的评价,评估进入该职业的可能性,以及这个选择对自身及他人的影响,从而进行排序。在评估中,每个人都必须面对这样的抉择:对个人而言,哪个选择是最好的? 对我生活中的重要他人(如父母、亲友)而言,哪个选择是最好的? 对社会而言,哪个选择是最好的? 每一种选择都要从对自己和对他人的代价和利益两方面进行考虑。

5. 执行(Execution)

执行,是整个 CASVE 的最后一个步骤。前面的步骤只是确定了最适合的职业,还不能带来职业选择的成功,需要在执行阶段将所有想法付诸实践。开始具体的求职过程后,能够为回到沟通阶段提供线索,以确定沟通阶段所存在的职业问题是否得到了很好的解决。在执行阶段,需要制订计划并进行实践尝试和具体行动。

CASVE 决策分析法是一个不断重复的过程,在执行阶段之后,如果问题没有解决好,可以再次回到沟通阶段,重新开始一次 CASVE 循环,直到职业生涯问题被解决为止。

（四）"WHAT"归纳法

国内外很多专业职业咨询机构和心理专家在进行职业咨询、规划时通常通过五个"WHAT"的归零思考模式来进行职业生涯规划，从提出"你适合做什么"问题开始，一路追问下去，一共是五个问题。回答了这五个问题，找到了它们的最高共同点，也就有了明确的职业生涯规划。明晰了这五个问题，就会从各个问题中找到对实现有关职业目标有利或不利的条件，列出不利条件最少的、自己想做而且又能够做的职业便可以视为个人的职业目标。

1. What are you?（你适合做什么？）

应该对自己进行一个深刻的反思、一个清醒的认识，要把自己的性格特征、专业能力等方面的优势和劣势都一一列出来。

2. What do you like?（你喜欢做什么？）

这个问题是对个人兴趣和爱好的一种考察。每个人在不同阶段的兴趣和目标并不完全一致，有时甚至是完全对立的，但会随着年龄和经历的增长而逐渐固定，并最终锁定自己的终身理想。

3. What can you do?（你能做什么？）

这是对自己能力与潜力的全面总结，一个人的职业最根本的还要归结于他的能力，而他职业发展空间的大小则取决于他的潜力。对于一个人潜力的了解应该从几个方面着手去认识，如对事的兴趣、做事的韧性、临场的判断力以及知识结构是否全面、是否及时更新等。

4. What can support you?（环境允许你做什么？）

这是对客观环境和外在条件等方面状态的评估，比如，经济发展、人事政策、企业制度、职业空间，甚至包括同事关系、领导态度、亲戚关系等多方面的因素，应将这些因素综合起来看。

5. What can you do in the end?（你最终怎么去做？）

这是在前四个问题的条件下，确定自己的目标决策并进一步规划实施，从而达到自我实现。

本章小结
SUMMARY

职业生涯规划是大学阶段学习的一项重要内容。职业生涯规划的意义不仅仅在于帮助学生更好地准备未来的就业,更在于引导学生更有针对性地规划大学阶段的学习,合理地分配时间和精力,从而提前培养职业特质。

参考文献

［1］常顺英,矫春虹. 大学生学习引论［M］. 北京:北京理工大学出版社,2012.

［2］陈捷,图娅. 大学生心理健康［M］. 北京:清华大学出版社,2017.

［3］陈琦,刘儒德. 当代教育心理学［M］. 北京:北京师范大学出版社,2015.

［4］陈小异,王洲林. 学习心理学［M］. 重庆:西南大学出版社,2015.

［5］崔允漷,王中男. 学习如何发生:情境学习理论的诠释［J］. 教育科学研究,
2012,7:28-32.

［6］董玉琦,等. 学习技术导论［M］. 北京:教育科学出版社,2020.

［7］冯忠良,伍新春,姚梅林,等. 教育心理学［M］. 3 版. 北京:人民教育出版社,
2015.

［8］高文. 学习科学的关键词［M］. 上海:华东师范大学出版社,2009.

［9］辜筠芳. 基于学习风格的教学设计［J］. 全球教育展望,2001,8:37-41.

［10］胡中锋. 教育评价学［M］. 北京:中国人民大学出版社,2013.

［11］黄光扬. 正确认识和科学使用档案袋评价方法［J］. 课程·教材·教法,
2003,3:50-55.

［12］经济合作与发展组织编. 理解脑——新的学习科学的诞生［M］. 周加仙,
等译. 北京:教育科学出版社,2010.

［13］康淑敏. 学习风格理论——西方研究综述［J］. 山东外语教学,2003,3:24-
28.

［14］梁宁建. 当代认知心理学［M］. 上海:上海教育出版社,2003.

［15］林崇德. 创造性人才·创造性教育·创造性学习［J］. 中国教育学刊,
2000,1:5-8.

［16］林崇德,杨治良,黄希庭. 心理学大辞典［M］. 上海:上海教育出版社,2003.

［17］刘儒德. 学习心理学［M］. 北京:高等教育出版社,2016.

［18］刘儒德. 大学生的学习观［J］. 高等教育研究,2002,23(4):74-78.

［19］刘洋,兰聪花,马炅. 电子档案袋评价与传统教学评价的比较研究［J］. 电化教育研究,2012,33(2):75-77＋107.

［20］马莹,黄晞建. 大学生心理健康［M］. 北京:高等教育出版社,2013.

［21］莫雷. 教育心理学［M］. 广州:广东高等教育出版社,2002.

［22］欧晓霞,罗杨. 大学生心理健康［M］. 北京:清华大学出版社,2018.

［23］庞维国. 论学习方式［J］. 课程·教材·教法,2010,5:13-19.

［24］庞焯月. 关于《九型人格》的简单介绍［J］. 大众心理学,2018,2:45-46.

［25］彭彦华,彭海滨. 大学生职业生涯规划［M］. 北京:人民邮电出版社,2023.

［26］皮连生. 学与教的心理学［M］. 上海:上海教育出版社,2004.

［27］乜勇. 学与教的理论与实践［M］. 西安:陕西师范大学出版社,2012.

［28］尚俊杰. 学习科学导论［M］. 北京:北京大学出版社,2023.

［29］尚俊杰,曲茜美. 游戏化教学法［M］. 北京:高等教育出版社,2019.

［30］尚俊杰,裴蕾丝,吴善超. 学习科学的历史溯源、研究热点及未来发展［J］. 教育研究,2018,39(3):136-145＋159.

［31］申国昌,史降云. 学习思想史［M］. 北京:科学出版社,2006.

［32］施良方. 学习论［M］. 北京:人民教育出版社,2001.

［33］石义堂,等. 学习评价［M］. 北京:高等教育出版社,2007.

［34］谭顶良. 学习风格论［M］. 南京:江苏教育出版社,1995.

［35］王鉴. 合作学习的形式、实质与问题反思——关于合作学习的课堂志研究［J］. 课程·教材·教法,2004,8:30-36.

［36］王坦. 合作学习述评［J］. 山东教育科研,1997,2:33-36.

［37］王文静. 情景认知与学习理论:对建构主义的发展［J］. 全球教育展望,2005,34(4):56-59＋33.

［38］王小明. 表现性评价:一种高级学习的评价方法［J］. 全球教育展望,2003,32(11):47-51.

［39］杨南昌,刘晓艳. 具身学习设计:教学设计研究新取向［J］. 电化教育研究,2014,35(7):24-29＋65.

［40］叶浩生. 西方心理学的历史与体系［M］. 北京:人民教育出版社,1998.

［41］俞国良. 大学生心理健康［M］. 北京:北京师范大学出版社,2021.

［42］张大均,吴明霞. 大学生心理健康［M］. 北京:清华大学出版社,2019.

［43］张振虹,杨庆英,韩智. 微学习研究:现状与未来［J］. 中国电化教育,2013,

11:12-20.

[44] 赵国庆. 概念图、思维导图教学应用若干重要问题的探讨[J]. 电化教育研究,2012,5:78-84.

[45] 周加仙. 学习科学:内涵、研究取向与特征[J]. 全球教育展望,2008,37(8):17-19.

[46] 周文叶. 超越纸笔测试:表现性评价的应用[J]. 当代教育科学,2011,20:12-16.

[47] 周琰. 大学生学习信念[M]. 北京:科学出版社,2015.

[48] 弗兰克·费舍尔,辛迪·赫梅洛-西尔弗,苏珊·戈德曼,等. 国际学习科学手册[M]. 赵建华,尚俊杰,蒋银健,等译. 上海:华东师范大学出版社,2022.

[49] E. 布鲁斯·戈尔茨坦. 认知心理学[M]. 张明,等译. 北京:中国轻工业出版社,2020.

[50] 布兰思·福特,等. 人是如何学习的:大脑、心理、经验及学校[M]. 程可拉,孙亚玲,王旭卿,等译. 上海:华东师范大学出版社,2002.

[51] 哈维·席尔瓦,等. 多元智能与学习风格[M]. 张玲,译. 北京:教育科学出版社,2003.

[52] 戴维·H·乔纳森. 学习环境的理论基础[M]. 郑太年,任友群,译. 上海:华东师范大学出版社,2002.

[53] 科拉·巴格利·马雷特,等. 人是如何学习的 II:学习者、境脉与文化[M]. 裴新宁,王美,郑太年,等译. 上海:华东师范大学出版社,2021.

[54] 理查德·E·梅耶. 应用学习科学——心理学大师给教师的建议[M]. 盛群力,丁旭,钟丽佳,译. 北京:中国轻工业出版社,2016.

[55] 皮亚杰. 发生认识论原理[M]. 王宪钿,译. 北京:商务印书馆,1985.

[56] 罗纳德·阿德勒,等. 沟通的艺术[M]. 黄素菲,等译. 北京:北京联合出版公司,2021.

[57] R. M. 加涅,W. W. 韦杰,K. C. 戈勒斯,等. 教学设计原理[M]. 5 版. 王小明,庞维国,陈宝华,等译. 上海:华东师范大学出版社,2018.

[58] 史蒂芬·柯维. 高效能人士的七个习惯[M]. 北京:中国青年出版社,2017.

[59] 约翰·D. 布兰思福特,等. 人是如何学习的:大脑、心理、经验与学校[M]. 程可拉,孙亚玲,王旭卿,等译. 上海:华东师范大学出版社,2013.

［60］约翰·杜威. 我们怎样思维：经验与教育［M］. 姜文闵，译. 北京：人民教育出版社，2005.

［61］三木雄信. A4 纸工作法［M］. 张海燕，译. 天津：天津教育出版社，2009.

［62］约翰·哈蒂. 可见的学习（教师版）［M］. 金莺莲，洪超，裴新宁，译. 北京：教育科学出版社，2015.

［63］麦克彭. 中国人的心理［M］. 邹海燕，等译. 北京：新华出版社，1990.

［64］托尼·布赞. 思维导图——放射性思维［M］. 李斯，译. 北京：世界图书出版公司，2004.

［65］郑旭东，王美倩，饶景阳. 论具身学习及其设计：基于具身认知的视角［J］. 电化教育研究，2019，40(1)：25-32.

［66］张大均. 教育心理学［M］. 2 版. 北京：人民教育出版社，2011.

［67］赵德成. 表现性评价：历史、实践及未来［J］. 课程·教材·教法，2013，2：97-103.

［68］R. 基思·索耶. 剑桥学习科学手册［M］. 徐晓东，等译. 北京：教育科学出版社，2010.

［69］Flavell J，Miller P. H，Miller S. A. Cognitive development［M］. Englewood Cliffs，NJ：Prentice Hall，1993.

［70］Maslow A. H. Motivation and personality ［M］. New York：Harper，1954.

［71］Mayer R. E. Multimedia Learning［M］. New York：Cambridge University Press，2001.

［72］Mayer R. E，Moreno，R. Nine ways to reduce cognitive load in multimedia learning ［J］. Educational Psychologist，2003，38(1)：43-52.

［73］Miller G. A. The magical number seven plus or minus two：some limits on our capacity for processing information ［J］. Psychological Review，1956，63(2)：81-97.

［74］Reynolds J，Gerstein M. Learning style characteristics：an introductory workshop ［J］. The Cleaning House，1992，66(2)，122-126.

［75］Felder R. M，Soloman B. A. Index of Learning Styles questionnaire［2006-4-30］. http://www.engr.ncsu.edu/learningstyles/ilsweb.html

［76］Bandura A. Social Learning Theory. Englewood Cliffs［M］. NJ：Prentice-

Hall,1977.

[77] Bloom B. S. et al. Taxonomy of educational objectives: The classification of educational goals. Handbook I: Cognitive domain [M]. New York: Longman Green,1956.

[78] Dunn R. Learning styles: state of the science [J]. Theory into Practice, 1984,23(1): 10-19.

[79] Shapiro L. The embodied cognition research programme[J]. Philosophy Compass,2007,2(2): 338-346.

附　录

所罗门学习风格量表

1. 为了较好地理解某些事物,我首先
   (a)试试看。
   (b)深思熟虑。
2. 我办事喜欢
   (a)讲究实际。
   (b)标新立异。
3. 当我回想以前做过的事,我的脑海中大多
   会出现
   (a)一幅画面。
   (b)一些话语。
4. 我往往会
   (a)明了事物的细节但不明其总体结构。
   (b)明了事物的总体结构但不明其细节。
5. 在学习某些东西时,我不禁会
   (a)谈论它。
   (b)思考它。
6. 如果我是一名教师,我比较喜欢教
   (a)关于事实和实际情况的课程。
   (b)关于思想和理论方面的课程。
7. 我比较偏爱的获取新信息的媒体是
   (a)图画、图解、图形及图像。
   (b)书面指导和言语信息。

8. 一旦我了解了
   (a)事物的所有部分,我就能把握其整体。
   (b)事物的整体,我就知道其构成部分。
9. 在学习小组中遇到难题时,我通常会
   (a)挺身而出,畅所欲言。
   (b)往后退让,倾听意见。
10. 我发现比较容易学习的是
    (a)事实性内容。
    (b)概念性内容。
11. 在阅读一本带有许多插图的书时,我一般会
    (a)仔细观察插图。
    (b)集中注意文字。
12. 当我解决数学题时,我常常
    (a)思考如何一步一步求解。
    (b)先看解答,然后设法得出解题步骤。
13. 在我修课的班级中,
    (a)我通常结识许多同学。
    (b)我认识的同学寥寥无几。
14. 在阅读非小说类作品时,我偏爱
    (a)那些能告诉我新事实和教我怎么做的
    东西。
    (b)那些能启发我思考的东西。

（续表）

15. 我喜欢的教师是 　　（a）在黑板上画许多图解的人。 　　（b）花许多时间讲解的人。	（b）我有时完全糊涂，然后恍然大悟。 25. 我办事时喜欢 　　（a）试试看。 　　（b）想好再做。
16. 当我在分析故事或小说时， 　　（a）我想到各种情节并试图把他们结合 起来去构想主题。 　　（b）当我读完时只知道主题是什么，然后 我得回头去寻找有关情节。	26. 当我阅读趣闻时，我喜欢作者 　　（a）以开门见山的方式叙述。 　　（b）以新颖有趣的方式叙述。
17. 当我做家庭作业时，我比较喜欢 　　（a）一开始就立即做解答。 　　（b）首先设法理解题意。	27. 当我在上课时看到一幅图，我通常会清晰 地记着 　　（a）那幅图。 　　（b）教师对那幅图的解说。
18. 我比较喜欢 　　（a）确定性的想法。 　　（b）推论性的想法。	28. 当我思考一大段信息资料时，我通常 　　（a）注意细节而忽视概貌。 　　（b）先了解概貌而后深入细节。
19. 我记得最牢的是 　　（a）看到的东西。 　　（b）听到的东西。	29. 我最容易记住 　　（a）我做过的事。 　　（b）我想过的许多事。
20. 我特别喜欢教师 　　（a）向我条理分明地呈示材料。 　　（b）先给我一个概貌，再将材料与其他论 题相联系。	30. 当我执行一项任务是，我喜欢 　　（a）掌握一种方法。 　　（b）想出多种方法。
21. 我喜欢 　　（a）在小组中学习。 　　（b）独自学习。	31. 当有人向我展示资料时，我喜欢 　　（a）图表。 　　（b）概括其结果的文字。
22. 我更喜欢被认为是： 　　（a）对工作细节很仔细。 　　（b）对工作很有创造力。	32. 当我写文章时，我通常 　　（a）先思考和着手写文章的开头，然后循 序渐进。 　　（b）先思考和写作文章的不同部分，然后 加以整理。
23. 当要我到一个新的地方去时，我喜欢 　　（a）要一幅地图。 　　（b）要书面指南。	33. 当我必须参加小组合作课题时，我要 　　（a）大家首先"集思广益"，人人贡献主意。 　　（b）各人分头思考，然后集中起来比较各 种想法。
24. 我学习时 　　（a）总是按部就班，我相信只要努力，终 有所得。	

（续表）

34. 当我要赞扬他人时,我说他是
(a)很敏感的。
(b)想象力丰富的。
35. 当我在聚会时与人见过面,我通常会记得
(a)他们的模样。
(b)他们的自我介绍。
36. 当我学习新的科目时,我喜欢
(a)全力以赴,尽量学得多学得好。
(b)试图建立该科目与其他有关科目的联系。
37. 我通常被他人认为是
(a)外向的。
(b)保守的。
38. 我喜欢的课程内容主要是
(a)具体材料(事实、数据)。
(b)抽象材料(概念、理论)。
39. 在娱乐方面,我喜欢
(a)看电视。
(b)看书。
40. 有些教师讲课时先给出一个提纲,这种提纲对我
(a)有所帮助。
(b)很有帮助。
41. 我认为只给合作的群体打一个分数的想法
(a)吸引我。
(b)不吸引我。
42. 当我长时间地从事计算工作时
(a)我喜欢重复我的步骤并仔细地检查我的工作。
(b)我认为检查工作非常无聊,我是在逼迫自己这么干。
43. 我能画下我去过的地方
(a)很容易且相当精确。
(b)很困难且没有许多细节。
44. 当在小组中解决问题时,我更可能是
(a)思考解决问题的步骤。
(b)思考可能的结果及其在更广泛的领域内的应用

所罗门学习风格分析表

1. 在下表适当的地方填上"1"(例:如果你第 3 题的答案为 a,在第 3 题的 a 栏填上"1";如果你第 15 题的答案为 b,在第 15 题的 b 栏填上"1")。

2. 计算每一列总数并填在总计栏地方。

3. 这 4 个量表中每一个,用较大的总数减去较小的总数,记下差值(1 到 11)和字母(a 或 b)。例如:在"活跃型/沉思型"中,你有 4 个"a"和 7 个"b",你就在那一栏的最后一行写上"3b"(3=7−4,并且因为 b 在两者中最大);又如若你在"感悟型/直觉型"中,你有 8 个"a"和 3 个"b",则在最后一栏记上"5a"。

活跃型/沉思型			感悟型/直觉型			视觉型/言语型			序列型/综合型		
问题	a	b	问题	a	b	问题	a	b	问题	a	b
1			2			3			4		
5			6			7			8		
9			10			11			12		
13			14			15			16		
17			18			19			20		
21			22			23			24		
25			26			27			28		
29			30			31			32		
33			34			35			36		
37			38			39			40		
41			42			43			44		
总计			总计			总计			总计		
（较大数—较小数）＋较大数的字母											

解释：每一种量表的取值可能为11a、9a、7a、5a、3a、a、11b、9b、7b、5b、3b、b中的一种。其中字母代表学习风格的不同类型，数字代表程度的差异。若得到字母"a"，表示属于前者学习风格，且"a"前的系数越大，表明程度越强烈；若得到字母"b"，表示属于后者学习风格，且"b"前的系数越大，同样表明程度越强烈。例如：在活跃型/沉思型量表中得到"9a"，表明测试者属于活跃型的学习风格，且程度很强烈；如果得到"5b"，则表明测试者属于沉思型的学习风格，且程度一般。在视觉型/言语型量表中得到"a"，表明测试者属于视觉型的学习风格，且程度非常弱；如果得到"3b"，则表明测试者属于言语型的学习风格，且程度较弱。